职业技能等级认定培训教材

电梯安装维修工

（中级）

本书编审人员

主　编　朱　兵

副主编　童素平　支锡凤

编　者　王志平　刘　澈　蒋　颖

主　审　梁东明

中国劳动社会保障出版社

图书在版编目（CIP）数据

电梯安装维修工：中级 / 人力资源社会保障部教材办公室组织编写. -- 北京：中国劳动社会保障出版社，2021

职业技能等级认定培训教材

ISBN 978-7-5167-4913-5

Ⅰ. ①电…　Ⅱ. ①人…　Ⅲ. ①电梯－安装－职业技能－鉴定－教材②电梯－维修－职业技能－鉴定－教材　Ⅳ. ①TU857

中国版本图书馆 CIP 数据核字（2021）第 155711 号

中国劳动社会保障出版社出版发行

（北京市惠新东街 1 号　邮政编码：100029）

*

三河市华骏印务包装有限公司印刷装订　新华书店经销

787 毫米 ×1092 毫米　16 开本　17.5 印张　312 千字

2021 年 9 月第 1 版　2021 年 9 月第 1 次印刷

定价：50.00 元

读者服务部电话：（010）64929211/84209101/64921644

营销中心电话：（010）64962347

出版社网址：http://www.class.com.cn

内容简介

为推进技能人才评价制度改革，全面推行职业技能等级制度，加快推进职业技能等级认定工作，人力资源社会保障部教材办公室组织有关专家编写了职业技能等级认定培训教材。本书根据《电梯安装维修工国家职业技能标准（2018 年版）》要求编写，适用于职业技能等级认定培训和中短期职业技能培训。

本书介绍了中级电梯安装维修工应掌握的理论知识和操作技能，涉及安装调试、诊断修理、维护保养等内容。

本书可作为电梯安装维修工职业技能培训与等级认定教材，也可供全国中、高等职业院校相关专业师生及本职业从业人员培训使用。

前言
Preface

为贯彻中共中央、国务院《新时期产业工人队伍建设改革方案》《关于分类推进人才评价机制改革的指导意见》精神，落实人力资源社会保障部办公厅《关于开展职业技能等级认定试点工作的通知》要求，加快推进职业技能等级认定工作，进一步规范培训管理，提高培训质量，人力资源社会保障部教材办公室组织有关专家编写了电梯安装维修工职业技能等级认定培训教材（以下简称电梯安装维修工等级教材）。

电梯安装维修工等级教材紧贴《电梯安装维修工国家职业技能标准（2018 年版）》要求，在结构上按照职业功能模块编写，不但有助于读者通过等级认定，而且有助于读者真正掌握本职业的核心技术与操作技能。

电梯安装维修工等级教材共包括《电梯安装维修

工（基础知识　初级）》《电梯安装维修工（中级）》《电梯安装维修工（高级）》3 本。其中，《电梯安装维修工（基础知识　初级）》的基础知识部分是各级别电梯安装维修工均需掌握的。

电梯安装维修工等级教材在编写过程中得到了上海市电梯行业协会、上海市电梯培训中心的大力支持与协助，在此一并表示衷心的感谢。教材编写是一项探索性工作，由于时间紧迫，不足之处在所难免，欢迎各使用单位及个人对教材提出宝贵意见和建议，以便教材修订时补充更正。

人力资源社会保障部教材办公室

Contents

目录

电梯安装维修工（中级）

安装调试

模块 1 安装调试

- 课程 1-1　机房设备安装调试
- 课程 1-2　井道设备安装调试
- 课程 1-3　轿厢对重设备安装调试
- 课程 1-4　自动扶梯设备安装调试

课程 1-1　机房设备安装调试

学习单元 1　曳引机系统和夹绳器的安装调试

一、曳引机系统的安装工艺及安装要求

曳引机因制造商、型号不同，其安装工艺不尽相同，本学习单元以某型号产品为例进行介绍。

1. 曳引机系统的安装工艺

（1）通过样架将轿厢导轨中心线（*X*、*Y* 方向）引在机房地面上。

（2）通过样架将对重导轨中心线（*X*、*Y* 方向）引在机房地面上。

（3）根据电梯土建图及机房地面的样架线（样架的细钢丝绳）确定承重梁位置。

（4）安装承重梁。

（5）安装减振装置。

（6）安装曳引机座。

（7）安装曳引机。

（8）调整曳引机。

2. 曳引机系统的安装要求

（1）严格按安装工艺流程作业。

（2）承重梁、曳引轮、导向轮的安装位置应符合电梯土建图要求。

（3）曳引轮、导向轮的垂直度及平行度应符合国家相关标准要求。

（4）各螺栓的紧固力矩应达到规定要求。

二、用手拉葫芦起吊曳引机

1. 起吊准备

（1）整理作业场地，在设置警示区域并安排监护人员后再进行作业。

（2）确认机房吊钩承重量、手拉葫芦承重量及吊索承载能力能满足起吊重量（即曳引机重量）要求。

（3）确认手拉葫芦等起吊设备工具完好。

2. 用手拉葫芦起吊曳引机的方法

（1）将手拉葫芦挂在机房吊钩上。

（2）将吊索的一端（2 根或 4 根）通过卸扣安装在曳引机吊钩上。

（3）将吊索的另一端挂在手拉葫芦吊钩上。

（4）轻轻吊起曳引机，确认各吊索受力平衡，曳引机无倾斜现象。

（5）先试吊，待曳引机被吊起离地面 10 cm 时停顿一下，确认起吊系统状态正常后方可继续起吊。

（6）继续起吊曳引机至要求位置。

3. 用手拉葫芦起吊曳引机的安全注意事项

（1）起吊作业一定要由经培训、考核合格的人员进行。

（2）起吊时，除作业人员外，其余人员不得进入警示区域。

（3）起吊时，严禁任何人员通过吊物下方。

（4）起吊时，应保证作业人员之间沟通有效，在确认沟通无误后再进行作业。

（5）吊索的起吊角度应在 60° 以内。

三、承重梁位置的确认

1. 通过井道样架将导轨中心线引入机房

（1）1∶1 曳引比（见图 1–1–1）

1）将对重导轨中心线引入机房。通过对重钢丝绳预留孔，用线锤对准对重轨距的中心点；待线锤稳定后，在机房地面以垂线为中心，在对重钢丝绳预留孔周围的地面上画十字线，取出线锤，找一块与对重钢丝绳预留孔大小相当的木板嵌于孔内，使木板与地面平齐，将十字线交汇点（即对重导轨中心点）用红色记号笔点在木板上。

2）将轿厢导轨中心线引入机房。通过轿厢钢丝绳预留孔，用线锤对准轿厢轨距中心点；待线锤稳定后，在机房地面以垂线为中心，在轿厢钢丝绳预留孔周围的地面上画十字线，取出线锤，找一块与轿厢钢丝绳预留孔大小相当的木板嵌于孔内，使木板与地面平齐，将十字线交汇点（即轿厢导轨中心点）用红色记号笔点在木板上。

3）在机房地面绘制井道平面图。将两中心点的连线延长后标于地面，便是轿厢纵向中心线。通过对重导轨中心点在机房地面上作一垂直于轿厢纵向中心线的横线，形成对重导轨中心线。同理，通过轿厢导轨中心点在机房地面上作一垂直于轿厢纵向中心线的横线，形成轿厢导轨中心线。以井道平面图为基准，通过样架引线入机房后，可方便地确定机房设备的安装位置。

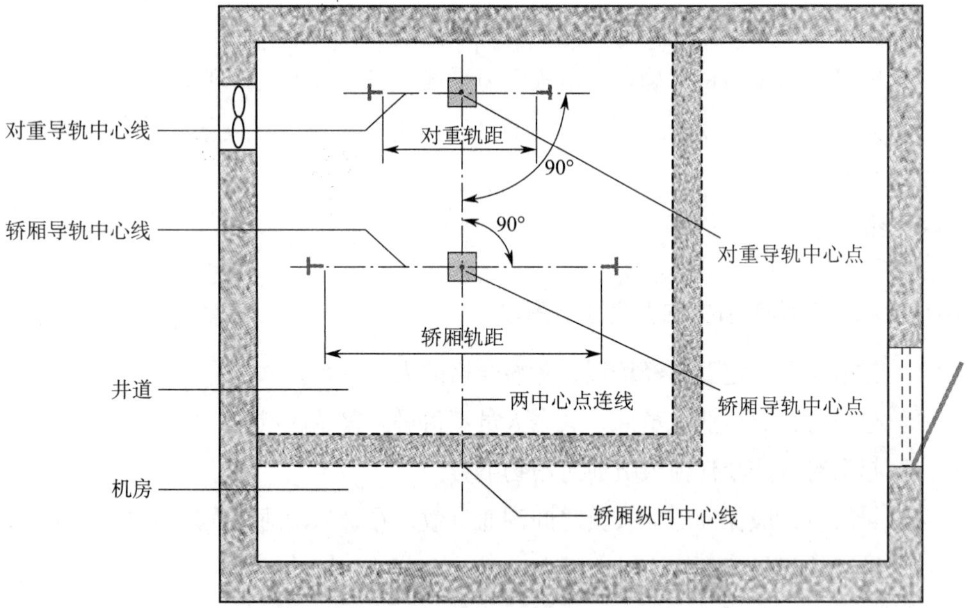

图 1–1–1　1：1 曳引比时通过样架引线入机房

（2）2：1 曳引比（见图 1–1–2）

1）从机房地面的轿厢钢丝绳预留孔、对重钢丝绳预留孔放下线锤，线锤对准的不是轿厢轨距、对重轨距的中心点，而是偏过中心点一个轿厢或对重反绳轮半径的尺寸，在样架上做好标记，使线锤对准标记，在机房地面以垂线为中心，在预留孔周围画十字线。

2）找一块与预留孔大小相当的木板分别嵌于四孔内，将十字线交点用红笔标记在木板上。

3）将轿厢钢丝绳预留孔木板上两红点连成一条线并延长，即为轿厢导轨中心线；在左边红点向右一个轿厢反绳轮半径尺寸处作一条垂直线，即为轿厢纵向中心线。

4）将对重钢丝绳预留孔木板上两红点连成一条线并延长，即为对重导轨中心线；在左边红点向右一个对重反绳轮半径尺寸处作一条垂直线，即为对重纵向中心线。

5）在轿厢导轨中心线、对重导轨中心线、轿厢纵向中心线、对重纵向中心线引入机房后，机房设备的安装就有了基准。如果机房现场预留的曳引钢丝绳通孔、限速器钢丝绳通孔、线槽通孔、承重梁预留孔等不符合图样要求，则需要整改。

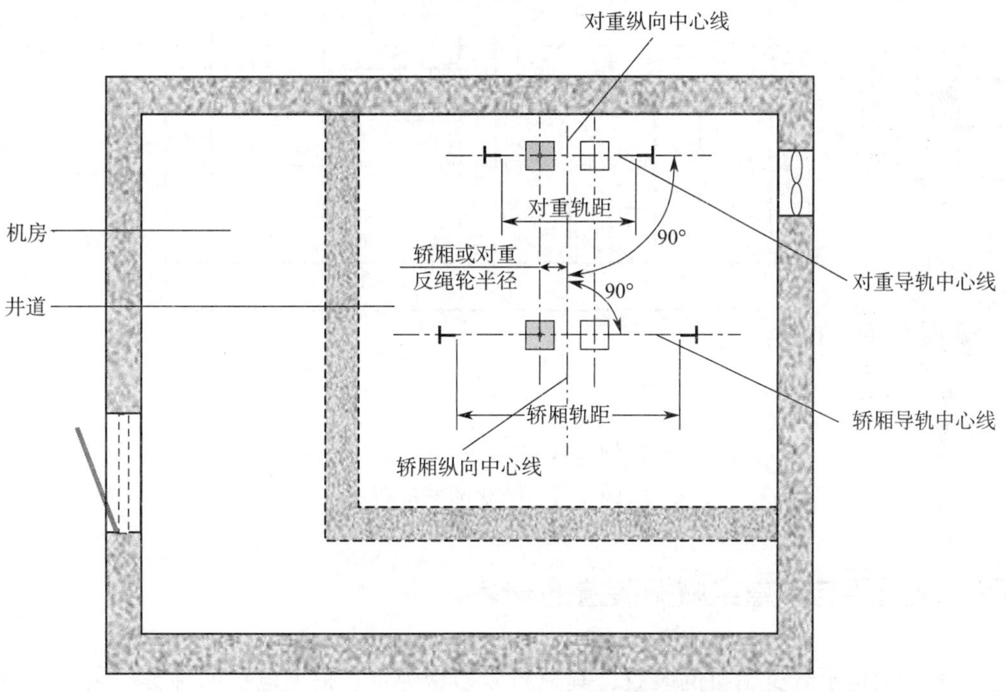

图 1-1-2　2∶1 曳引比时通过样架引线入机房

2. 确认安装基准线

1）以电梯土建图中的机房平面图（见图 1-1-3）为例，先在图中找出两个承重梁中心线与轿厢纵向中心线的距离分别为 200 mm 和 400 mm。

2）在距机房地面的轿厢纵向中心线左 200 mm、右 400 mm 处，画轿厢纵向中心线的平行线，这两根线就是承重梁中心线，承重梁的安装以这两根线为基准。

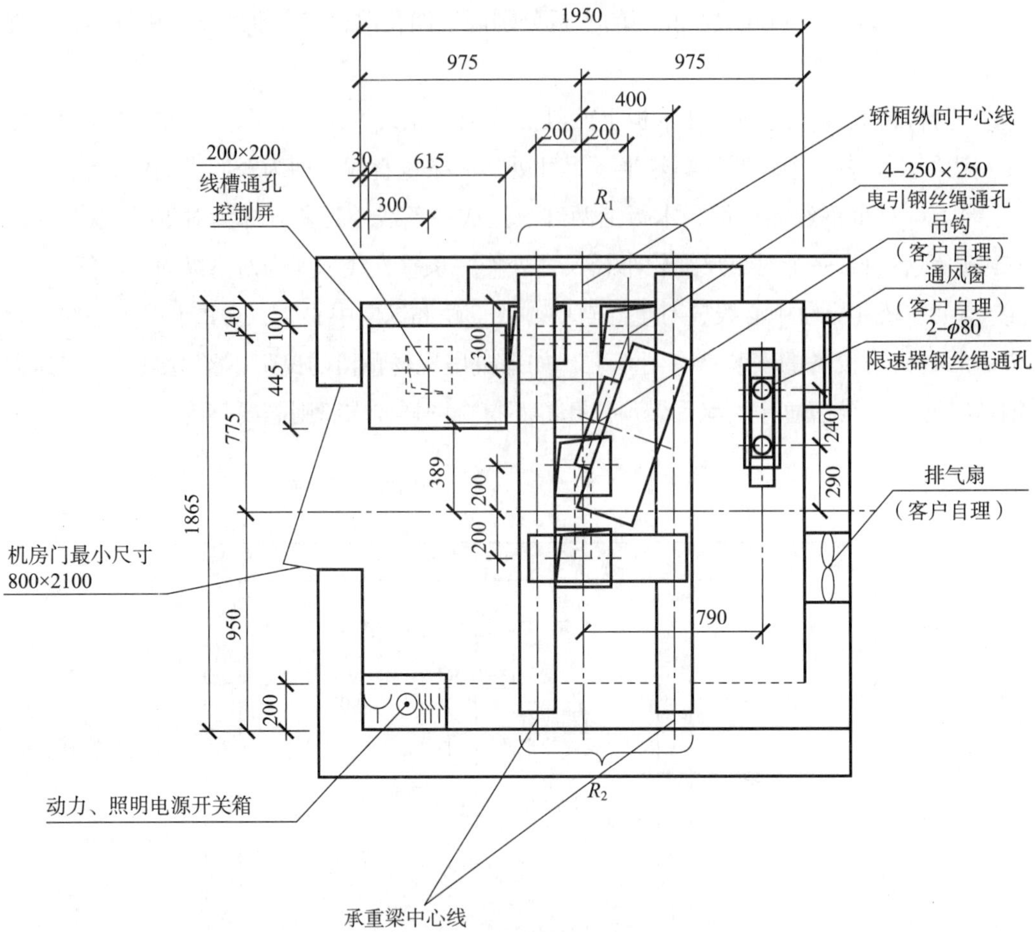

图 1-1-3　机房平面图

四、承重梁与承重梁减振装置的安装

承重梁是承载曳引机的装置，其材料以型钢为主。根据电梯的种类、额定载荷、主机型号及机架座的不同，承重梁之间的距离会有所不同。

1. 承重梁的安装

（1）根据机房平面图所标出的承重梁支撑点的位置（机房地面和墙体），可用膨胀螺栓将浮梁牢固地固定在地面上，也可在水泥墩表面浇筑铁板作为搁梁墩。

（2）承重梁一头搁在浮梁或铁板上，另一头埋入承重墙墙洞。承重梁的安装要求见表 1-1-1。承重梁中心应与样架定位位置（即机房地面的承重梁中心线）基本吻合。校好水平度，对浮梁或铁板与承重梁底面进行定位焊，如图 1-1-4 所示。

表 1-1-1　承重梁的安装要求

定位要求	（1）承重梁中心与样架定位位置的允许偏差应不超过 ±2 mm
	（2）埋入承重墙内的承重梁宜超过墙厚度的中心 20 mm，且支撑长度应不小于 75 mm，除非另有约定
其他要求	（1）承重梁两端纵向水平度偏差、高度差应符合随机资料要求
	（2）承重梁横向水平度偏差应符合随机资料要求
	（3）相邻承重梁的高度差、平行度偏差应符合随机资料要求

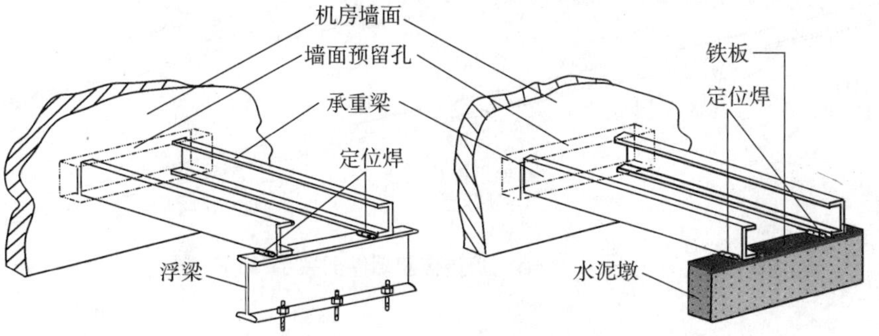

图 1-1-4　承重梁安装示意

（3）施工完毕，向墙面预留孔灌注水泥灰浆，抹平墙面，除去焊接端焊渣，补漆。

2. 承重梁减振装置的安装

电梯的制造商、型号不同，其曳引机的减振方式也不同。下面以防振橡胶垫（见图 1-1-5）为例进行介绍，只需将装上相应规格的螺栓、平垫、弹垫、螺母（合称螺

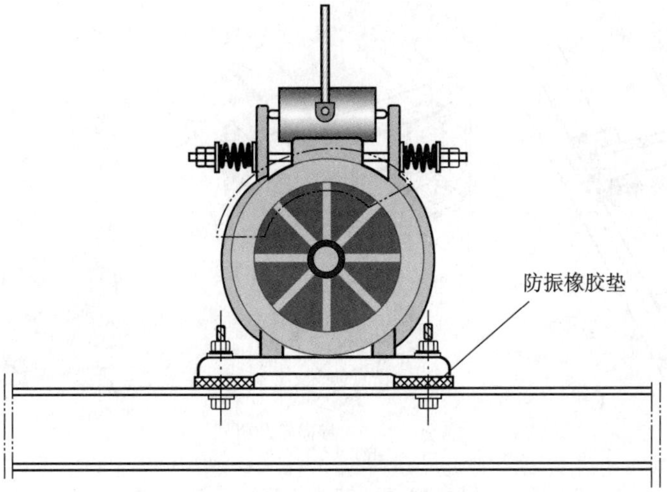

图 1-1-5　防振橡胶垫

栓组件）以及导轨压板的 4 个防振橡胶组件套在承重梁上即可，如图 1–1–6 所示。

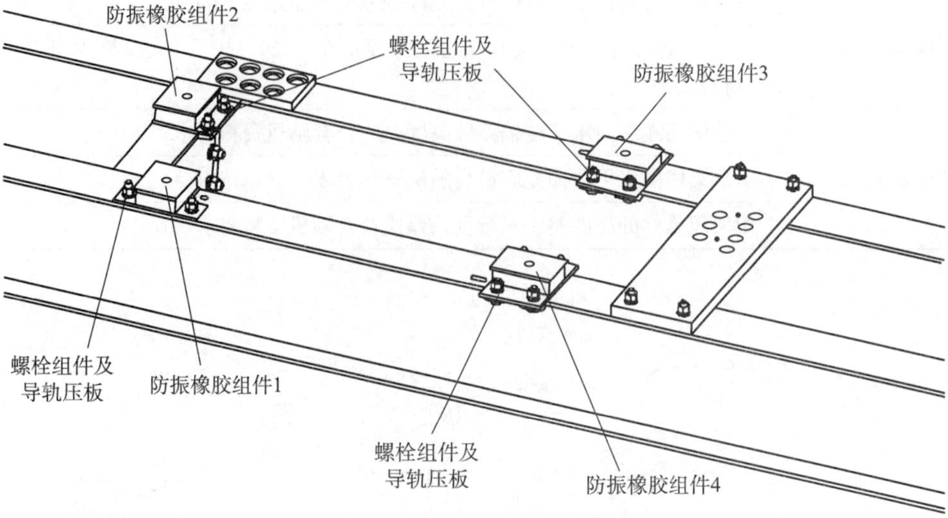

图 1–1–6　防振橡胶组件安装示意

五、曳引机座及导向轮的安装（以某型号产品为例）

1. 将下层梁放在防振橡胶组件上，用螺栓等标准件穿过下层梁螺栓孔，与防振橡胶组件中间的通孔连接（见图 1–1–7a）。

2. 用螺母等紧固件将导向轮及机架与曳引机座底部的上层梁连接，如图 1–1–7b 所示。

3. 将曳引机座的上层梁通过螺栓与下层梁连接（见图 1–1–7c）。

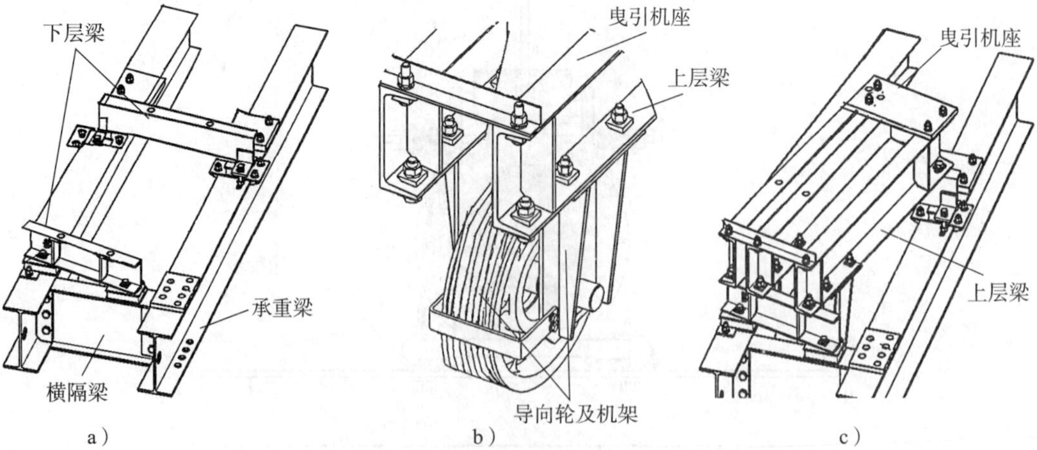

图 1–1–7　曳引机座的安装
a）安装下层梁　b）机架与导向轮连接　c）安装曳引机座

六、曳引机的安装

1. 安装过程

（1）把曳引机吊起搁在曳引机座上，使曳引机孔对准安装孔，穿进紧固件，如图 1–1–8 所示。曳引机有时是反向安装的，安装时需要注意图样要求。

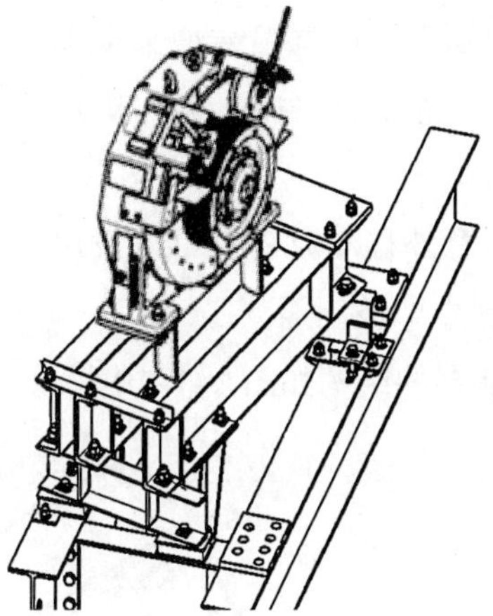

图 1–1–8　曳引机安装示意

（2）在曳引机座、各梁、防振橡胶组件等之间插入调整垫片，调整水平度。

2. 安装要求（见表 1–1–2）

表 1–1–2　曳引机安装要求

项目	要求	
螺栓固定保护	槽钢内部斜面处应垫有方斜垫片	
螺栓紧固力矩	M16 螺栓	98 ~ 117 N · m
	M20 螺栓	186 ~ 225 N · m
绳轮	曳引轮和导向轮的中心偏差应不大于 1 mm	
	轿厢空载时，曳引轮及反绳轮的垂直度偏差应不大于 0.5 mm	
防跳装置	防跳装置和曳引钢丝绳距离应为 2 ~ 3 mm	
防倾覆螺栓	防倾覆螺栓用螺母固定于通孔中间位置，悬空 5 ~ 10 mm	

七、夹绳器的安装调试

1. 夹绳器简介

（1）夹绳器的作用。下面以 HW620G 夹绳器（见图 1–1–9）为例进行介绍，它可用于上行超速保护及轿厢开门意外移动保护。

1）当电梯超速时，限速器发出电气信号使夹绳器动作，之后曳引钢丝绳被夹住，轿厢被缓慢、无冲击地制停，因而乘客能免受冲击。

2）当感应元件感知轿厢意外移动时，也可以发出电气信号，使夹绳器动作，电梯立即被制停。

（2）夹绳器的结构。夹绳器的结构如图 1–1–10 所示。

图 1–1–9　HW620G 夹绳器

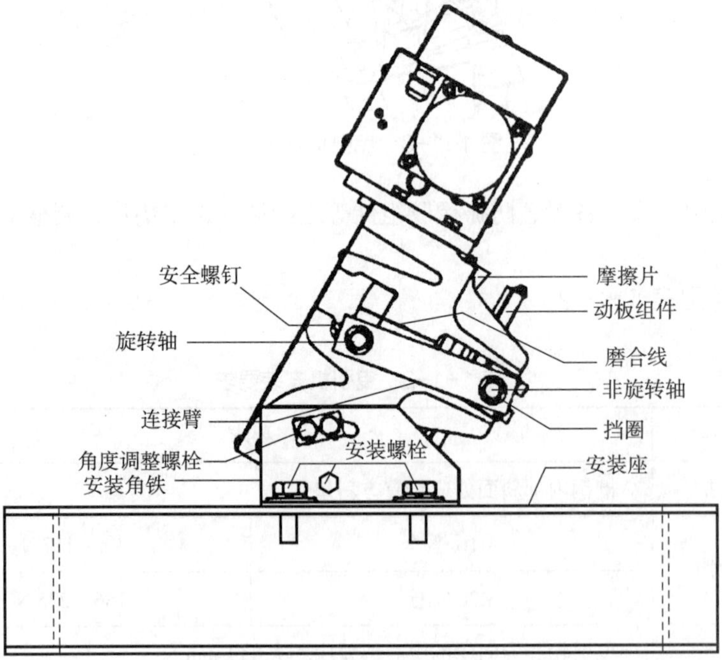

图 1–1–10　夹绳器的结构

2. 夹绳器的安装

（1）确认安全螺钉处于锁紧状态，夹绳器的摩擦片与动板组件处于张开状态，拆除夹绳器的动板组件，具体步骤如图 1–1–11 所示，动板组件拆卸后，如图 1–1–12 所示。

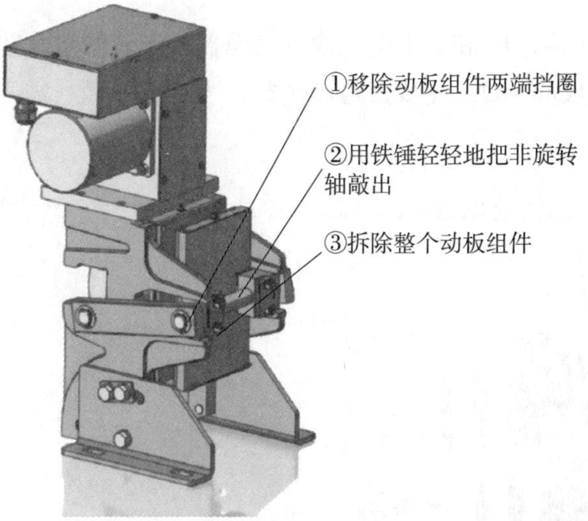

图 1–1–11　拆除夹绳器的动板组件

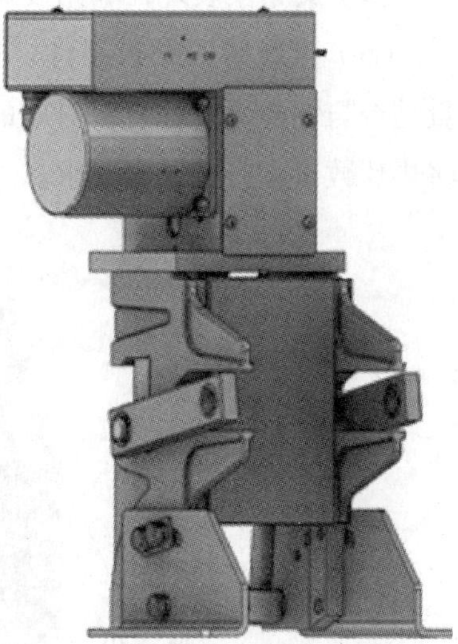

图 1–1–12　动板组件拆卸后

（2）将夹绳器固定在安装座上，注意安装螺栓不要完全锁紧。

（3）松开角度调整螺栓，调整夹绳器位置，如图 1–1–13 所示，确保摩擦片与钢丝绳刚好接触且互相平行，同时钢丝绳处于摩擦片的中间位置。

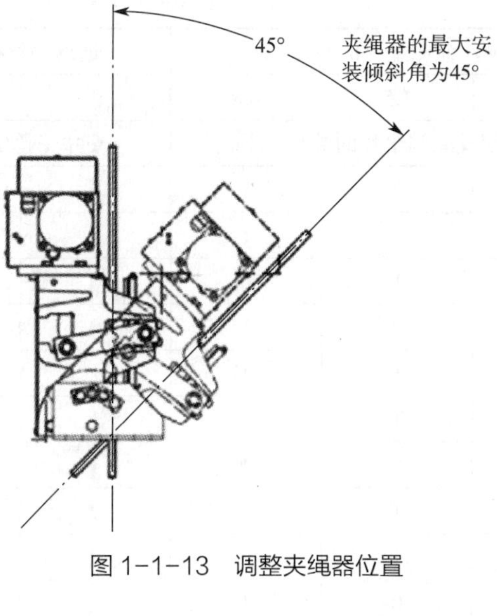

图 1–1–13　调整夹绳器位置

若摩擦片调整不到位，它将过早磨损或磨损不均匀，易导致电梯运行时摩擦片发出噪声，影响夹绳器的动作效果。

（4）旋紧安装螺栓和角度调整螺栓。

（5）重新装回动板组件，按照图 1–1–14 和表 1–1–3 检查夹绳器所安装的垫片数量是否与钢丝绳公称直径对应的垫片数量一致（此步骤尤其重要）。如果不一致，需要将垫片数量调整至符合要求。

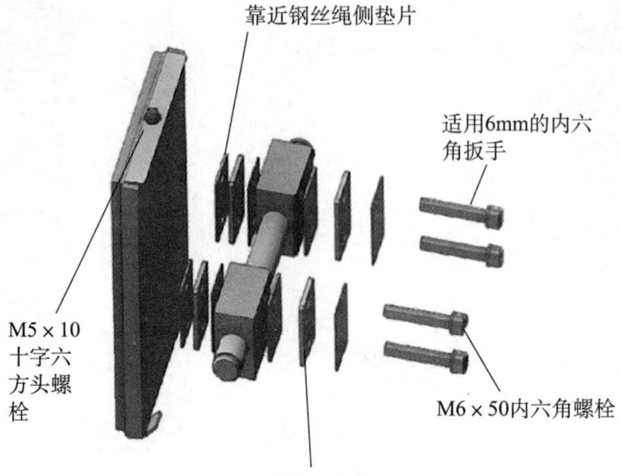

图 1–1–14　夹绳器中垫片示意

表 1–1–3　垫片的厚度及数量

钢丝绳公称直径 /mm	靠近钢丝绳侧垫片的厚度 /mm			远离钢丝绳侧垫片的厚度 /mm		
	3	1.5	0.8	3	1.5	0.8
	靠近钢丝绳侧垫片的数量 / 片			远离钢丝绳侧垫片的数量 / 片		
6	2	2	1	0	1	0
7	2	1	1	0	2	0
8	2	1	0	0	2	1
9	2	0	1	0	3	0
10	1	1	1	1	2	0
11	1	1	0	1	2	1
12	1	0	1	1	3	0
13	0	1	1	2	2	0
14	0	1	0	2	2	1
15	0	0	1	2	3	0
16	0	0	0	2	3	1

（6）打开夹绳器上方盒盖，参照随机图样，将夹绳器接线端子 RG1、RG2、RG5、RG7 与电源及控制信号线路相连，将接地线与外壳的绿色接地螺钉相连，夹绳器的电气接线要求如图 1-1-15 所示。在夹绳器通电、张开的情况下，RG5 和 RG7 为通路，曳引机继续工作；在夹绳器断电、夹持的情况下，RG5 和 RG7 为断路，曳引机停止工作。

图 1-1-15　夹绳器电气接线要求

（7）确保电梯控制柜的安全电路处于工作状态，将测试开关打到“ON”（开），这时夹绳器上的电动机开始运转，线圈吸合，从而使棘爪与棘轮啮合。

（8）线圈通电吸合时，略微松动安全螺钉，请确认此时棘爪是否处于抓持状态，夹绳器是否处于未夹持状态。

（9）拆除安全螺钉，可把拆除的安全螺钉装在齿轮箱底板的两个内螺纹孔内，以免丢失。注意，夹绳器处于待工作状态时，必须完全拆除安全螺钉，否则会导致夹绳器失效或损坏。

3. 夹绳器的测试

（1）夹绳器的控制电路测试

1）首先确保相应的安全电路处于工作状态，然后将测试开关打到“ON”的位置。夹绳器开关面板如图 1-1-16 所示。

2）将测试开关打到“OFF”的位置，夹绳器应被触发并夹紧钢丝绳。夹绳器夹紧钢丝绳时，应确认夹绳器上的电梯运行安全触点闭合，如图 1–1–17 所示，此时应停止给曳引机的电动机和制动器供电。

3）把测试开关打到“ON”的位置，夹绳器再次被打开。

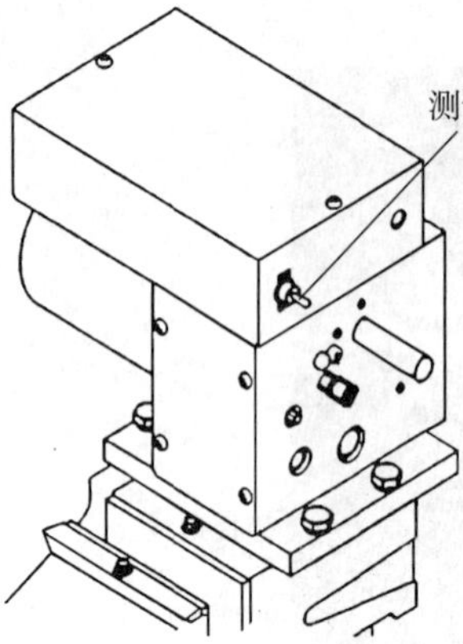

图 1–1–16　夹绳器开关面板示意

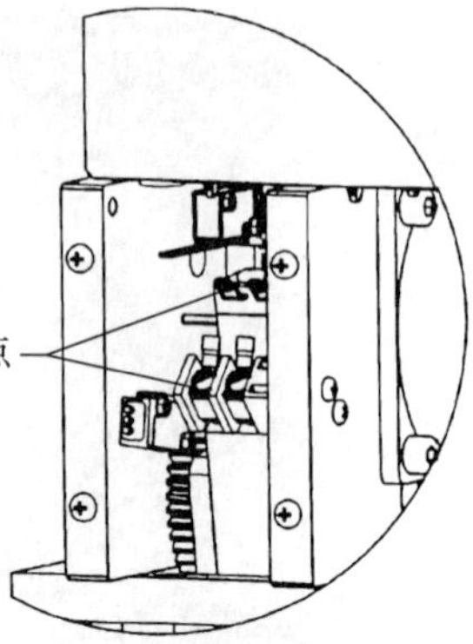

图 1–1–17　电梯运行安全触点闭合

（2）摩擦片的磨合测试

1）在夹绳器的侧板上有一条磨合线，可用来辅助磨合测试。该线在连接臂上方，但随着磨合过程的进行，连接臂会与该线重合。

2）确认测试开关在“ON”的位置。

3）使电梯以检修速度运行，由上至下擦去钢丝绳上的污垢和多余的油脂。

4）短接接线端子 RG5 与 RG7，并且让空轿厢以低速运行，使钢丝绳穿过夹绳器（电梯向上运行），把测试开关打到“OFF”的位置，这时夹绳器会以很小的压力夹持钢丝绳，钢丝绳开始在摩擦片上开槽（即磨合过程）。

5）在摩擦片磨合过程中，旋转轴会慢慢地移回凸轮槽并移至凸轮角处，如图 1–1–18 所示，连接臂的位置也会随之提升并与标记在侧板上的磨合线重合。注意，可能需要多次低速运行，空轿厢才能完成摩擦片的磨合过程。

6）当旋转轴移过凸轮角，且连接臂与磨合线重合时，磨合完成。停止空轿厢的运行，拆除接线端子 RG5 与 RG7 的短接线。注意，不拆除短接线可能会引发危险。

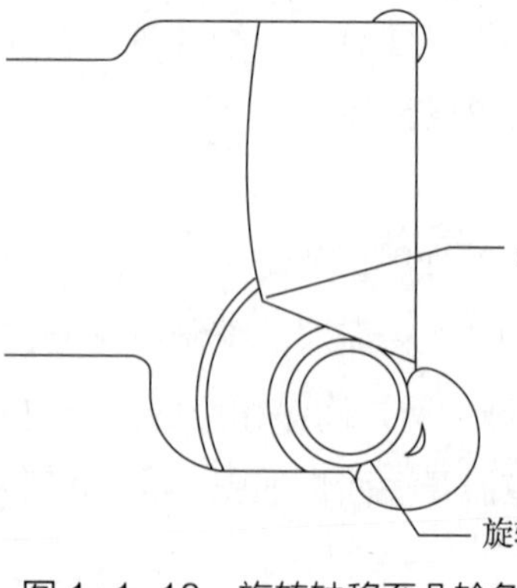

图 1–1–18　旋转轴移至凸轮角处

7）如果摩擦片上的沟槽已经基本达到 1.5 mm，但是连接臂还未与磨合线重合，这时必须减少靠近钢丝绳侧的垫片，并将减少的垫片安装到远离钢丝绳侧的垫片位置，使旋转轴刚好移过凸轮角，而此时连接臂应与磨合线重合。

学习单元 2　控制柜的安装与接线

一、控制柜接线图的识读

控制柜是电梯的控制中心，电梯的关键电气部件都需要连接到控制柜。为了对控制柜进行装配和维修，学习接线图的识读方法非常重要。电源箱与控制柜、控制柜与曳引机电气部件接线图如图 1–1–19 所示，控制柜与限速器开关及井道电气部件接线图如图 1–1–20 所示，这两幅图是某制造商生产的有机房电梯的控制柜接线图，下面以此为例进行分析。

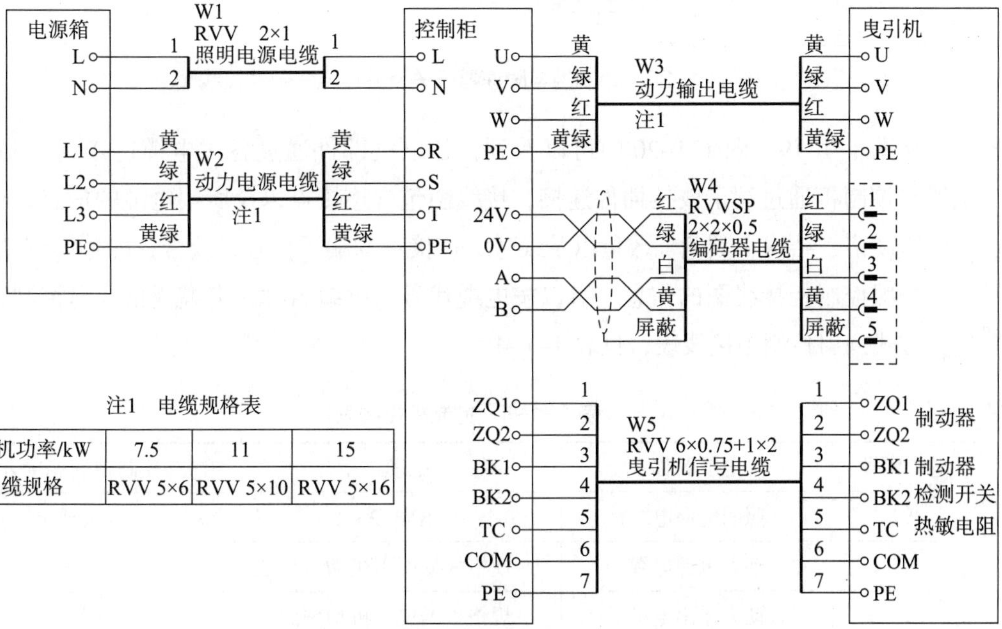

注1　电缆规格表

曳引机功率/kW	7.5	11	15
电缆规格	RVV 5×6	RVV 5×10	RVV 5×16

图 1–1–19　电源箱与控制柜、控制柜与曳引机电气部件接线图

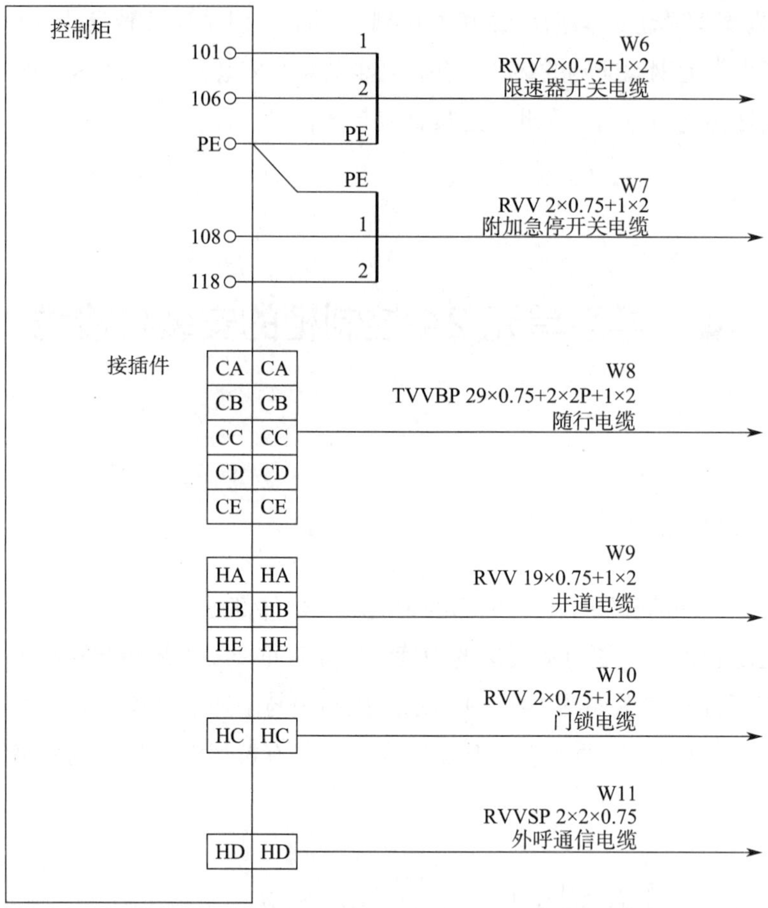

图 1-1-20　控制柜与限速器开关及井道电气部件接线图

从图 1-1-19、图 1-1-20 中可以看到，各电气部件通过各种电缆连接到控制柜，电缆与控制柜通过端子或接插件连接，接线图包含连接点以及所用电缆的信息，还包含电缆规格、结构、颜色、数量以及线号、连接点的端子代号、绞合、屏蔽等信息。

按照控制柜接线图的信息，可以按电缆代号、电缆名称、电缆规格、与控制柜的连接方式列出控制柜接线表，见表 1-1-4。

表 1-1-4　控制柜接线表

电缆代号	电缆名称	电缆规格	与控制柜的连接方式
W1	照明电源电缆	RVV 2 × 1	端子
W2	动力电源电缆	规格根据曳引机功率而定	端子
W3	动力输出电缆	规格根据曳引机功率而定	端子
W4	编码器电缆	RVVSP 2 × 2 × 0.5	端子

续表

电缆代号	电缆名称	电缆规格	与控制柜的连接方式
W5	曳引机信号电缆	RVV 6×0.75+1×2	端子
W6	限速器开关电缆	RVV 2×0.75+1×2	端子
W7	附加急停开关电缆	RVV 2×0.75+1×2	端子
W8	随行电缆	TVVBP 29×0.75+2×2P+1×2	接插件
W9	井道电缆	RVV 19×0.75+1×2	接插件
W10	门锁电缆	RVV 2×0.75+1×2	接插件
W11	外呼通信电缆	RVVSP 2×2×0.75	接插件

1. 电缆 W1

电缆 W1 是电源箱到控制柜的照明电源电缆，用于给轿厢照明灯供电，它的 1 号线和 2 号线分别连接控制柜的 L 端子和 N 端子。其规格为 RVV 2×1，其中 RVV 表示铜芯聚氯乙烯绝缘聚氯乙烯护套软电缆，2 表示电缆芯数为两芯，1 表示电缆截面积为 1 mm^2。电缆 W5、W6、W7、W9、W10 的规格与电缆 W1 类似，区别在于芯数和截面积。例如，电缆 W5 的规格为 RVV 6×0.75+1×2，它也是铜芯聚氯乙烯绝缘聚氯乙烯护套软电缆，它含有截面积为 0.75 mm^2 的线芯 6 根和截面积为 2 mm^2 的线芯 1 根。

2. 电缆 W2、W3

电缆 W2、W3 分别是动力电源电缆、动力输出电缆，它们以不同颜色作为识别标记，W2 连接控制柜的 R（黄）、S（绿）、T（红）、PE（黄绿）端子，W3 连接 U（黄）、V（绿）、W（红）、PE（黄绿）端子。其规格与曳引机功率有关，当曳引机功率变化时，所选电缆的规格也要变化，因为不同功率曳引机的额定电流不同。选择电缆时需要考虑其载流量，因为电缆本身是有阻值的，所以可以简单地认为电缆是一个阻值固定的电阻。根据焦耳定律，电缆发热量与其阻值成正比，因此为了减小电缆的发热量，在电缆长度和材质不变的情况下，需要通过增加电缆的截面积来减小阻值。如果电缆的规格选择不当，选用了较小规格的电缆，则会导致电缆发热量过大，当其温度逐渐升高超过自身承载能力时则可能烧毁，甚至引起火灾。根据图 1–1–19 中注 1 的标注，当曳引机功率为 7.5 kW 时选用规格为 RVV 5×6 的电缆，当曳引机功率为 11 kW 时选用规格为 RVV 5×10 的电缆，当曳引机功率为 15 kW 时选用规格为 RVV 5×16 的电缆。

3. 电缆 W4

电缆 W4 是编码器电缆，同样以颜色作为标记，分别连接控制柜的 24 V（红）、0 V（绿）、A（白）、B（黄）端子。其规格为 RVVSP 2×2×0.5，这是一种四芯且两两双绞的带屏蔽电缆，该电缆具有很强的抗干扰能力。如果图样上要求该电缆的屏蔽层单端接地，则接线时需要按照图样要求处理。

4. 电缆 W8

电缆 W8 是随行电缆，它与轿顶上的检修箱连接，在控制柜侧通过 CA、CB、CC、CD、CE 接插件对接。其规格为 TVVBP 29×0.75+2×2P+1×2，这是一种电梯屏蔽扁电缆，具有柔软、不易因弯折而断丝的特点，适宜随电梯轿厢上下运行。

5. 电缆 W11

电缆 W11 是外呼通信电缆，其功能是连接控制柜和各楼层的外呼通信板。它通过 HD 接插件与控制柜对接。因为外呼通信线路对干扰信号很敏感，所以也采用了带屏蔽的双绞电缆。

二、控制柜的安装及接线要求

1. 控制柜的安装要求

（1）安装控制柜时应按电梯机房平面图的规定在适宜位置施工。若无规定，应根据机房的面积、形式合理考虑布局，确定符合“维修方便、安全”原则的安装位置，同时应考虑控制柜各连接电缆走线的合理性。

控制柜前应有净高为 2 m 以上的工作区域，且应有一定的净空面积（深度不小于 0.7 m，宽度为 0.5 m 和控制柜全宽两者中的较大值）。如果控制柜背面或侧面有设备需要检查、调整或维修，那么控制柜就不应该靠墙安装，其背面或侧面的工作区域和净空面积也应符合相关要求。

（2）控制柜的安装应满足制造商提供的安装手册的要求。例如，对于门窗缺乏必要防护措施的机房，为了防止雨水飘入控制柜，控制柜应与门窗保持一定的距离（一般不小于 0.6 m）。为了保证设备正常工作和美观性，控制柜的垂直度偏差应不大于 1.5/1 000（见图 1–1–21）、水平度偏差应不大于 1/1 000。

2. 控制柜的接线要求

（1）电梯动力线路与控制线路宜分开敷设或采取屏蔽措施。

（2）除使用安全电压（36 V及以下）的电气设备，其他电气设备金属罩壳均应设有易于识别的接地线，且所有接地线应集中接在控制柜的接地端。

（3）所有端子和接插件应牢固可靠，且线号正确。

（4）备用电缆要分类集中捆扎，不能露出金属层，防止造成短路故障或触电等事故。

（5）所有电缆应使用塑料扎带捆扎。

（6）控制柜过线孔应有快口保护措施，防止电缆被割伤，造成短路故障或触电等事故。

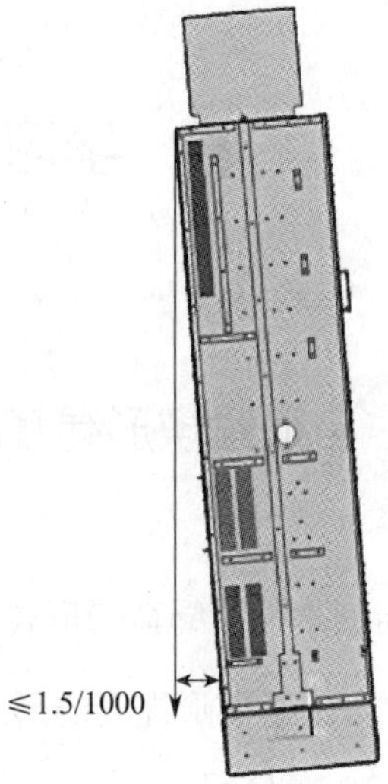

图 1-1-21　控制柜的垂直度偏差

三、控制柜的安装及接线方法

1. 控制柜与曳引机的连接电缆应按照线号或标识一一对应。

2. 当机房的基础地面不平时，一定要把地面整平后再进行下一步工作。

3. 使用膨胀螺栓将控制柜底座固定在机房地坪上，若无底座，则应用金属型钢作为底座。这样既可以满足控制柜的垂直度安装要求，也可以抬高控制柜，起一定的防水作用。

4. 用镀锌或经过防腐处理的螺栓固定控制柜，螺栓应从下往上穿，螺母、垫圈（包括平垫、弹垫）和紧固件应齐全。

5. 固定好控制柜以后，根据各电气部件的走线方向，合理布置线槽和线管。

6. 将电缆按照相关布线要求排入线槽和线管。

7. 将电缆从过线孔放入控制柜，注意应提前做好快口保护措施。

8. 接线前应认真核对电缆的线号、颜色等，确保接到图样规定的端子排、端子或接插件上。当电缆不能顺利插入接插件时，不可使用蛮力，要仔细核对线号是否一致，且接插件的防呆卡扣方向应对齐。

9. 电缆固定好以后，如果电缆的长度有余，应对多余的部分进行盘整、捆扎，避免电缆折叠或缠绕。

学习单元 3　自锁紧楔形绳套的制作

一、自锁紧楔形绳套的形式及原理

1. 自锁紧楔形绳套的形式

自锁紧楔形绳套的形式如图 1–1–22 所示，包括对称式和非对称式两种。

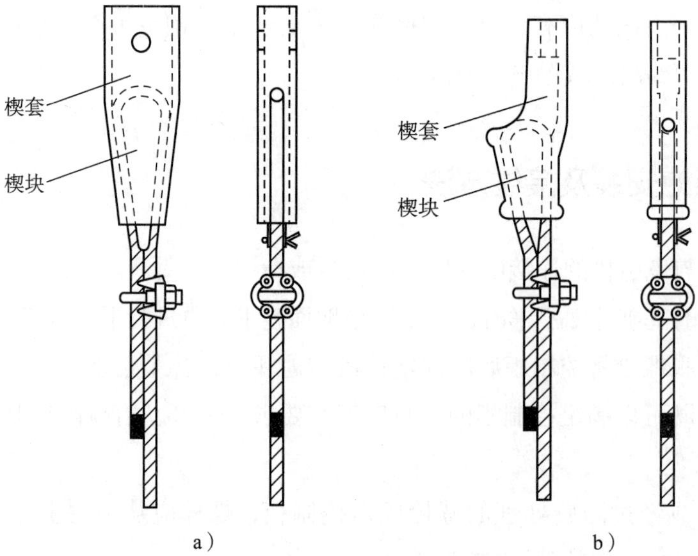

图 1–1–22　自锁紧楔形绳套的形式
a）对称式　b）非对称式

2. 自锁紧楔形绳套的原理

钢丝绳绕过楔块套入楔套，在拉力的作用下，钢丝绳依靠楔块与楔套内斜面的配合自动锁紧。为了防止楔块松脱，楔块下端设有开口销。

二、自锁紧楔形绳套与钢丝绳的组合要求

1. 安装前应检查自锁紧楔形绳套与钢丝绳公称直径是否相匹配。

2. 应在钢丝绳的端部采取措施防止绳股散开，如使用铁丝或扎带进行捆扎，并使其随钢丝绳穿过楔套。

3. 弯曲钢丝绳时，宜根据表1-1-5中的钢丝绳尾段长度 I 确定 A 点，如图1-1-23所示，再根据钢丝绳捻制方向使钢丝绳弯曲，弯曲部位的半径 R 宜为钢丝绳公称直径的2～4倍。

表1-1-5　不同公称直径钢丝绳的尾段长度　　mm

钢丝绳公称直径	钢丝绳尾段长度 I
6～8	330±50
>8～10	360±50
>10～12	380±50
>12～14	390±50
>14～16	410±50

注：对于公称直径大于16 mm的钢丝绳，其尾段长度 I 应不小于380 mm，或根据实际安装情况确定。

图1-1-23　钢丝绳端部的弯曲示意

4. 对于非对称式的自锁紧楔形绳套，穿钢丝绳时，应使钢丝绳承受载荷的工作段处于竖直位置，如图1-1-24所示。

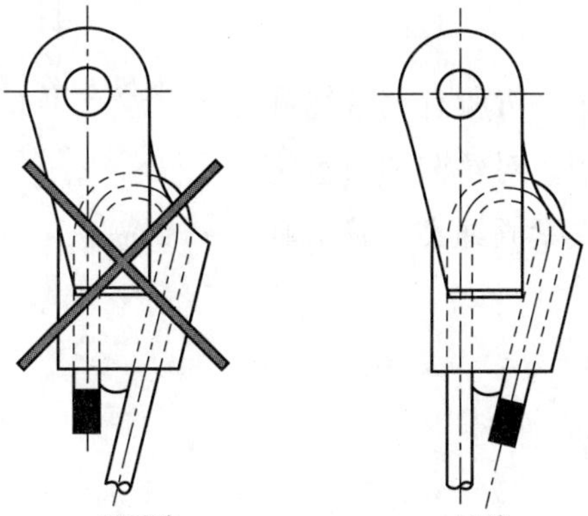

图1-1-24　非对称自锁紧楔形绳套的钢丝绳安装方向

三、自锁紧楔形绳套与钢丝绳的组合方法

1. 将弯曲后的钢丝绳绕过楔块，并与楔块共同穿过楔套，使 *A* 点与楔块的顶点接触，当钢丝绳的尾段伸出楔套约 100 mm 时，使用扎带将钢丝绳尾段固定在钢丝绳工作段上，然后用力拉钢丝绳，如图 1–1–25 所示，直到楔块露出开口销孔为止（对于没有开口销孔的楔块，应拉至楔块到达工作位置为止）。拉钢丝绳时需要注意，楔块顶点应该与钢丝绳的 *A* 点始终接触。

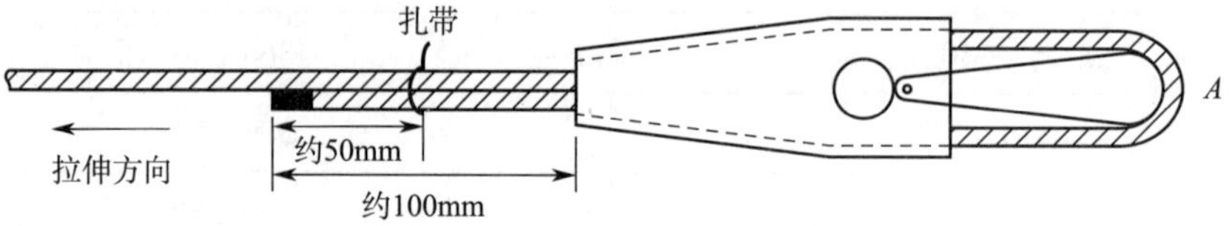

图 1–1–25　固定钢丝绳尾段示意

2. 将开口销插入楔块的开口销孔（如有）后打开，对于没有开口销孔的楔块，应安装限位装置。

3. 对于已承受载荷的钢丝绳，在调整绳头组合高度前，宜在距离楔套前端的适宜位置（钢丝绳公称直径的 2 ~ 6 倍）使用绳夹固定，如图 1–1–26 所示，且绳夹座应扣在钢丝绳的工作段上，U 形螺栓应扣在钢丝绳尾段上。当采用其他形式的绳夹时，绳夹的安装应符合制造商要求。

4. 按照以上操作顺序，将所有钢丝绳和自锁紧楔形绳套安装完毕，对轿厢和对重施加规定的设计载荷，再次紧固绳夹，确保其安装牢靠。

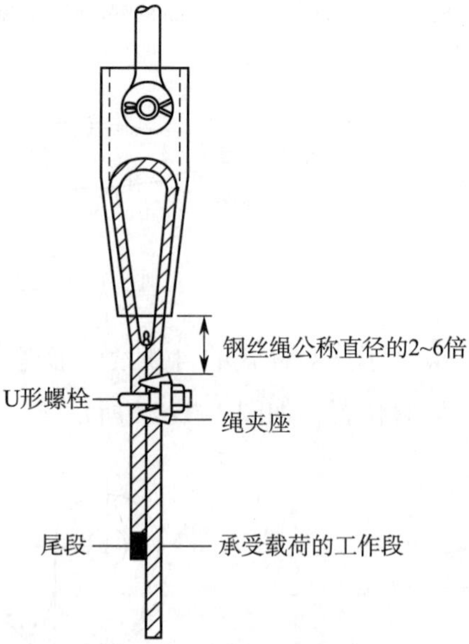

图 1–1–26　绳夹的固定位置

课程 1-2 井道设备安装调试

学习单元 1 电梯相关的土建勘测与复核

一、电梯土建技术要求

电梯土建图又称电梯土建布置图，是电梯的重要技术文件。在《电梯安装维修工（基础知识 初级）》里已经将电梯技术规格表、电梯井道平面图、电梯井道立面图、电梯机房平面图和层门预留孔洞图的内容以及各尺寸名称阐述清楚。本学习单元进一步阐述电梯土建技术要求。

1. 基本环境要求

（1）机房内的空气温度应保持在 5 ~ 40 ℃，测量位置距离电梯主要发热部件（如曳引机、变频器等）1 m，测量高度距离地面或指定维修人员站立位置 1 m；井道内的空气温度应保持在 –10 ~ 45 ℃。

（2）运行地点的空气相对湿度在最高温度为 40 ℃时不超过 50%，在较低温度下可有较高的相对湿度，最湿月的月平均最低温度不超过 25 ℃，该月的月平均最大相对湿度不超过 90%。若电气设备上可能产生凝露，则应采取相应措施。

（3）供电电压相对于额定电压的波动应不超过 ±7%。

（4）环境空气中不应含有腐蚀性、易燃性气体及导电尘埃。

2. 机房要求

（1）机房应有隔热通风措施，应保护电动机等设备以及电缆等不受灰尘、有害气体和湿气的损害。

（2）机房宜有自然采光，不得将机房顶板用作水箱底板。

（3）机房和滑轮间不应用于电梯以外的其他用途，也不应设置非电梯用的线槽、电缆或装置。机房和滑轮间可设置空调或采暖设备（注意，空调及风口不应在驱动主机和控制柜的正上方），但不包括通过蒸汽或高压水加热的采暖设备，还可设置火灾探测器或灭火器。

（4）机房内可放置其他类型电梯的驱动主机，如杂物电梯的驱动主机。

（5）机房地板的设计载荷应不小于 700 kg/m^2，承载结构应能承受约定的载荷。

（6）机房的墙、地面和顶板应采用经久耐用且不易产生灰尘的材料建造，如混凝土、砖或预制砌块等，且机房地面应防滑。

（7）机房地面应平整，门窗应防风雨。机房入口处的楼梯或爬梯应设扶手，机房门应加锁。机房门的外侧应设置警告牌，可写有“电梯机器危险，未经允许禁止入内”等字样。

（8）机房地面的开孔尺寸应符合电梯制造商的要求。在满足使用功能的前提下，楼板和机房地面上的开孔尺寸应减到最小。为了防止物体通过机房开孔处坠落（包括电缆穿过的开孔处），开孔处应采用凸缘结构，该凸缘结构应凸出楼板或完工地面至少 0.05 m。

（9）当机房地面高度不一致且相差大于 0.5 m 时，应设置爬梯或台阶，并安装 1.1 m 高的护栏，爬梯踏板应至少承受 1 500 N 的载荷。

（10）在有人员工作的区域，机房地面上任何深度大于 0.05 m、宽度介于 0.05 m 和 0.5 m 之间的凹坑或槽坑均应用适当的隔板盖住。

（11）机房的适当位置应设置有安全工作载荷标志的悬挂点（一个或多个），用于较重设备的吊装。悬挂点的承载能力应不低于机房最重设备的 2 倍。

（12）进入机房的通道应保持畅通且不经过私人空间，并安装永久性的电气照明装置，照度至少为 50 lx。

（13）机房应有足够的空间放置驱动主机及相关电气控制设备，并应考虑电梯生命周期内的维护、修理和改造作业空间。工作区域的净高度应不小于 2.1 m，且应满足如下要求。

1）在控制柜（控制屏）前方应有一个工作区域，相关要求前文已述。

2）为了对运动部件进行维护保养和检查，在必要的地点以及需要手动紧急操作的地方，应有一块不小于 0.5 m × 0.6 m 的水平净面积。

3）活动区域的净高度应不小于 1.8 m（从通道地面到顶部最低点的测量高度）。

（14）机房应安装永久性的电气照明装置，工作区域的地面照度至少为 200 lx，供在工作区域之间移动的地面照度至少为 50 lx。

（15）机房的照明电源应独立于驱动主机电源，并都送电至机房门旁的电梯专用配电箱。

3. 井道要求

（1）井道应由无孔的墙、底板和顶板完全封闭，只允许有以下开口：层门开口；通往井道的通道门、安全门和检修门的开口；发生火灾时供气体和烟雾排出的排气孔；通风孔；为实现电梯功能，在井道与机房或滑轮间之间必须设置的其他开口。

（2）井道的墙、底板和顶板

1）井道的墙、底板和顶板应具有足够的机械强度，应采用坚固、非易燃材料，且这种材料本身不应助长灰尘的产生。

2）和电梯部件（如承重梁、导轨支架、补偿轮安装框架等）相连的墙壁不应采用砌体结构，除非该结构的承载能力得到验证。如果和电梯部件相连的墙壁是圈梁结构，圈梁高度不宜小于 400 mm，且两端应连接到具有承载能力的非砌体结构上。

3）封闭型井道的外封玻璃应具有足够的强度，井道下部外侧地面应设置障碍物，以免过往人员过于靠近外封玻璃。

4）人员可正常接近的玻璃门扇、玻璃面板或成型玻璃板均应用夹层玻璃制成，并确保人员能辨别玻璃的存在。夹层玻璃及其附件应能承受井道内外垂直作用于任意位置，且均匀分布在 0.09 m^2 的圆形（或正方形）面积上的 1 000 N 静力而无永久性变形。

（3）井道应适当通风，且不能与非电梯用房的通风装置相连通。井道顶部的通风口面积应至少为井道截面积的 1%，通风口可直接通向室外或经机房通向室外。

（4）在具有多部电梯的井道中，不同电梯的运动部件之间应设置隔障。隔障应从底坑地面不大于 0.3 m 处向上延伸至底层端站楼面以上 2.5 m，其宽度应足以防止人从一个底坑通往另一个底坑。

（5）井道应为电梯专用，井道内不得装设与电梯无关的设备、电缆等。井道内允许安装采暖设备，但不能用蒸汽和高压水加热，采暖设备的控制与调节设备应装在井道外面。

（6）连接电梯部件的墙、梁、墩等的混凝土强度等级应不低于 C25。采用膨胀螺栓在混凝土墙上安装电梯导轨支架或钢圈梁时，其厚度应在 0.15 m 以上。

4. 底坑要求

（1）底坑地面为工作区域，应防滑且基本平整，缓冲器支座、导轨座以及排水装置等地面结构除外；缓冲器、导轨、隔障等安装完毕；底坑不应漏水或渗水。

（2）如果井道下方确有工作人员能够到达的空间，则底坑地面应至少按 5 000 N/m^2 的载荷承载能力设计，且对重（或平衡重）上应设置安全钳。

（3）应设置进入底坑的通道或梯子。当底坑深度大于 2.5 m 时，应设置通道；当底坑深度不大于 2.5 m 时，应设置通道，或在井道内设置工作人员易从层门进入底坑的梯子。

5. 层站要求

（1）层门侧的井道墙壁应采用强度等级不低于 C25 的钢筋混凝土结构，也可按电梯制造商要求。如果采用框架结构，门洞上方应设置门过梁（至少与井道同宽），门洞下方应设置层梁（至少与井道同宽），其梁高均应大于 0.4 m。

（2）在层门附近，层站地面照度应不小于 50 lx（无论采用自然光照还是人工照明装置）。如果在层门口安装控制柜或紧急操作装置，则应安装永久性的电气照明装置，照度应不小于 200 lx。

（3）层站候梯厅与建筑的安全通道应无障碍连通，确保在任何情况下，工作人员均能安全、方便地接近每个层门，且不需要经过私人空间。

二、机房土建尺寸的测量与复核

1. 机房平面尺寸

用卷尺测量机房的平面尺寸 A 和 B（见图 1–2–1）是否满足机房平面图要求，若 A、B 小于图样要求，则机房设备有可能无法布置或布置后无法满足国家标准相关要求。

2. 机房高度尺寸

用卷尺测量机房高度尺寸 H（机房顶结构梁下面与机房地面之间的垂直距离，如图 1–2–2 所示）是否满足井道立面图要求，该尺寸在工作区域（曳引机、控制柜处）应不低于 2 m，在非工作区域应不低于 1.8 m。

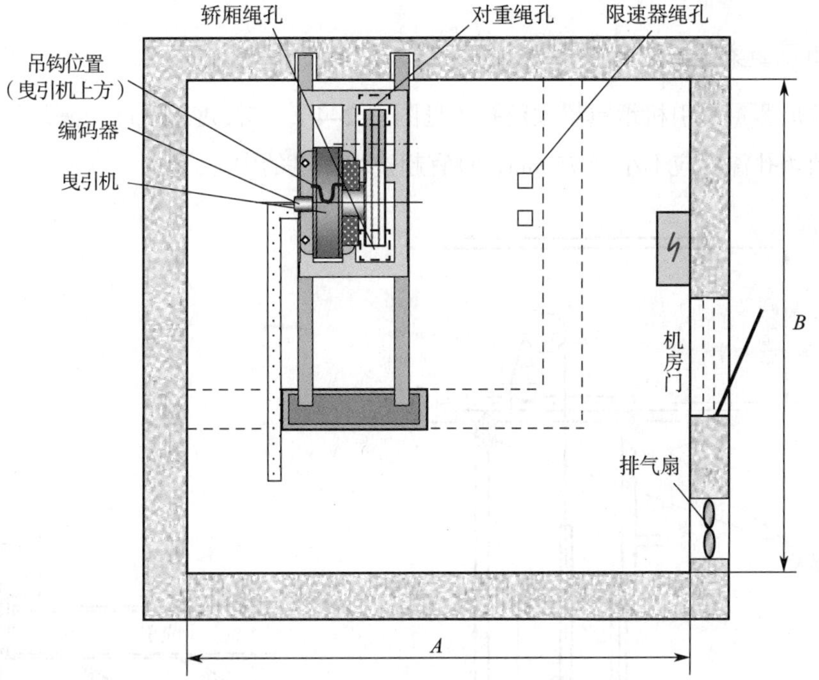

图 1-2-1　机房的平面尺寸示意

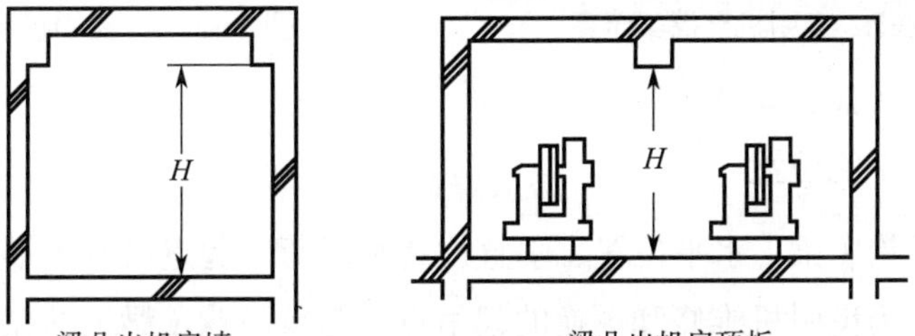

图 1-2-2　机房高度尺寸示意

3. 曳引机支撑梁尺寸

目测检查机房楼板下部是否有曳引机的支撑梁（混凝土或钢结构，见图 1-2-3），支撑梁载荷要求是由电梯制造商根据产品规格提出的，支撑梁载荷允许值需要设计单位、总承包单位或业主以书面形式进行确认。

4. 机房地板预留孔尺寸

用卷尺测量机房地板预留孔尺寸是否满足机房平面图要求。预留孔主要有曳引钢丝绳通孔、限速器钢丝绳通孔、线槽通孔。如果采用无脚手架安装工艺，还有样架线预留孔。测量项目主要有预留孔的位置、大小等。

5. 曳引机承重梁预留孔尺寸

用卷尺测量曳引机承重梁预留孔（见图 1–2–4），其高度、宽度应满足机房平面图要求。预留孔深度应不小于 75 mm，且宜超过墙厚度的中心。

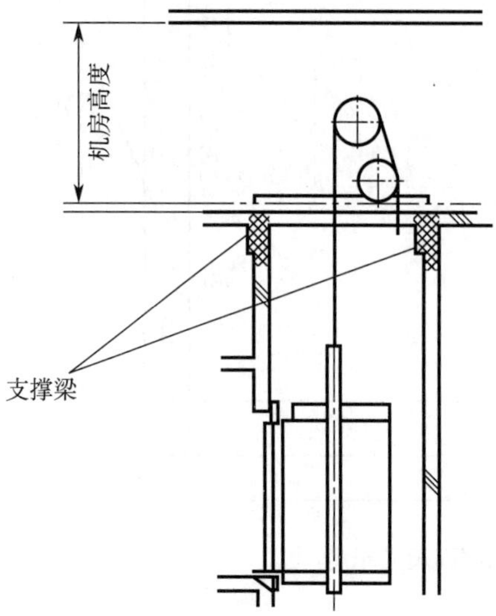

图 1–2–3　曳引机支撑梁示意

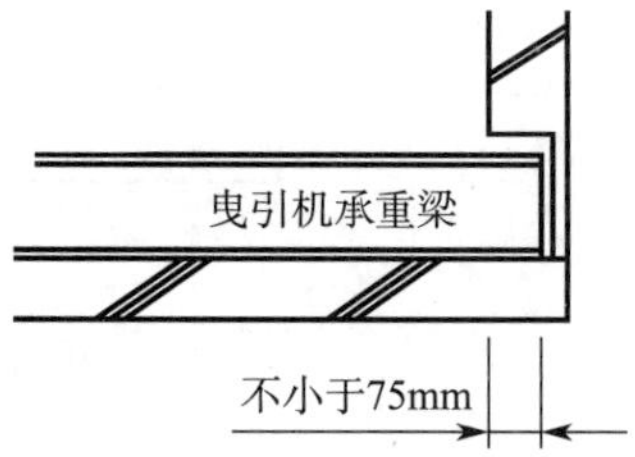

图 1–2–4　曳引机承重梁预留孔

6. 起重吊钩（梁）的位置

目测起重吊钩（梁）水平位置、垂直位置和载荷。起重吊钩（梁）是用来起吊曳引机的，并将作为曳引机维修和更换的起吊点。起重吊钩（梁）的允许载荷值需要设计单位、总承包单位或业主以书面形式进行确认。

7. 机房部件搬运通道尺寸

机房部件搬运通道如图 1–2–5 所示，根据施工方案确定曳引机、控制柜等机房部件的搬运路线，目测及用卷尺测量机房的预留孔。

（1）若从机房门口搬入，机房预留孔的高度和宽度应大于机房部件的高度和宽度。

（2）若从井道搬入，机房地板预留孔的宽度和深度应大于机房部件的宽度和深度，且应有安全防护措施。

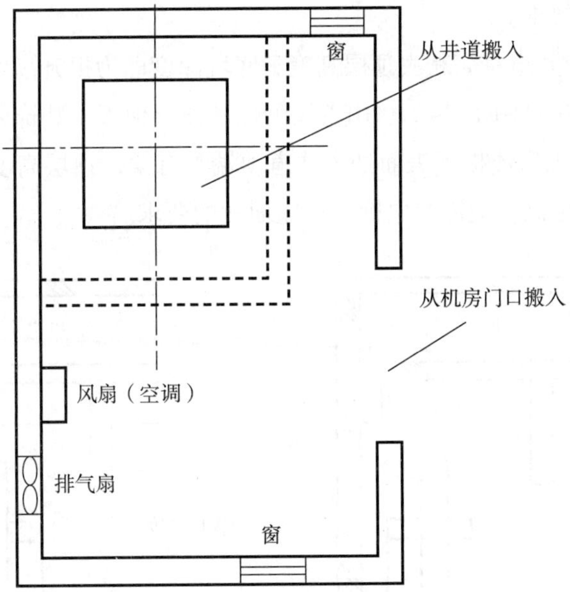

图 1-2-5　机房部件搬运通道

8. 机房其他测量与复核内容

（1）机房需要安装适当的通风设施，确保机房温度保持在合适的范围内，尽量避免将窗和排气装置安装在同一面墙上。

（2）机房入口处的尺寸应满足机房部件搬入的要求，当机房部件搬入后，机房门应上锁，且机房门应向外开启。

（3）机房照明装置的照度应符合相关要求。

（4）机房内只允许敷设与电梯相关的管道和线缆，严禁敷设冷暖水管等与电梯无关的管道。

（5）从顶层大厅通向机房的楼梯应有扶手或防坠落保护措施；若曳引机需要通过楼梯运至机房，则楼梯宽度应满足曳引机的搬运要求。

三、井道、层站土建尺寸的测量与复核

1. 井道土建尺寸

（1）井道总高和提升高度

1）井道总高。在机房将卷尺从楼板下表面放到底坑地坪进行测量，该尺寸应满足

电梯井道立面图的要求。

2）提升高度。井道总高减去顶层高度和底坑深度即为提升高度。

（2）顶层高度（见图 1–2–6）。用卷尺测量从顶层地板（装饰完毕）到机房楼板下表面的距离。如果机房楼板下表面处（井道顶端）有梁，顶层高度的距离就从梁的下表面开始测量。顶层高度应满足电梯井道立面图的要求。

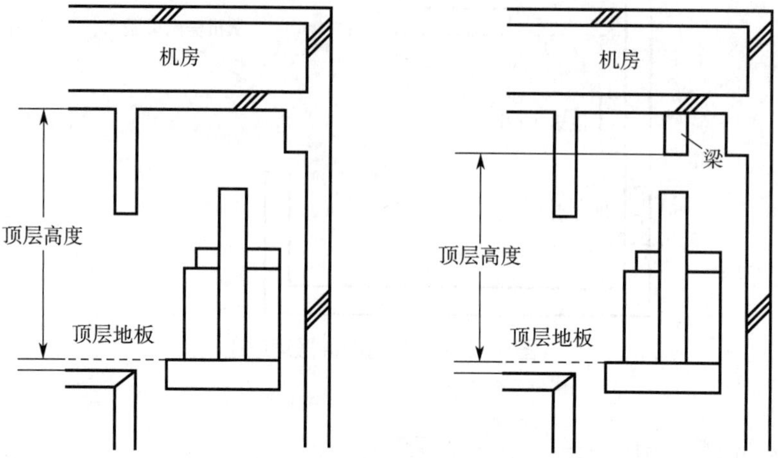

图 1–2–6　顶层高度示意

（3）底坑深度（见图 1–2–7）。用卷尺测量从底层楼板（装饰完毕）到底坑地面的距离。底坑深度应满足电梯井道立面图的要求。

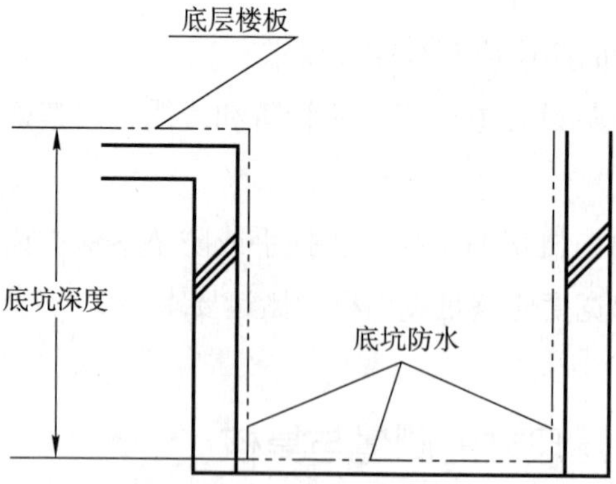

图 1–2–7　底坑深度示意

另外，在开始安装前，业主或物业公司应将底坑的垃圾或积水清理干净，并做好防水处理。

（4）井道的垂直度、宽度与深度。测量方法具体如下：在顶层放一线锤至底坑，如图 1-2-8 所示，用卷尺测量 X、A、Y、B 以及 AH（井道宽度）、BH（井道深度）的值。

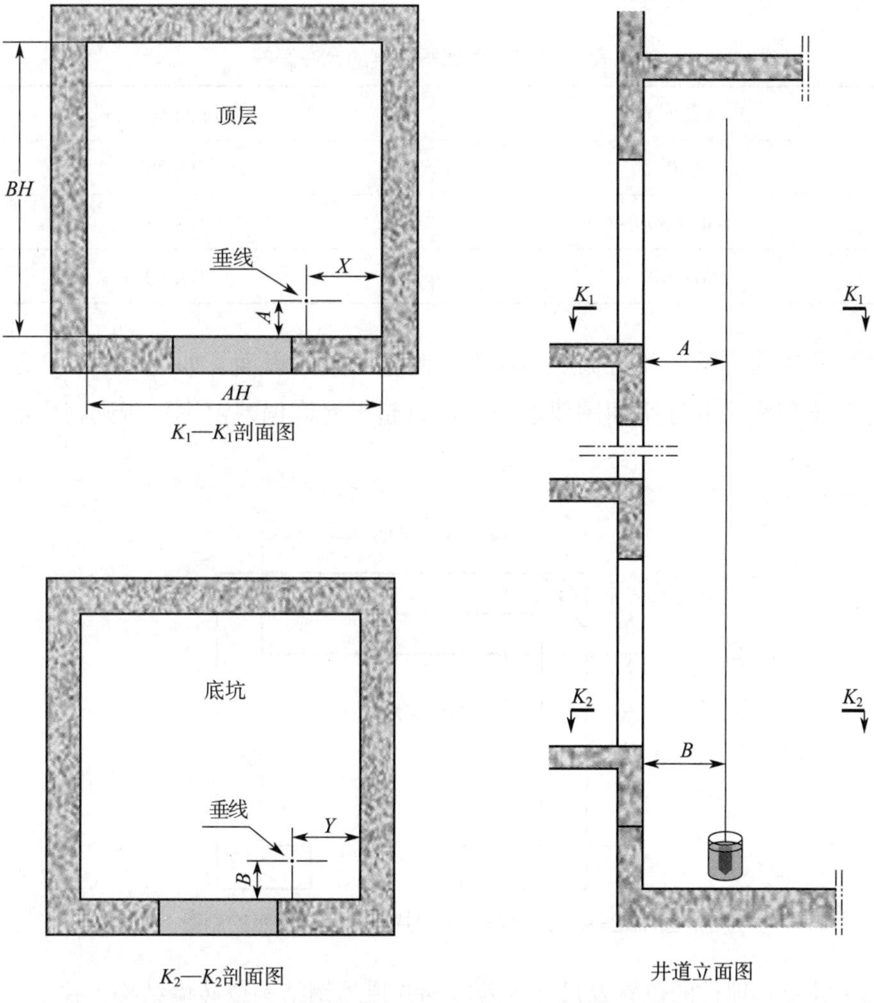

图 1-2-8　井道垂直度、宽度与深度的测量示意

井道深度方向垂直度偏差 C 的公式为：

$$C=A-B$$

式中　A——在顶层，垂线与井道前壁的距离，mm；

B——在底层，垂线与井道前壁的距离，mm。

井道宽度方向垂直度偏差 L 的公式为：

$$L=X-Y$$

式中　X——在顶层，垂线与井道右壁的距离，mm；

Y——在底层，垂线与井道右壁的距离，mm。

井道实际深度等于 *BH*–*C*，井道实际宽度等于 *AH*–*L*。

井道垂直度的允许偏差见表 1–2–1。

表 1–2–1　井道垂直度的允许偏差

井道高度 /m	允许偏差 /mm
≤30	0 ~ 25
>30 ~ 60	0 ~ 35
>60 ~ 90	0 ~ 50

如果井道内有梁，井道宽度与深度应测量至梁的表面，如图 1–2–9 所示。井道宽度与深度应满足井道平面图要求，不可以超出允许偏差范围，否则将影响电梯的安装。

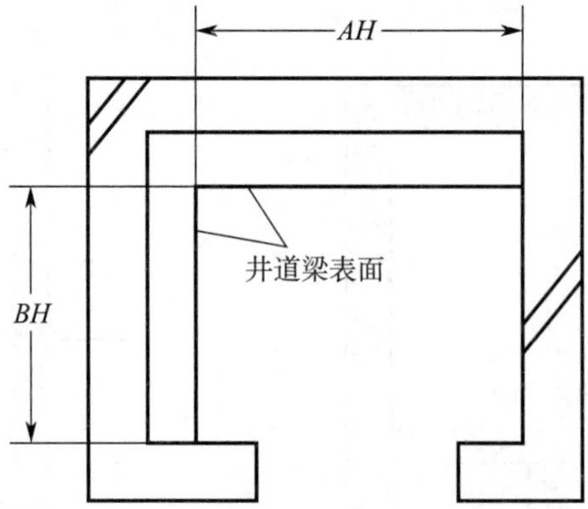

图 1–2–9　井道内有梁时井道宽度与深度的测量

（5）井道预埋件的位置及尺寸。若电梯井道为钢结构或砖墙结构，井道内预埋件的位置及尺寸应满足电梯井道立面图和电梯井道平面图的要求。常用的井道预埋件有预埋钢板和预埋钢梁，如图 1–2–10 所示。

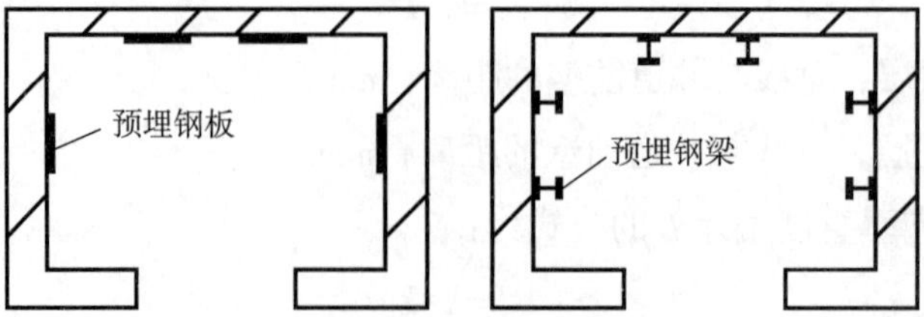

图 1–2–10　常用的井道预埋件

（6）井道其他测量与复核内容

1）井道内无与电梯无关的管道和线缆。

2）井道内无异物，如钢管、土建用安全防护网、脚手架等。

3）井道壁结构除有设计图要求的预留孔外，不应有其他无关的孔洞。

2. 层站土建尺寸

（1）层门预留孔尺寸。用卷尺测量图 1-2-11 所示的 A、B、C、D、E 共 5 处尺寸，测量时以土建单位提供的层站标高线为基准。相关尺寸要满足层门预留孔图的要求，允许偏差为 -10 ~ 30 mm。另外，层门预留孔应有防坠落措施。

（2）召唤显示装置、层站显示装置的预留孔尺寸。用卷尺测量图 1-2-11 所示的 F、H、J、K、L 尺寸，测量时同样以土建单位提供的层站标高线为基准。相关尺寸要满足层门预留孔图的要求，允许偏差为 ±20 mm。

（3）层门上部门过梁尺寸（固定层门悬挂装置用）。层门上部门过梁的底边应不低于图 1-2-11 所示的高度 B，门过梁以不突入井道内部为合格。层站上部门过梁的长度应与井道宽度相同。

（4）层站数。实际层站数应与合同一致。

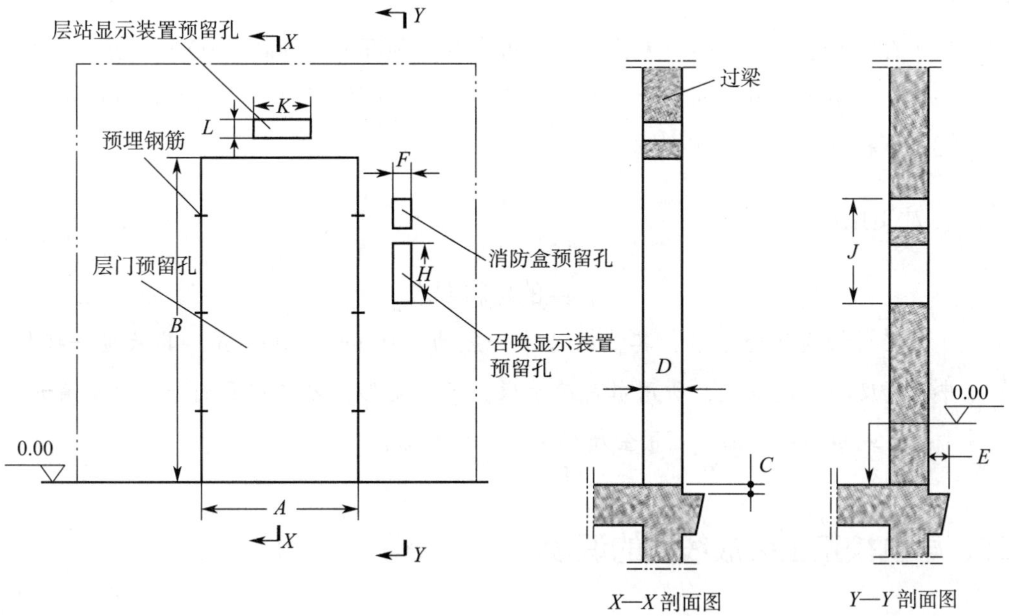

图 1-2-11　层门上部门过梁测量示意

学习单元 2　样架的设置与定位

一、样架的设置

1. 设置依据

样架的设置依据是电梯土建图和导轨校正工装放线图。样架的作用主要有以下两点：一是以层门处所放线锤为基准确定井道、机房中设备的平面布置情况，因为井道、机房的土建结构不可随意更改，所以要通过层门处所放线锤确定层门位置，最终确定各种设备的位置；二是通过导轨校正样架线校正轿厢和对重的导轨。

2. 设置位置

（1）在有脚手架安装时，上样架的位置在井道顶部下方 500 ~ 600 mm 处。

（2）在无脚手架安装时，上样架的位置在机房地面处或机房地面上方 200 mm 处。

（3）下样架一般设置在底坑。

小知识

样架的材料要求

样架材料通常为方木，其截面尺寸一般为 100 mm × 100 mm，其长度一般根据井道宽度和深度确定，所用木料应干燥、不易变形，方木四面刨平且互成直角。对于高层或超高层电梯，可用金属样架代替木样架。

二、导轨校正工装放线图的识读

放样架前，先确定待校正导轨的规格和校正工装的形式，如校导尺就是安装导轨时一种常用的自制测量工具。校正工装的形式不同，其校正导轨时的放线位置也不同。T 形导轨校导尺如图 1–2–12 所示，其中 *A* 为导轨顶面到放线点的横向尺寸，*B* 为导轨中心线到放线点的纵向尺寸。

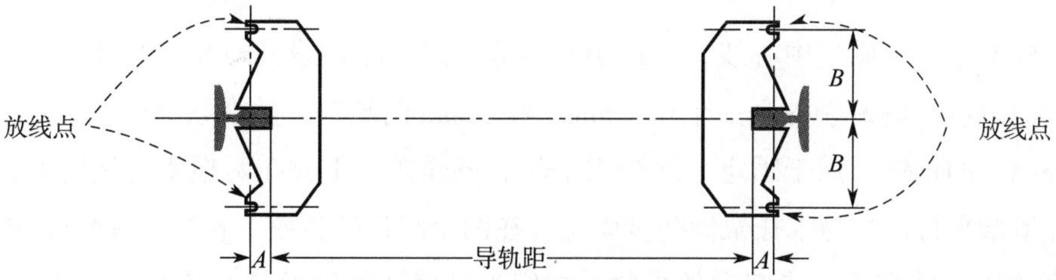

图 1-2-12　T 形导轨校导尺

一般根据导轨规格和校正工装来确定导轨的放线点，即 A、B 根据校正工装确定。对于某些校正工装来说，该尺寸可以调整，但该尺寸必须在放样之前予以确定。

三、上样架的设置

下面以 A=70 mm、B=150 mm 为例，介绍上样架的设置方法。

1. 在井道上部固定壁侧支架及搁置两根木托架（见图 1-2-13）

在机房楼板下方 500～600 mm 处的井道前后方向的墙上，用膨胀螺栓水平地固定 4 个壁侧支架，前后方向各两个，把两根 100 mm×100 mm 的木托架沿前后方向分别放在壁侧支架上，木托架应干燥、不易变形，四面刨平且互成直角，用水平尺校正好木托架的水平度后，用木楔块将木托架固定。

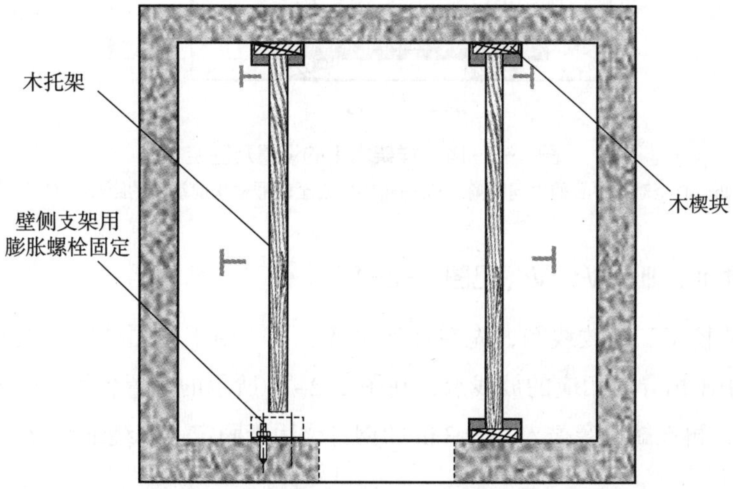

图 1-2-13　在井道上部固定壁侧支架及搁置两根木托架

2. 固定样架木Ⅰ（见图 1-2-14）

在样架木Ⅰ上画出中心线，并将中心线分出门口净宽线，即开门宽度线，在样架木Ⅰ开门宽度线的两端各锯一个宽 1 mm、深 3 mm 的缺口，并在缺口旁敲入一个 3 in（76.2 mm）的钢钉，用于固定、缠绕细钢丝。将样架木Ⅰ放在两根木托架前方，调节至与井道壁平行，并与木托架做初步固定。在两个缺口处各放下直径为 0.4 mm 的细钢丝至底坑，下挂重锤，待细钢丝张紧、稳定，且确认细钢丝与井道内物体无碰擦后，测量细钢丝与各层层门墙面固梁之间的距离和细钢丝与各层层门下端墙面之间的距离，即电梯井道平面图上轿厢地坎与层门地坎中心至各层层门墙面固梁、层门下端墙面的尺寸（一般为 100 mm，不同型号的电梯产品会有差异）。由于井道不是完全垂直的，因此，该尺寸必须等于井道平面图所示尺寸。前后移动样架木Ⅰ，直至该尺寸满足井道平面图要求，再左右移动样架木Ⅰ，使样架木Ⅰ的中心与井道左右方向的中心即层门预留孔中心基本一致，用钢钉将样架木Ⅰ固定。

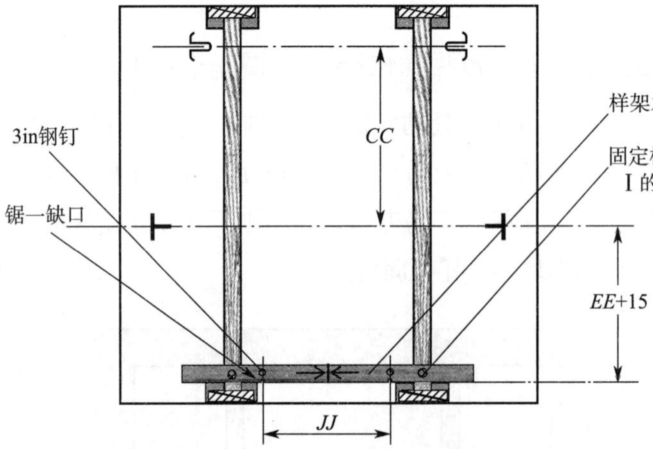

图 1-2-14　样架木Ⅰ的设置及固定

CC—轿厢中心至对重中心的纵向距离　*EE*—轿厢中心至轿厢地坎前端面的距离　*JJ*—开门宽度

3. 固定样架木Ⅱ、Ⅲ、Ⅳ、Ⅴ（见图 1-2-15）

根据导轨校正工装放线图，先在样架木Ⅱ、Ⅲ（用于轿厢导轨）上画出中心线，并根据导轨距画出导轨相应的放线点，在图 1-2-15 所示的位置各锯一个宽 1 mm、深 3 mm 的缺口，再在缺口旁敲入一个 3 in 的钢钉，用于固定、缠绕细钢丝。

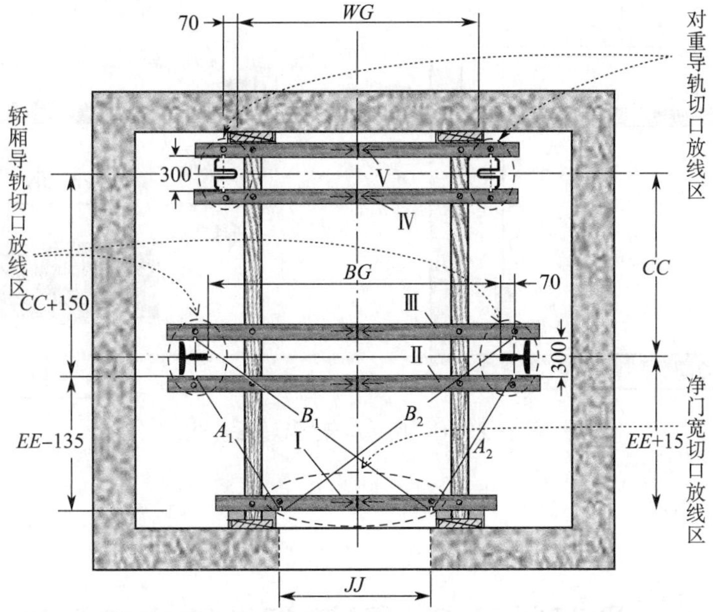

图 1-2-15　样架木Ⅱ、Ⅲ、Ⅳ、Ⅴ的设置及固定

BG—轿厢导轨距　*WG*—对重导轨距

根据电梯井道平面图的轿厢导轨位置及导轨校正工装放线图，在木托架上移动样架木Ⅱ、Ⅲ，使样架木Ⅰ放线处与样架木Ⅱ同侧放线处之间的距离 A_1 与 A_2 相等，使样架木Ⅰ放线处与样架木Ⅲ异侧放线处之间的距离 B_1 与 B_2 相等，经复核，若样架木Ⅱ、Ⅲ的位置符合井道平面图要求，则可以用钢钉将其固定在木托架上。样架木Ⅳ、Ⅴ（用于对重导轨）的定位方法与样架木Ⅱ、Ⅲ一样，至此，上样架放置完毕。

从样架木Ⅱ、Ⅲ、Ⅳ、Ⅴ的缺口处各放下直径为 0.4 mm 的细钢丝（当电梯提升高度大于 100 m 时，可采用直径为 0.8 ~ 1 mm 的细钢丝）至底坑，下挂重锤，确认细钢丝与井道内物体无碰擦。

四、下样架的设置

如图 1-2-16 所示，在距底坑底部 800 ~ 1 000 mm 处固定一个与上样架相似的样架，即下样架。在下样架紧贴细钢丝后，将下样架固定，之后用 U 形钉将细钢丝固定在下样架上。复核下样架处细钢丝之间的距离，应与上样架同一位置处的距离一致。

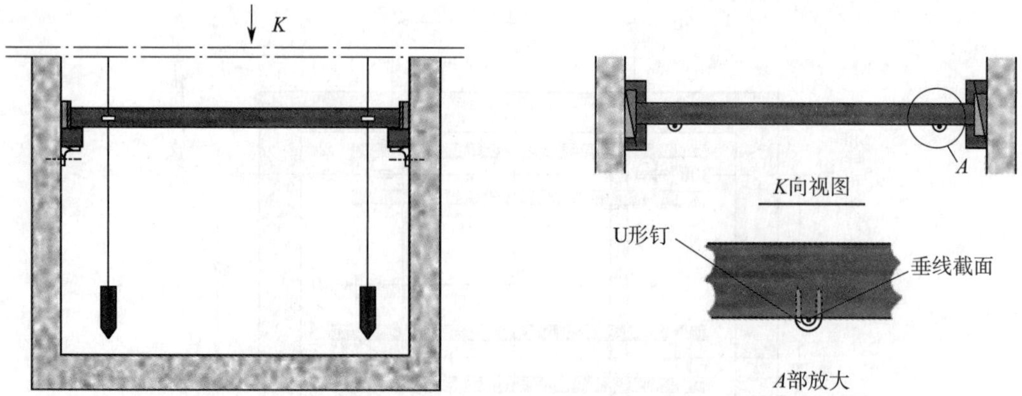

图 1-2-16　底坑样架固定垂线方法

学习单元 3　层门部件的安装调试

一、层门系统的安装流程及安装要求

1. 层门系统的安装流程

层门系统的安装流程具体如下：确定层门样架线—确定层站标高—安装、调整层门地坎—安装、调整层门门套—安装、调整层门悬挂装置—安装、调整门扇及开锁装置。层门部件的安装方法请参阅《电梯安装维修工（基础知识　初级）》的相关内容。

2. 层门系统的安装要求

（1）层门地坎的安装要求（见表 1-2-2）

表 1-2-2　层门地坎的安装要求

内容	允许偏差	测量范围
左右的水平度	不大于 1/1 000	在开门宽度（*JJ*）间测量
前后的水平度	± 0.5 mm 以内	在地坎宽度范围内测量
地坎间隙	0 ~ 3 mm（标准尺寸 30 mm）	在开门宽度（*JJ*）间测量

（2）层门门套的安装要求（见图 1–2–17、表 1–2–3）

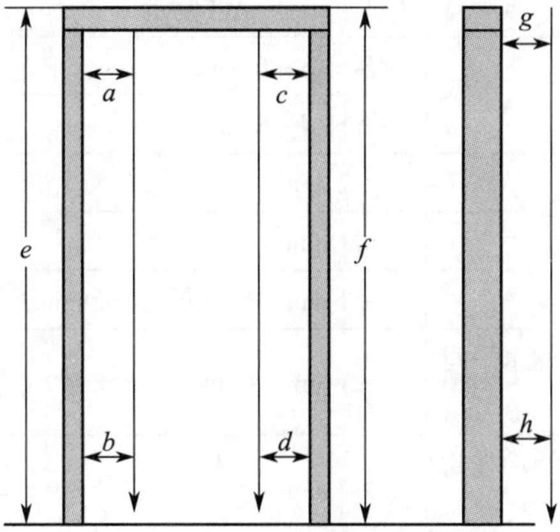

图 1–2–17　层门门套的安装要求示意

表 1–2–3　层门门套的安装要求

内容		部位	允许偏差
垂直度	左右的	a、b之间	不大于 1/1 000
		c、d之间	
	前后的	g、h之间	
水平度		e、f之间	

（3）层门悬挂装置的安装要求（见表 1–2–4）

表 1–2–4　层门悬挂装置的安装要求

内容	允许偏差	测量范围
层门悬挂装置中心与出入口中心之间	±1 mm	—
层门悬挂装置本体前后垂直度	≤1 mm	在层门上坎架上端与下端之间测量
层门悬挂装置本体前端与层门地坎或样架线之间的距离	根据安装说明书或随机图样确定	在开门宽度（JJ）间测量

（4）层门的调整要求（表 1–2–5）

表 1–2–5　层门的调整要求

内容	允许偏差	测量范围
层门与门套的间隙	±1 mm（标准尺寸 4 mm）	在 HH 及 JJ 尺寸范围内测量

续表

内容	允许偏差	测量范围
层门与层门地坎的间隙	客梯 3～6 mm	在 *JJ* 尺寸范围内测量
	货梯 4～8 mm	
层门全关闭时门扇间隙	≤2 mm	在 *HH* 尺寸范围内测量
层门门扇之间的平面度	≤1 mm	—
触点随动量	±1 mm（标准尺寸 2.5 mm）	—
活动挂钩与固定锁钩之间的水平间隙与垂直间隙	±1 mm（标准尺寸 2 mm）	—
层门门锁与触点接触时，活动挂钩与固定锁钩在垂直方向的啮合长度	≥7 mm	—

注：*HH* 为层门入口高度。

二、层门地坎的定位与调整

调整地坎托架与托架固定座的连接螺栓，使地坎前后、左右的水平度符合要求，且地坎应高于标准地坪 2～5 mm；再调整地坎与层门样架线之间的距离（要求为 15～16 mm），且地坎上的开门距线与样架的层门线对齐；以上尺寸调整、确认后，紧固地坎托架与托架固定座的连接螺栓。地坎托架、托架固定座连接为组件后，一般合称钢牛腿。当开门距为 900 mm 时，一般用 3 个钢牛腿，中间一个，向左、向右约 350 mm 处各一个。

三、层门门套的定位与调整

在将墙部的预留钢筋（或地脚螺栓）与门套的装配支撑件进行焊接固定前，应先用工装临时固定门套，再测量门套上下端与层门样架线之间的距离（应符合图样要求），然后测量门套垂直度，若二者不符合相关要求，则通过工装调整或手动调整使其符合相关要求，最后焊接。

四、层门悬挂装置的定位与调整

层门悬挂装置各部件位置及名称如图 1-2-18 所示。将层门悬挂装置插入层门装置悬挂件，用螺栓临时固定，通过调整螺栓孔的间隙，向左或向右调整层门悬挂装置，使其中心与出入口中心重合；再测量层门悬挂装置本体前端与样架线之间的距离，通过调整层门悬挂装置与层门悬挂装置固定安装板的连接螺栓位置，使该尺寸符合要求。

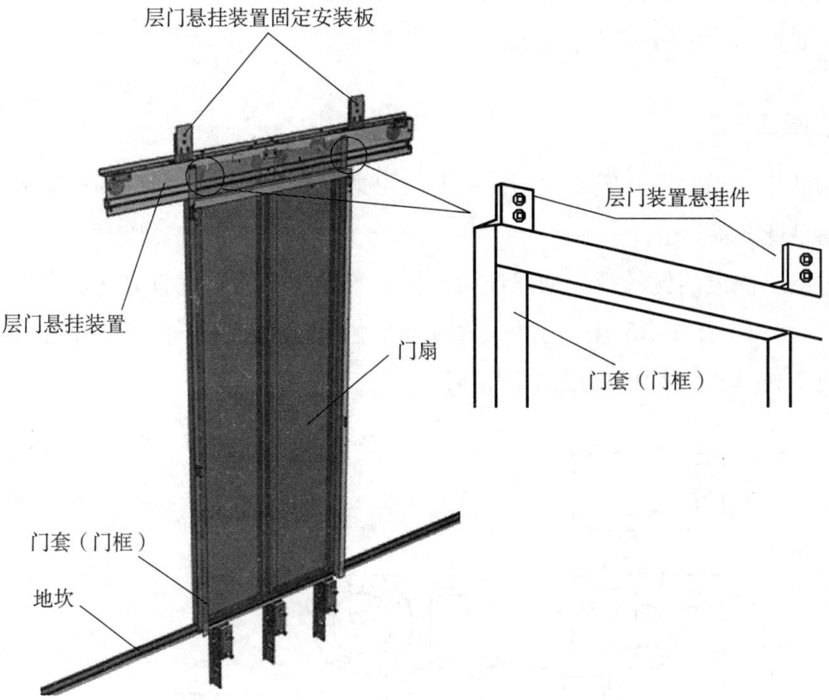

图 1-2-18　层门悬挂装置各部件位置及名称

五、层门门扇及门锁的调整

1. 层门门扇的调整方法

（1）调整层门与层门地坎的间隙。在层门与门挂板之间加减垫片，以达到层门与层门地坎之间的间隙要求。

（2）调整层门与门套的平齐程度及层门全关时的门扇间隙。一般通过加减垫片来调整。若层门全开时层门上端突出或下端缩入，则在层门靠两边的螺栓处加垫片或在层门靠中心的螺栓处减垫片来达到要求，反之则相反。注意，调整后层门与层门地坎的间隙仍需符合要求。

若层门全关时门扇下部间隙大，则在层门靠两边的螺栓处加垫片或在层门靠中心的螺栓处减垫片来达到要求，反之则相反。但此时需要兼顾层门的垂直度要求。

（3）调整层门与门套的间隙。当层门全开时，若层门与门套上端的间隙不在要求范围内，则先松动层门与门挂板之间靠近中心的螺栓，再将层门朝门套方向推或拉来达到要求。当层门全关时，层门与门套间隙不在要求范围内的调整方法同上。层门两门扇上端平齐程度的调整方法也同上。层门与门套下端的间隙、层门两门扇下端的平齐程度则通过加减层门与门滑块之间的垫片来调整。

2. 门锁的调整方法

要保证用三角钥匙开锁时层门能打开，可通过调整解锁钢丝绳的松紧程度或顶杆位置来满足此要求。

通过调整固定门钩的螺栓来保证活动挂钩与固定锁钩在垂直方向的啮合长度不小于 7 mm，如图 1–2–19 所示。另外，通过调整触点铜片的上下位置，保证当该啮合长度未达到 7 mm 时，门锁与触点不能接触。

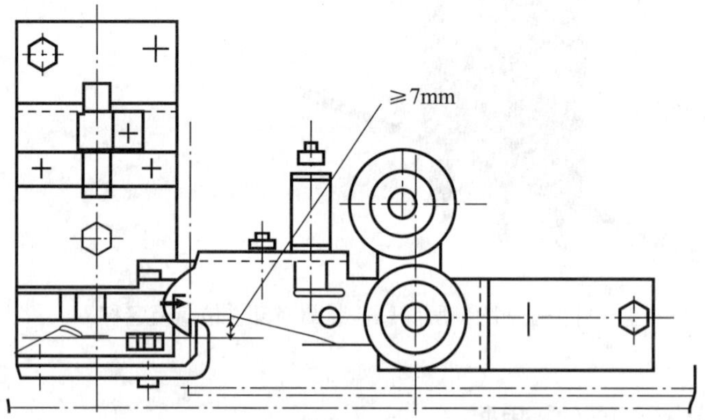

图 1–2–19　门锁锁钩啮合长度示意

学习单元 4　井道位置信息装置的定位与安装

一、井道位置信息装置的结构和原理

1. 平层信息装置的结构和原理

（1）磁感应式平层信息装置。磁感应式平层信息装置由 U 形永磁式干簧管传感器和隔磁板组成。其工作原理如下：当隔磁板未插入U形永磁式干簧管传感器的凹口时，传感器内永磁铁的磁场作用于干簧管上，使干簧管内的磁簧片动作；当隔磁板插入U形永磁式干簧管传感器的凹口时，隔磁板隔断磁铁产生的磁场，干簧管内的磁簧片复原，从而使线路断开或导通，进而控制相关线路使电梯自动平层停靠。

（2）光感应式平层信息装置。光感应式平层信息装置由光电开关传感器和隔光板两部分组成。其工作原理是：当隔光板未插入光电开关传感器的凹口时，光电接收极能接收到光电发射极发出的光，于是光电开关传感器输出高电平或低电平；当隔光板插入光电开关传感器的凹口时，光路被阻断，光电接收极接收不到光电发射极发出的光，于是光电开关传感器输出的电平反转，进而控制相关线路使电梯自动平层停靠。

2. 端站信息装置的结构和原理

有一种端站信息装置是由撞弓和带有凸轮的机械开关组成的，如图1–2–20所示。除了这种端站信息装置外，还有磁感应型端站信息装置和光感应型端站信息装置。端站信息装置的机械开关主要包括上终端减速（换速）开关、下终端减速（换速）开关、上限位开关、下限位开关。

图1–2–20 端站信息装置

终端减速（换速）开关一般设置在端站正常减速点之后。在正常情况下，电梯控制系统会控制电梯在早于此开关的位置减速，所以当此开关动作时，电梯控制系统会检测此时的梯速是否高于设定速度，如果高于设定速度，则认为电梯没有正常减速，那么电梯控制系统会控制电梯以一个紧急的减速度强制减速，防止电梯越层。

限位开关设置在端站平层位置后面的位置，当电梯轿厢超过端站平层位置，限位开关动作，此时电梯控制系统会检测到轿厢已经超越了限位开关，于是立刻发出停车指令，阻止电梯继续运行。当限位开关动作后，电梯仅可向反方向运行。

二、井道位置信息装置的定位

以某型号电梯为例，其井道位置信息装置依据图1–2–21和表1–2–6定位。

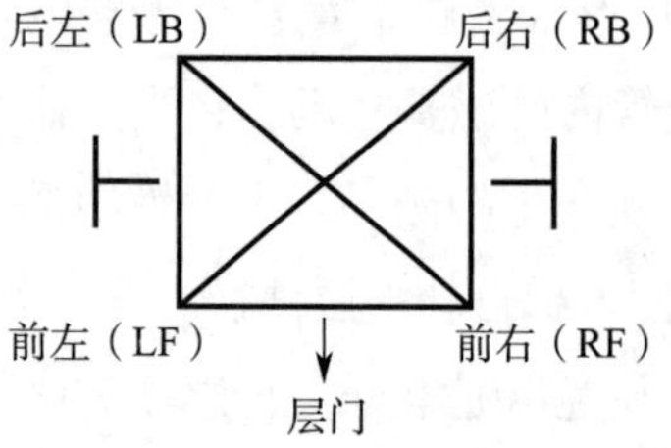

图 1-2-21　部件安装位置示意

表 1-2-6　部件安装位置示意

部件名称	安装位置
限速器钢丝绳	RF
随行电缆	RB
平层信息装置	LF
端站信息装置	LB

三、井道位置信息装置的安装

1. 平层信息装置的安装

（1）平层感应器的安装。以图 1-2-22 为例，先通过螺栓组件 1 将安装座与上梁

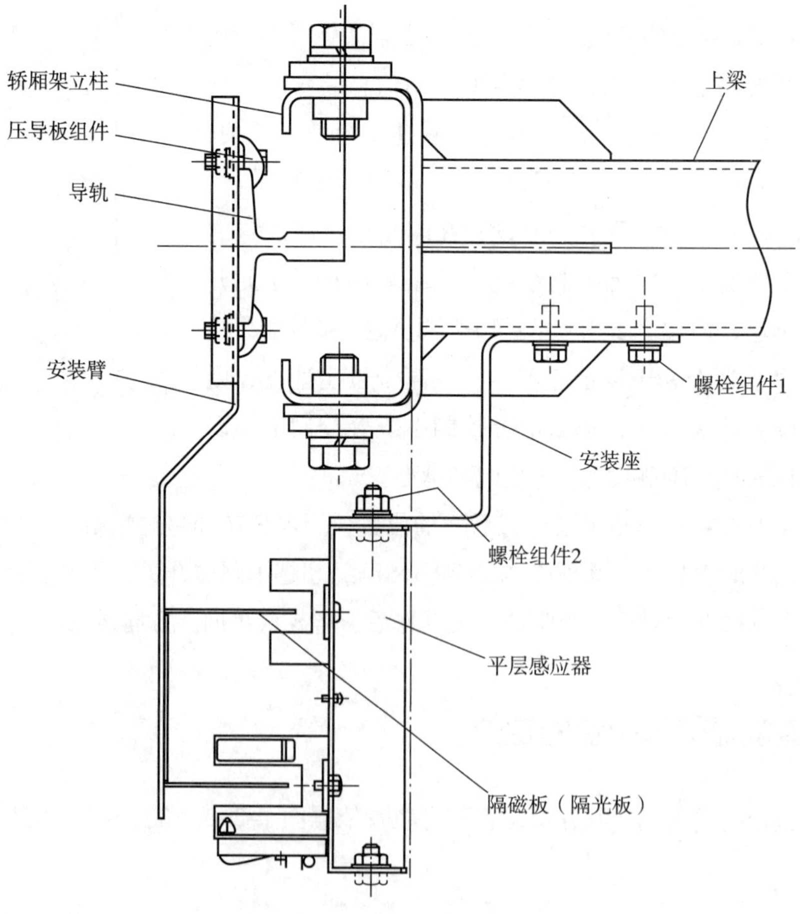

图 1-2-22　平层感应器安装示意

连接、固定，再通过螺栓组件 2 将平层感应器与安装座连接、固定，这样平层感应器就安装好了。安装过程中各尺寸应根据随机图样要求调整。

（2）隔磁板（隔光板）的安装。以图 1–2–23 为例，在电梯的平层基准位置，将安装臂通过压导板组件安装在导轨上，注意避开导轨连接板的位置；通过螺栓组件将隔磁板（隔光板）固定在安装臂上，这样隔磁板（隔光板）就安装好了。

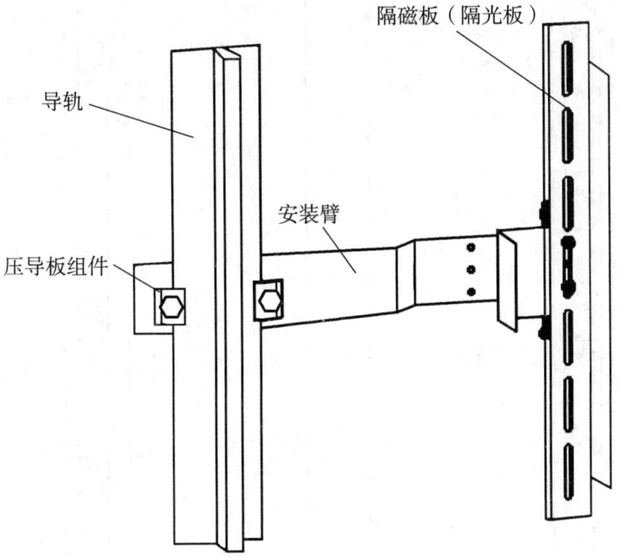

图 1–2–23　隔磁板（隔光板）安装示意

2. 终端信息装置的安装

以图 1–2–24 为例，在电梯顶层（底层）位置，将安装臂通过压导板组件安装在导轨上，注意避开导轨连接板位置。通过螺栓组件将已安装减速开关、限位开关、极限开关的专用支架固定在安装臂上，安装时相关尺寸要求请参照安装手册。

制造商不同，终端信息装置的结构略有不同。除了上面介绍的将相关开关安装在一个专用支架上，通过安装臂将该专用支架固定在导轨上的终端信息装置以外，还有将相关开关分别独立安装在 3 个支架上，通过安装臂将 3 个支架固定在导轨上的终端信息装置。各开关的安装位置、彼此间距、与撞弓的间距应根据随机资料确定，极限开关应调整到缓冲器动作前动作。另外，开关凸轮与撞弓应可靠接触，在任何情况下，开关凸轮边缘距离撞弓应不小于 5 mm。

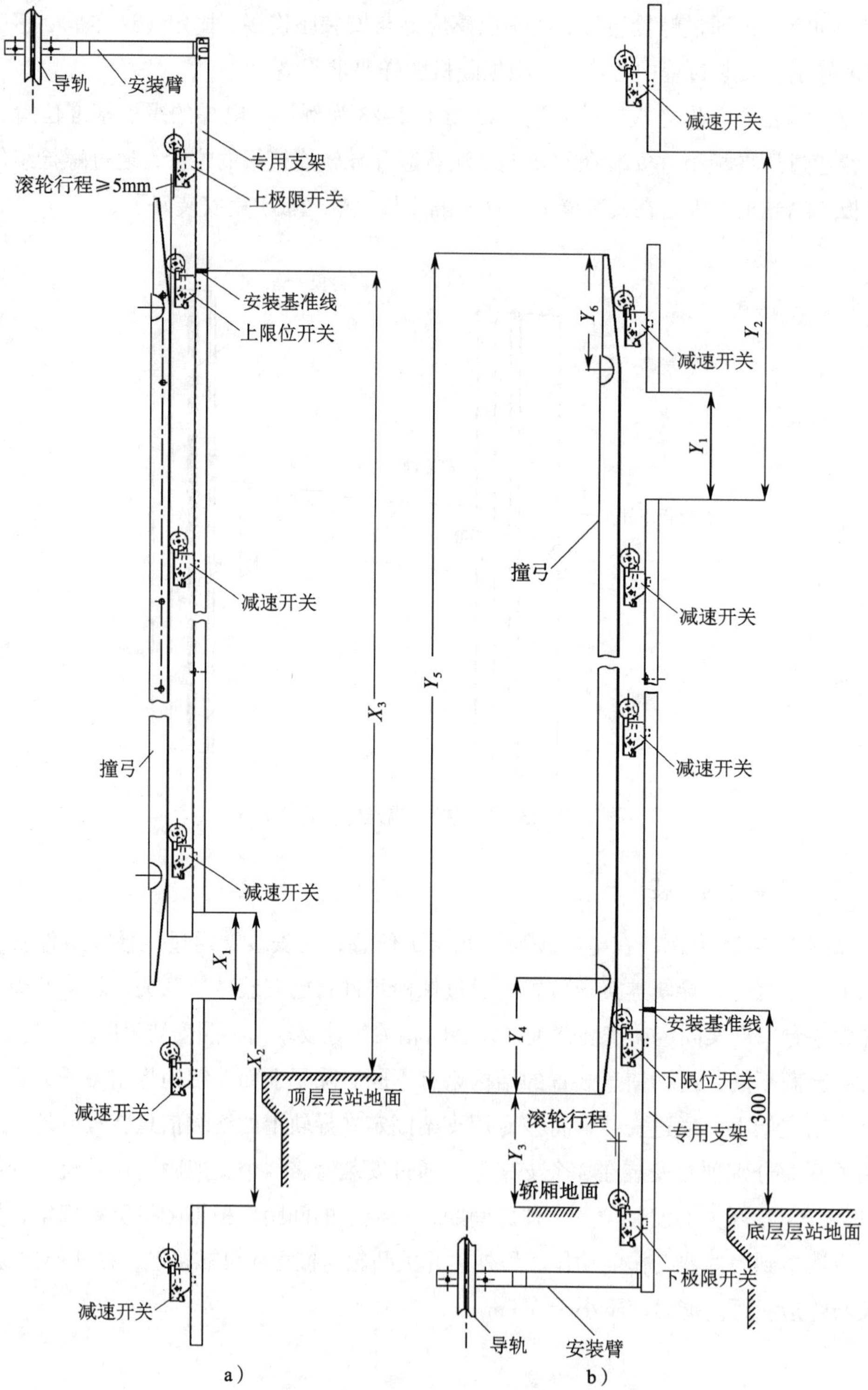

图 1-2-24　终端信息装置安装示意

a）顶层用　b）底层用

学习单元 5　缓冲器的定位与安装

一、缓冲器的定位

一般根据电梯土建图及样架线，在底坑地面对缓冲器或缓冲器底座进行定位。

二、缓冲器的安装

1. 安装步骤

（1）根据实际底坑深度确定缓冲器是否需要抬高。如果实际底坑深度与图样所示差值在 50 mm 以内，则无须进行高度调整，否则需要抬高缓冲器。

（2）抬高缓冲器。抬高缓冲器有以下两种方法。

1）浇筑水泥缓冲器座墩。现场根据缓冲距浇筑水泥缓冲器座墩，如图 1–2–25 所示。

2）固定金属缓冲器座墩。金属缓冲器座墩在制造商供货时往往已配置，在底坑打膨胀螺栓固定即可，如图 1–2–26 所示。

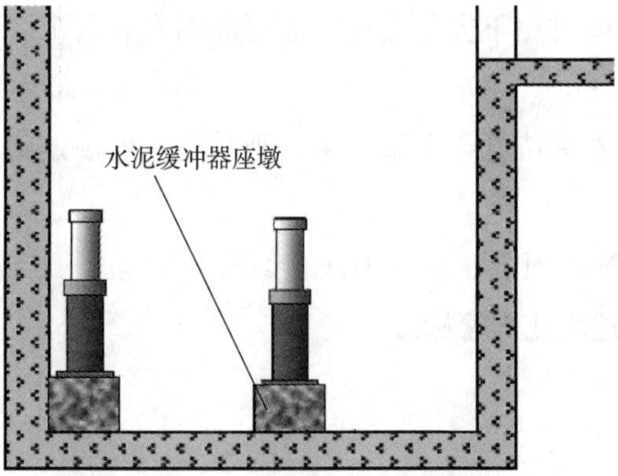

图 1–2–25　现场浇筑水泥缓冲器座墩

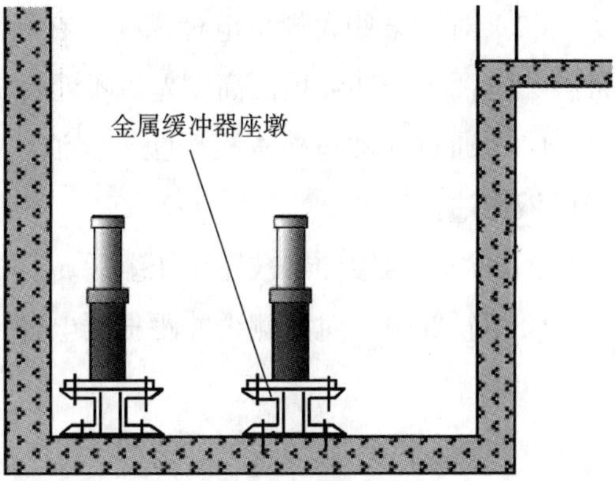

图 1–2–26　打膨胀螺栓固定金属缓冲器座墩

（3）一般制造商会配置能安装缓冲器的导轨座，现场施工时可直接用螺栓将缓冲器固定在导轨座上，如图 1–2–27 所示。若需要抬高缓冲器，则将金属缓冲器座墩先固定在导轨座上，再将缓冲器固定在金属缓冲器座墩上。

图 1–2–27　直接固定缓冲器

2. 安装要求

（1）缓冲器垂直度测量方法如图 1–2–28 所示，垂直度偏差要求见表 1–2–7。

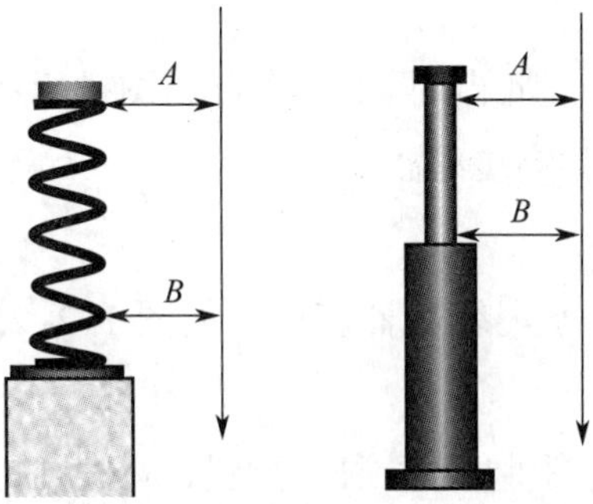

图 1–2–28　缓冲器垂直度测量方法

表 1–2–7　垂直度偏差要求　mm

弹簧缓冲器	液压缓冲器	
	柱塞长度	*A*–*B*
A–*B*≤2	≤500	≤0.5
	501 ~ 1 000	≤1.0
	1 001 ~ 3 000	≤2.0

（2）对于某些大规格电梯来说，在轿厢或对重下方的底坑中需要分别安装两个缓冲器，这两个缓冲器顶面高度差应不超过 2 mm。

（3）通过注油口检查液压缓冲器油位，若油位低于下限要求，则需要注入规定牌号的液压油。

（4）当液压缓冲器被完全压缩后，其柱塞必须能在 90 s 内恢复到原来长度。

（5）轿厢侧、对重侧缓冲距根据电梯土建图或国家标准确定。

学习单元6　导轨的安装调试

一、导轨校正工装的使用方法

目前，校正导轨时往往使用导轨校正工装，常用的导轨校正工装有分体式导轨校正工装、连杆式导轨校正工装等，本学习单元以分体式导轨校正工装为例进行介绍。

1. 分体式导轨校正工装的功能

分体式导轨校正工装（见图1-2-29）适用于两根样架线，易于发现导轨扭曲变形的问题。

图1-2-29　分体式导轨校正工装

2. 分体式导轨校正工装的适用范围

分体式导轨校正工装适用于型号为T75、T89、T127-1、T127-2、T140-1、T140-2、T140-3的导轨。

3. 分体式导轨校正工装的使用方法

（1）放线方法。分体式导轨校正工装放线图如图1-2-30所示，图中黑点为放线位置。

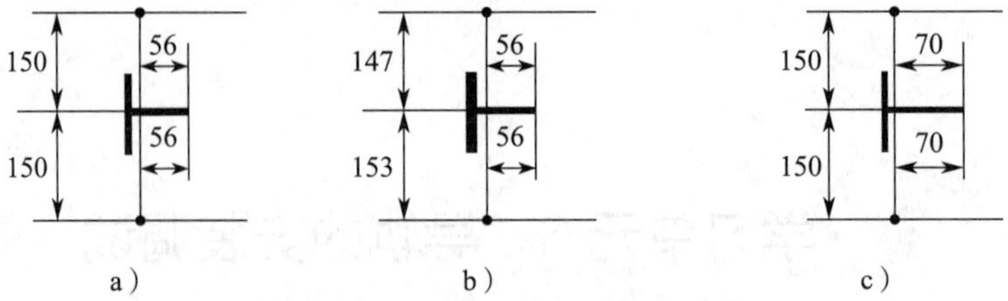

图 1-2-30　分体式导轨校正工装放线图（图中数据单位为 mm）

a）适用于 T75 导轨　b）适用于 T89 导轨

c）适用于 T127-1、T127-2、T140-1、T140-2、T140-3 导轨

（2）校正方法

1）对照图 1-2-30，根据所需校正的导轨型号选择相应的分体式导轨校正工装。

2）对照图 1-2-30，确定样架的放线位置。

3）用压导板组件将导轨临时固定在导轨支架上，在导轨背面与导轨支架接触处放入适量垫片（数量由各制造商确定）。

4）用分体式导轨校正工装夹住导轨，如图 1-2-31 所示，拧紧蝶形螺母。注意，导轨和分体式导轨校正工装的接触面要完全贴紧。

5）移动整个工装，使样架线对准分体式导轨校正工装两个切口处的刻度线。

6）焊接（固定）导轨支架。此时仍需确保样架线对准分体式导轨校正工装切口处的刻度线。

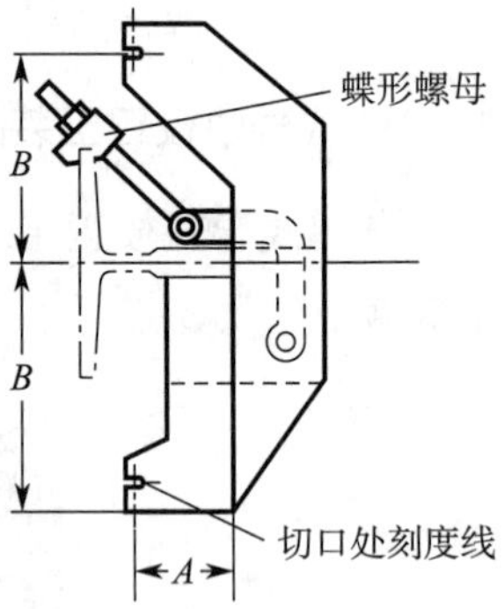

图 1-2-31　用分体式导轨校正工装夹住导轨

二、导轨的安装方法及安装要求

1. 导轨的安装方法

（1）方法一。在导轨临时固定在导轨支架上的状态下，用连接板依次对接导轨，待全行程导轨竖好后，由下往上依次进行各导轨及连接板的校正。

（2）方法二。先用刀口形直尺对导轨的对接部位进行前后左右的线性校正，校正无误后正式紧固连接板处的螺栓，再对该导轨支架处的导轨进行校正。在全行程的导轨竖立完成后，该列导轨就全部校正完毕。

2. 导轨的安装要求

（1）每根导轨至少有两个导轨支架，其间距一般不大于 2.5 m，如果间距大于 2.5 m 应有计算依据。

（2）导轨支架应牢固安装。支架焊接处的焊缝应满足设计要求，注意膨胀螺栓只能在井道壁的混凝土构件上使用。

（3）每列导轨工作面在每 5 m 长度范围内，与样架线之间距离的最大相对偏差应满足如下要求，对于轿厢导轨和设有安全钳的 T 形对重导轨来说不大于 1.2 mm，对于不设安全钳的 T 形对重导轨来说不大于 2 mm。

（4）两列导轨顶面的距离偏差应满足如下要求，轿厢导轨为 0 ~ +2 mm，对重导轨为 0 ~ +3 mm。

（5）两列导轨工作面的平行度偏差在整个行程高度上不超过 1 mm。

（6）轿厢导轨、对重导轨与井道顶的距离应符合电梯土建图的要求。

（7）导轨支架焊接后应及时除焊渣并涂防锈漆。

（8）导轨支架的水平度偏差应不大于 1/100。

（9）轿厢导轨和设有安全钳的对重导轨接头处不应有连续缝隙，局部缝隙应不大于 0.5 mm；不设安全钳的对重导轨接头处缝隙应不大于 1 mm。

（10）导轨接头处的台阶修正长度应不小于 600 mm，修正处应保证光滑。

（11）轿厢导轨和设有安全钳的对重导轨接头处台阶用 600 mm 刀口形直尺测量应不大于 0.05 mm，不设安全钳的对重导轨接头处台阶用 600 mm 刀口形直尺测量应不大于 0.15 mm。

三、轿厢导轨、对重导轨的安装与调整

下面基于图 1–2–32 所示的导轨及支架布置形式、图 1–2–15 所示的样架木设置及固定形式，介绍采用分体式导轨校正工装对轿厢导轨、对重导轨进行安装与调整的流程。

1. 确定轿厢导轨壁侧支架的安装位置

（1）根据井道平面图对轿厢导轨壁侧支架位置的要求，从标准底坑深度算起，在井道壁上标出每档轿厢导轨壁侧支架的水平线（见图 1–2–33）。

（2）标出轿厢导轨校正样架线投影到井道壁上后与水平线的交点，每条水平线上

两交点连线的中心即为壁侧支架中心点（见图 1-2-34）。

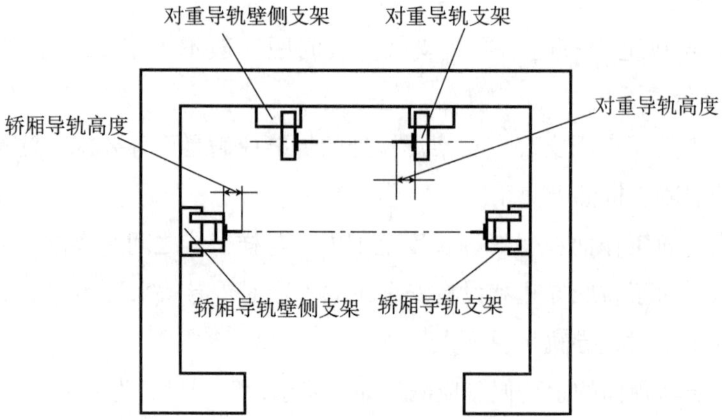

图 1-2-32　导轨及支架布置形式

图 1-2-33　轿厢导轨壁侧支架的水平线示意

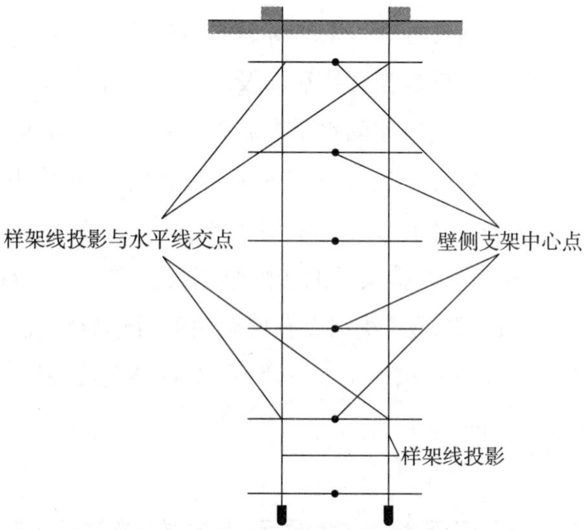

图 1-2-34　确定轿厢导轨壁侧支架中心点

（3）量出轿厢导轨壁侧支架螺栓孔距 *A*，在壁侧支架中心点左右两边各分出半个孔距（*A*/2）的位置，在水平线上标出轿厢导轨壁侧支架钻孔位置（见图 1-2-35）。

2. 确定对重导轨壁侧支架的安装位置

（1）根据井道平面图对对重导轨壁侧支架位置的要求，从标准底坑深度算起，在井道壁上标出每档对重导轨壁侧支架的水平线，并标出对重导轨校正样架线投影到井道壁上后与水平线的交点（见图 1-2-36）。

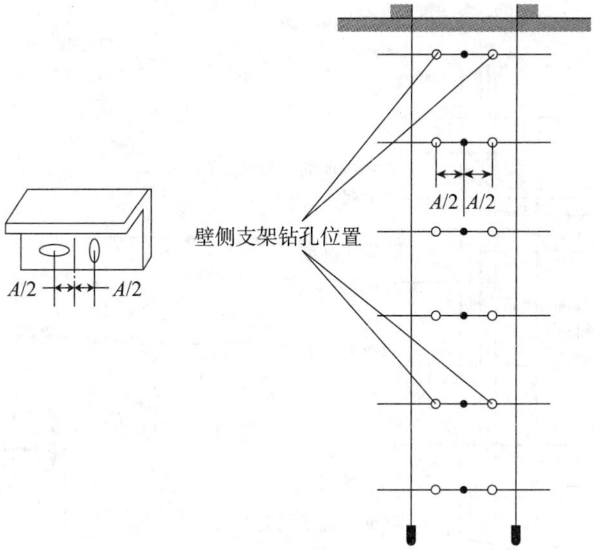

图 1-2-35　标出轿厢导轨壁侧支架钻孔位置

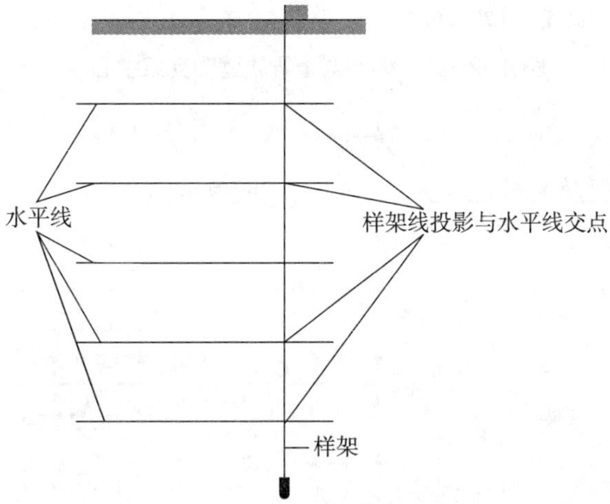

图 1-2-36　对重导轨壁侧支架水平线与样架线投影的交点示意

（2）根据样架线在壁侧支架墙上的垂直投影、放样图上导轨顶面与样架线的距离、导轨高度、对重导轨壁侧支架长度（*B*），计算出样架线投影与水平线交点到壁侧支架中心点的距离 *X*（见图 1-2-37），在水平线上作出对重壁侧支架中心线与水平线的交点。

（3）量出对重导轨壁侧支架螺栓孔距 *C*，在壁侧支架中心点左右两边各分出半个孔距（*C*/2）的位置，在水平线上标出对重导轨壁侧支架钻孔位置（见图 1-2-38）。

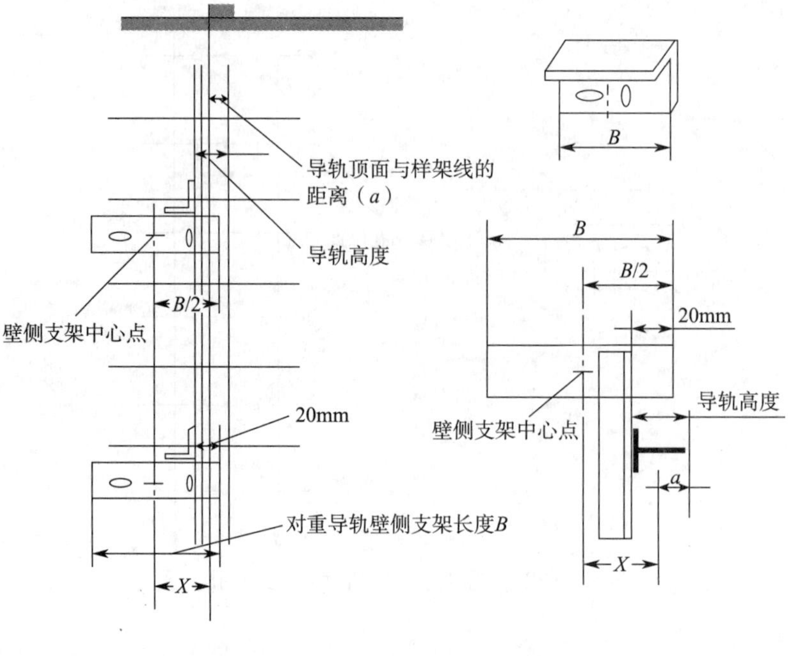

图 1-2-37　确定对重导轨壁侧支架中心点

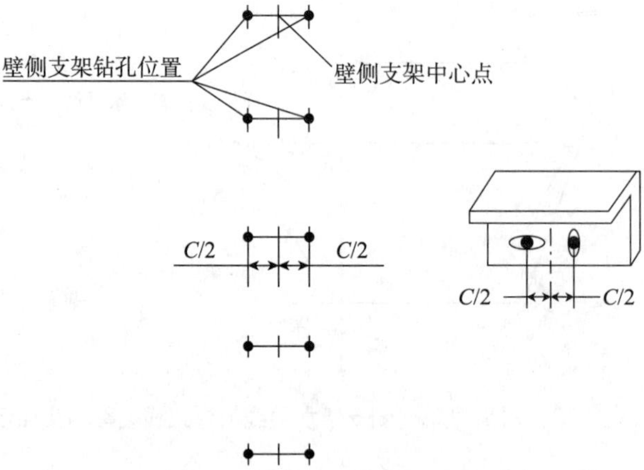

图 1-2-38　标出对重导轨壁侧支架钻孔位置

3. 安装膨胀螺栓和壁侧支架

（1）膨胀螺栓的使用条件

1）膨胀螺栓只适合安装在达到抗压强度要求的混凝土墙上，砖墙及达不到抗压强度要求的混凝土墙严禁使用膨胀螺栓。混凝土墙应坚固结实，其抗压强度应不低于 24 MPa。混凝土墙的厚度应在 120 mm 以上。

2）膨胀螺栓安装位置应符合制造商规定，具体有3个尺寸需要注意，即膨胀螺栓至混凝土墙边缘的距离（A）、两个膨胀螺栓的中心距（P）、膨胀螺栓钻孔深度（H），如图1-2-39所示。常用的膨胀螺栓规格有M12、M16、M20。

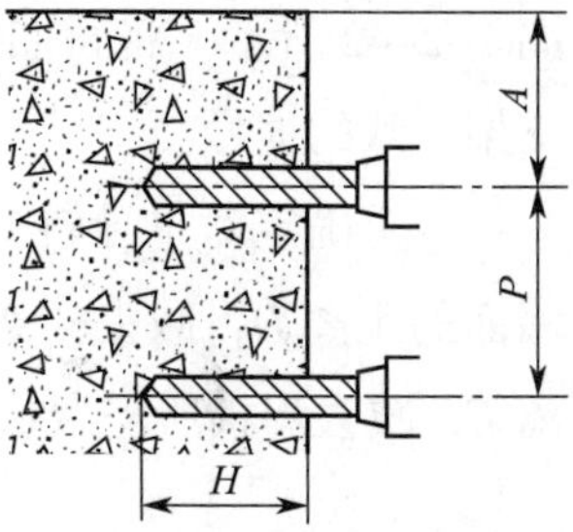

图1-2-39　在混凝土墙上钻膨胀螺栓孔的尺寸示意

（2）膨胀螺栓的施工注意事项

1）钻孔时，首先应根据膨胀螺栓规格选择相应的钻头，并根据事先标出的钻孔位置进行钻孔。钻头应保证垂直于混凝土墙面，同时应避免钻头过度抖动，防止所钻孔径过大。当遇到混凝土墙内有空洞或钢筋时，应及时在允许范围内平移，更换钻孔位置。钻孔后，应去除孔洞内的混凝土粉末。孔洞四周的混凝土墙面不允许出现裂纹或其他损坏现象。

2）装入膨胀螺栓时，应使用敲入套顶住套圈，然后用锤子捶打敲入套，使套圈压入孔洞中。若不使用敲入套，直接用锤子则有可能损坏螺栓的螺纹。

3）在膨胀螺栓的螺杆处安上导轨壁侧支架，调整壁侧支架水平度后，将膨胀螺栓紧固。注意，螺栓头部必须露出两牙以上的螺纹，套圈表面应低于墙面5～10 mm。

4）由于钻孔时钻头遇到墙内钢筋会产生强大反冲力，因此钻孔时作业人员应选择平坦、合适的站立位置，且必须使用安全带。

（3）壁侧支架的安装要求

1）应保证壁侧支架安装后其上表面呈水平状态，如图1-2-40所示。

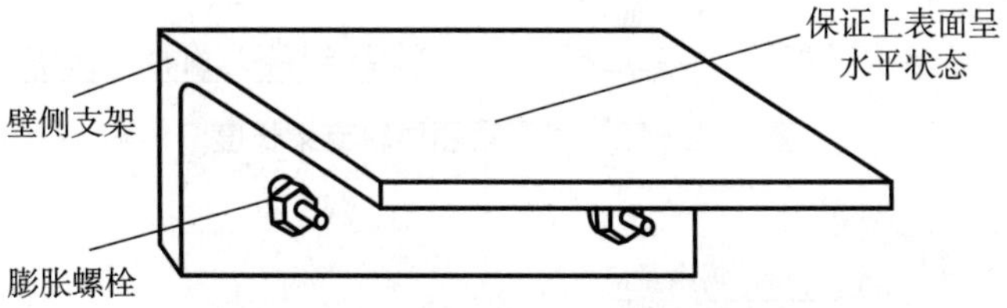

图1-2-40　导轨壁侧支架的安装要求

2）当遇到井道壁安装面倾斜或有阶梯现象时，可在合适的位置插入垫片，从而保证壁侧支架上表面平直并与墙体可靠接触，如图1-2-41所示。注意，垫片应点焊固定，以防止其受到振动后脱落。

4. 确定导轨支架长度

（1）确定轿厢导轨支架长度Y。在每档轿厢导轨壁侧支架处，量出样架线至墙面的距离A，再减去样架线至导轨底面的理论距离B及焊接所需余量C，做好记录，如

图 1-2-42 所示。将轿厢导轨支架的多余部分割去，在轿厢导轨支架上标出与其壁侧支架一致的编号。

（2）确定对重导轨支架长度 Y。在每档对重导轨壁侧支架处，量出每档样架线至墙面的距离 D，减去样架线至导轨中心的距离 E，加上支架孔距中心至支架端面的距离 F，减去焊接所需余量 C，做好记录，如图 1-2-43 所示。将对重导轨支架的多余部

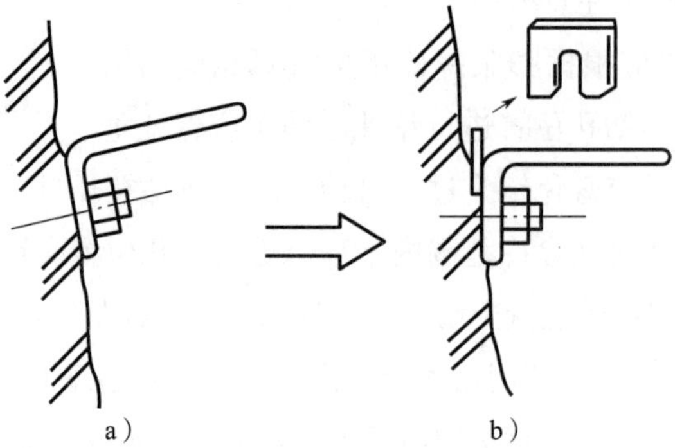

图 1-2-41 支架上表面水平调整方法

a）错误做法 b）正确做法

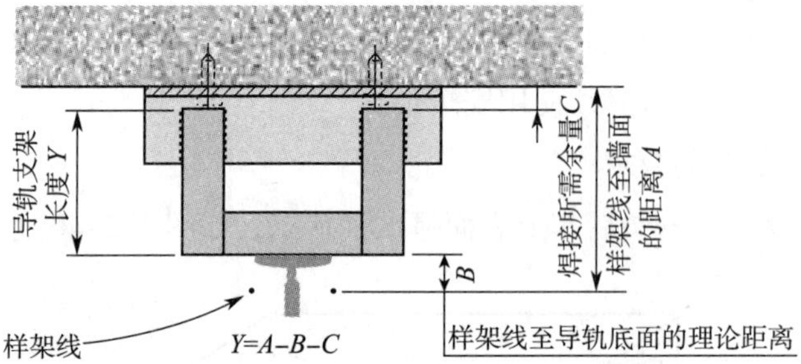

图 1-2-42 确定轿厢导轨支架长度

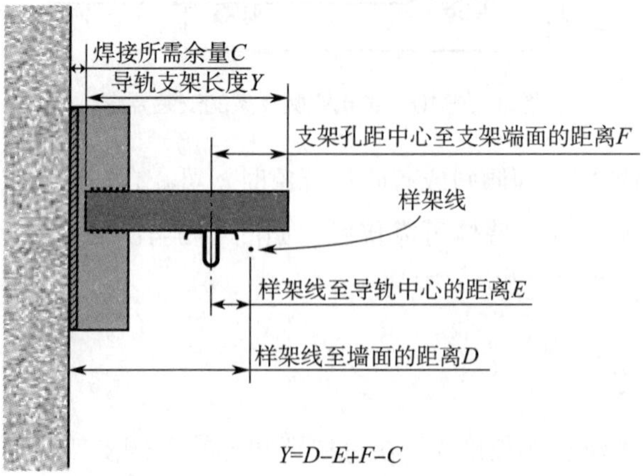

图 1-2-43 确定对重导轨支架长度

分割去，在对重导轨支架上标出与其壁侧支架一致的编号。

5. 安装导轨、导轨支架

（1）将导轨集油盘、导轨底座支架放入导轨支架下方的底坑地面上，如图 1–2–44 所示。

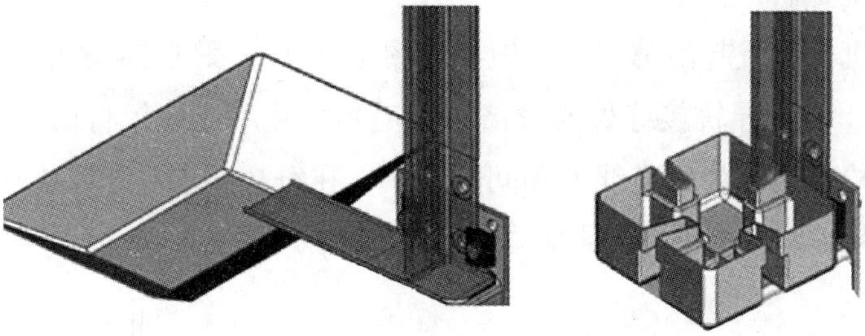

a） b）

图 1–2–44 导轨底端部件安装示意

a）导轨集油盘 b）导轨底座支架

（2）将最下端的导轨置于集油盘上，注意导轨方向，将接头处凸起部分朝上、凹进部分朝下。在壁侧支架处（两档）用 C 字夹头（见图 1–2–45）将导轨支架临时固定在壁侧支架上，注意不要拧紧 C 字夹头的螺栓。如果使用活支架，则用螺栓将活支架与壁侧支架连接在一起。然后，用压导板及螺栓将导轨紧固在导轨支架（活支架）上，使用垫片调整间隙，如图 1–2–46 所示。

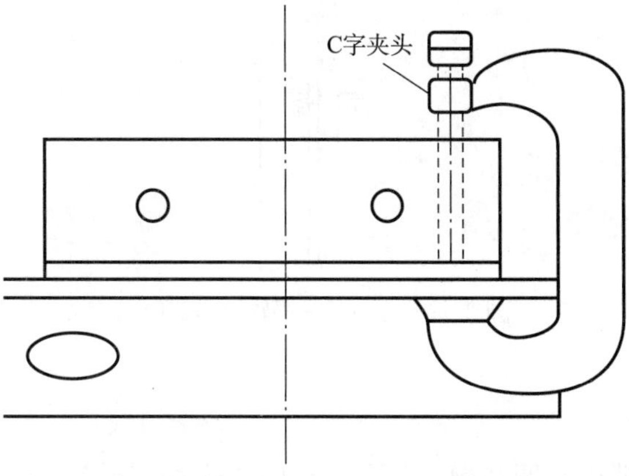

图 1–2–45 C 字夹头

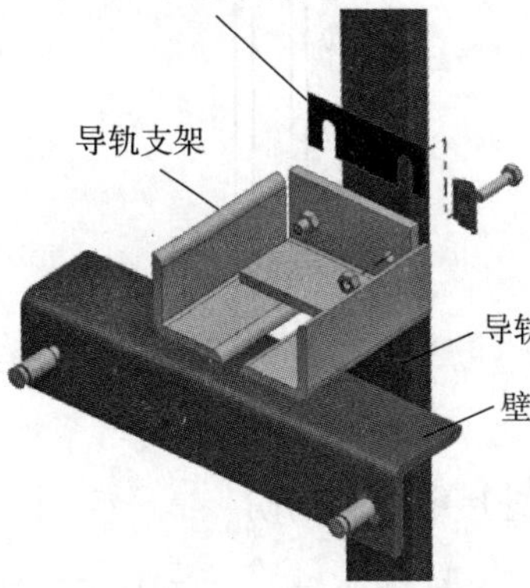

图 1–2–46 使用垫片调整间隙

（3）先在上档导轨支架的上方用导轨校正工装夹住导轨，保证导轨和导轨校正工装的接触面完全贴紧。用圆头锤敲击导轨支架，移动整个导轨校正工装，使样架线对准导轨校正工装两个切口处的刻度线。

（4）旋紧C字夹头或旋紧壁侧支架与活支架的螺栓。松开导轨校正工装，校正该根导轨的下档导轨支架，在下档导轨支架校正后，再复核上档导轨支架，确认均无误后，通过临时点焊将导轨支架简单地焊接在壁侧支架上。

注意，进行临时点焊时要避开导轨支架和壁侧支架的端部、角部以及应力集中部位。活支架不需要临时点焊。

（5）通过机械装置起吊第二根导轨（见图1–2–47、图1–2–48），并将其接在最底部的导轨上面，注意导轨接缝处要清洁、无毛刺，并用连接板将两根导轨连在一起，用刀口形直尺检查接缝处的直线度和间隙大小，在符合要求后，将连接螺栓旋紧。重复上述步骤（3）（4），校正、固定第二根导轨。

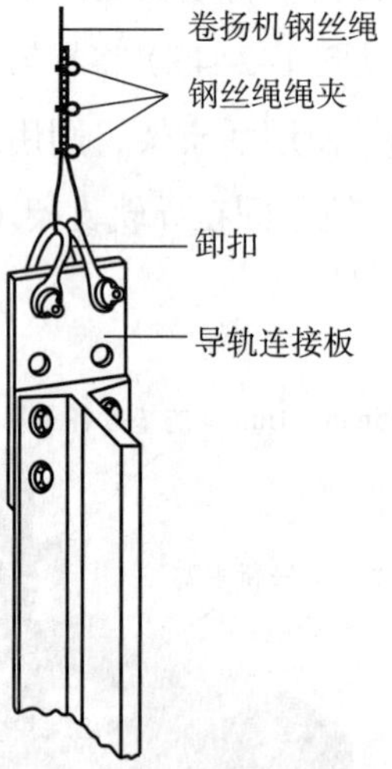

图1–2–47　起吊导轨方法一

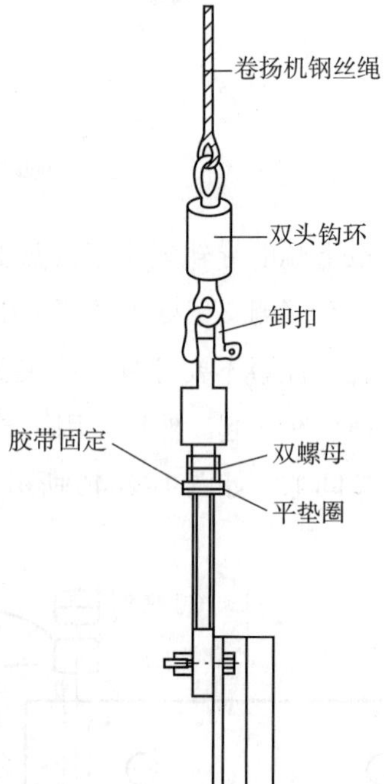

图1–2–48　起吊导轨方法二

6. 处理接缝处的台阶

（1）处理要求。由于上下导轨的接缝处有凹凸槽，其在制造中往往存在误差，因此装配后的导轨工作面可能出现台阶，导轨工作面的台阶要求如图1–2–49所示。

（2）处理方法

1）修正凹凸槽的接口，借助簿铜片使台阶符合要求。

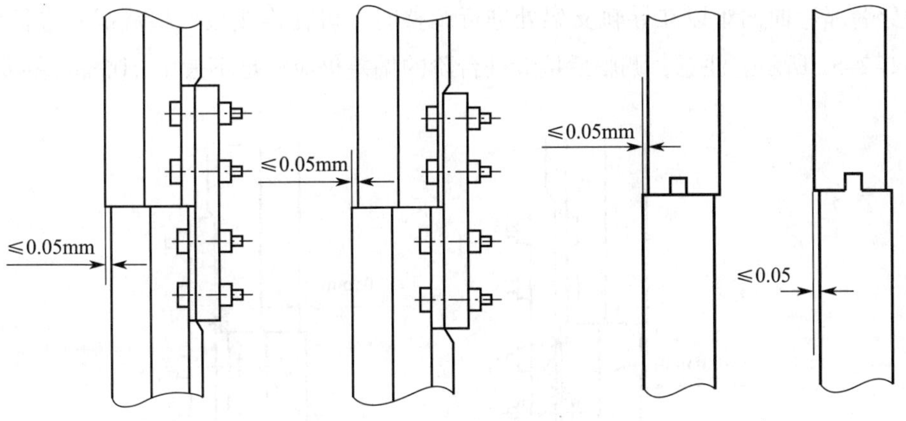

图 1-2-49　导轨工作面的台阶要求

a）正面台阶　b）侧面台阶

2）用细锉刀、油石直接打磨台阶使其符合要求，打磨长度应不小于 150 mm。

7. 检查及调整接缝处直线度

（1）检查。用 600 mm 刀口形直尺检查导轨接头处的直线度。

（2）调整

1）在导轨支架处调整。通常在接缝处上部或下部导轨支架处采用加（减）垫片的方式进行调整，如图 1-2-50 所示。

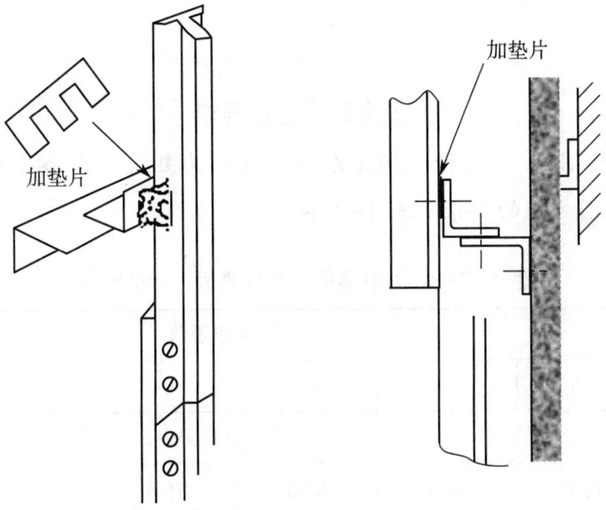

图 1-2-50　加垫片调整导轨直线度

2）在连接板处调整。当在导轨支架处加减垫片导致轨距超过允许偏差，或由于导轨本身端部弯曲而难以在导轨支架处进行调整时，可在连接板处垫薄铜片进行调整，如图 1–2–51 所示。注意，调整后接缝处台阶的偏差仍应满足不大于 0.05 mm 的要求。

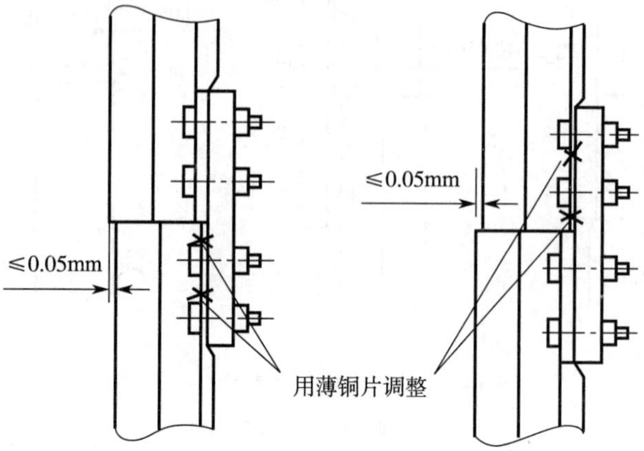

图 1–2–51　在连接板处垫薄铜片调整直线度

8. 安装压导板

（1）固定压导板的安装。安装固定压导板时，要把导轨垫片（0.5 mm、1 mm 厚）插入导轨支架与导轨背面之间。调整导轨前，先用固定压导板将导轨临时固定在导轨支架上，待导轨校准完毕，按螺栓紧固力矩要求将固定压导板与导轨支架可靠固定。

（2）弹性压导板的安装。安装弹性压导板时，始终要插入一个镀锌衬垫。待导轨支架校准完毕，按螺栓紧固力矩要求将弹性压导板与导轨支架可靠固定。

小知识

螺栓紧固力矩要求

连接板螺栓、压导板螺栓、膨胀螺栓的紧固力矩应符合各制造商的要求，某制造商对螺栓紧固力矩的要求见表 1–2–8。

表 1–2–8　某制造商对螺栓紧固力矩的要求

螺栓规格	螺栓性能等级					
	4.6	4.8	5.6	5.8	6.8	8.8
	螺栓紧固力矩 /N · m					
M12	46.1	61.5	57.6	76.8	92.2	122.9
M16	110.0	146.7	137.5	183.3	220.0	293.3
M20	216.0	288.0	270.0	360.0	432.0	576.0

9. 焊接导轨支架

当整列导轨由下往上完成校正并已点焊后，应用工装再次对导轨进行校正，确认无误后拆去工装，按照焊接要求进行正式焊接。注意，要把临时点焊的焊渣完全清除后再进行正式焊接，在正式焊接后再涂防锈漆。

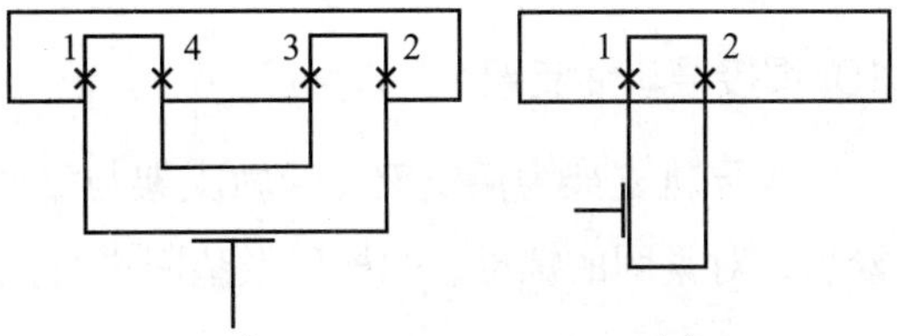

a）　　　　b）

图 1-2-52　导轨支架焊接顺序

a）轿厢导轨支架焊接顺序

b）对重导轨支架焊接顺序

（1）焊接顺序。导轨支架焊接顺序如图 1-2-52 所示。

（2）焊接长度要求。导轨支架的焊接长度应符合各制造商要求，某制造商对导轨支架焊接长度的要求如图 1-2-53 所示。

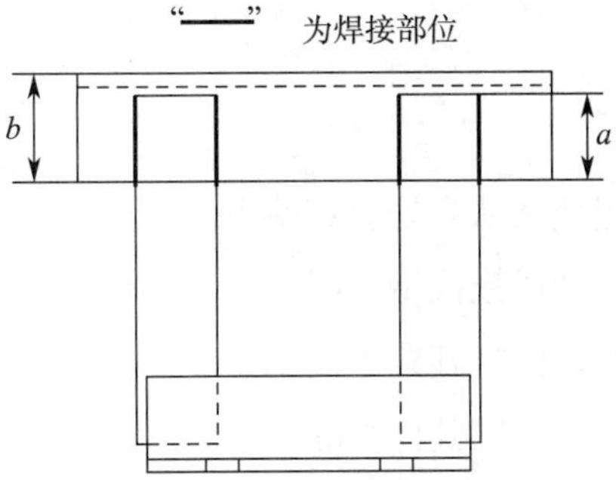

角钢规格	a/mm	b/mm	焊接厚度要求
L65×65	45以上	65	被焊材料厚度的80%以上
L75×75	50以上	75	
L90×90	70以上	90	

a）

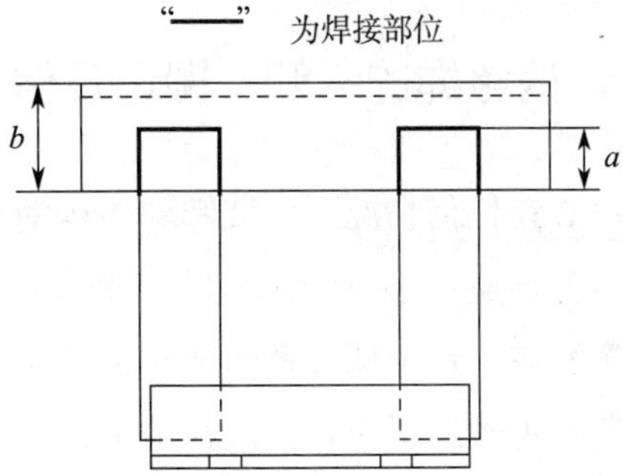

角钢规格	a/mm	b/mm	焊接厚度要求
L65×65	30~40	65	被焊材料厚度的80%以上
L75×75	40~45	75	
L90×90	50~60	90	

b）

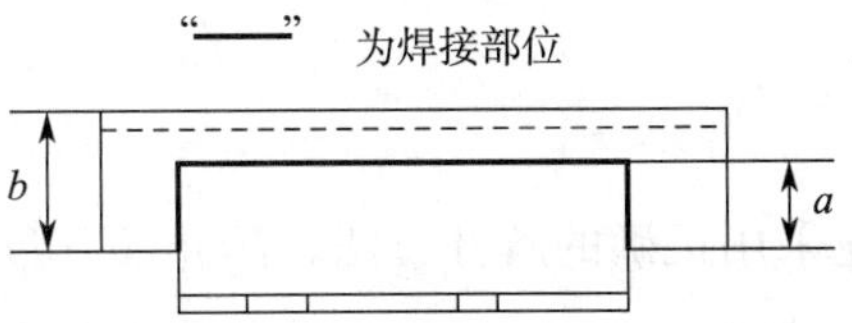

角钢规格	a/mm	b/mm	焊接厚度要求
L65×65	30~40	65	被焊材料厚度的80%以上
L75×75	40~45	75	
L90×90	50~60	90	

c）

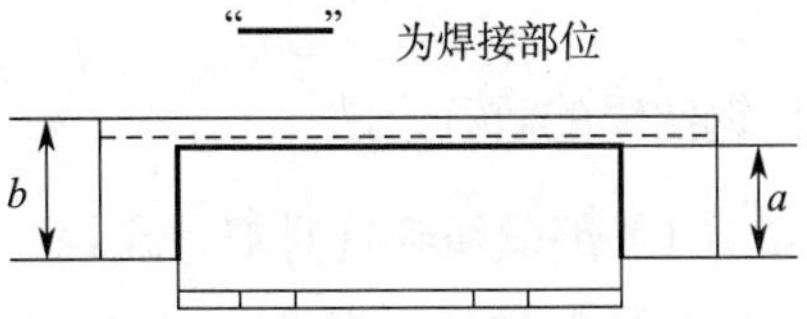

角钢规格	a/mm	b/mm	焊接厚度要求
L65×65	30~40	45	被焊材料厚度的80%以上
L75×75	40~45	65	
L90×90	50~60	75	

d）

图 1-2-53　某制造商对导轨支架焊接长度的要求

a）焊接方式一　b）焊接方式二　c）焊接方式三　d）焊接方式四

（3）焊缝处理。正式焊接后要清除表面焊渣，在检查、确认焊接质量符合要求后，在焊接部位涂防锈漆。

10. 焊接导轨活支架

当导轨支架为活支架（导轨支架与壁侧支架由螺栓连接）时，需要在紧固连接螺栓后，对紧固的螺母、螺栓以及垫圈进行点焊处理。

学习单元 7　曳引钢丝绳的安装

一、钢丝绳的装卸、搬运及保管要求

1. 在任何情况下，装卸和搬运钢丝绳时都不应使其从高处直接落下。
2. 不应在小石子、钢材等凹凸不平的物体上滚动或拖拽钢丝绳。
3. 在工地上保管钢丝绳时，不应使其淋雨受潮，要将其置于高处。
4. 钢丝绳不应直接放在地上，也不应在钢丝绳上放置其他物品。
5. 进行钢丝绳的有关作业前，作业场地应清扫干净，避免钢丝绳沾染灰尘。

二、钢丝绳的解开和截断方法

1. 钢丝绳的解开方法

（1）钢丝绳到货时都呈盘绕、捆扎状态，应采用正确的解开方法，防止解开过程中使钢丝绳打结、弯折。正确的钢丝绳解开方法如图 1–2–54 所示，错误的钢丝绳解开方法如图 1–2–55 所示。

（2）解开钢丝绳的同时要检查其质量，看是否有死弯（见图 1–2–56a）、笼状畸变（见图 1–2–56b）、绳芯挤出（见图 1–2–56c）、局部压扁（见图 1–2–56d）、绳股挤出（见图 1–2–56e）、严重锈蚀（见图 1–2–56f）等质量问题。

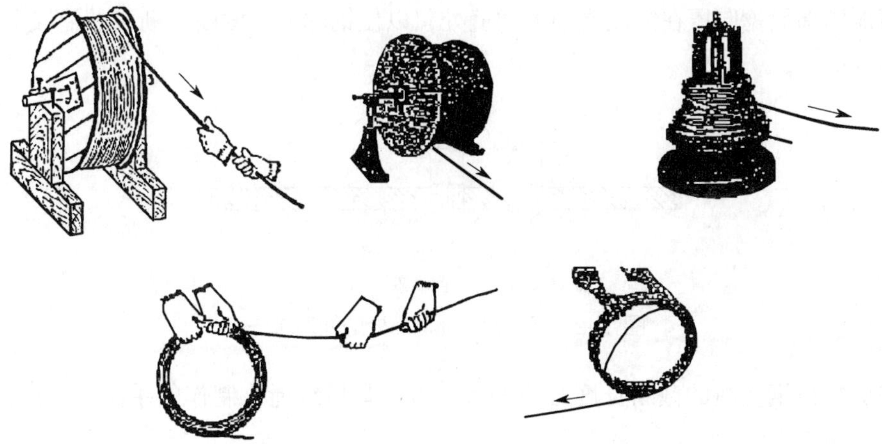

图 1-2-54　正确的钢丝绳解开方法

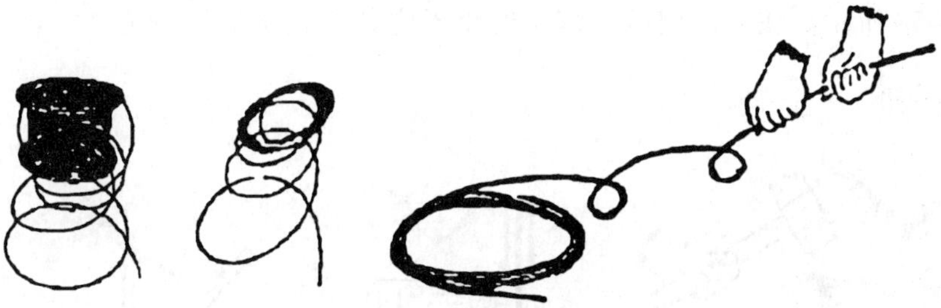

图 1-2-55　错误的钢丝绳解开方法

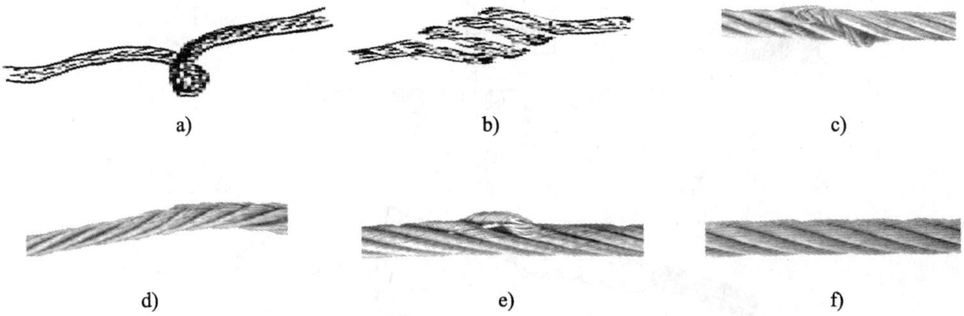

图 1-2-56　钢丝绳质量问题

a）死弯　b）笼状畸变　c）绳芯挤出　d）局部压扁　e）绳股挤出　f）严重锈蚀

2. 钢丝绳的截断方法

目前，制造商一般会根据现场所需长度及根数配置钢丝绳，但在某些特殊情况下，需要在现场截断钢丝绳。

（1）在截断钢丝绳前，先用 0.7 ~ 1 mm 的细铁丝在距离截断处左、右各至少 5 mm 处（$G/2$）排绕，排绕宽度（Z）大于 12 mm，如图 1-2-57 所示。细铁丝要均匀扎紧，其末端应顺绳股捻向压在绳股之间的凹缝处，以使钢丝绳被截断后断口的绳股不发散、不松股。

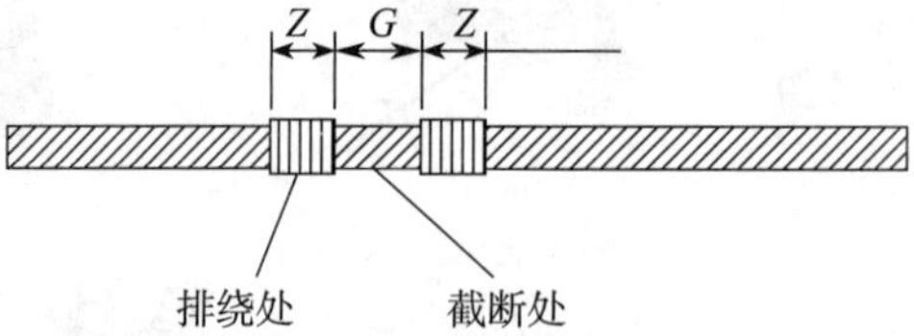

图 1-2-57　钢丝绳截断处的处理方法

（2）每根钢丝绳的截断长度必须保持一致，且后续绳头制作的手法应相同，以便调整钢丝绳张力。

（3）可采用扁口錾、切割机、大力剪等工具运用正确的切割方法来截断钢丝绳，如图 1-2-58 所示。注意，用电气焊熔断钢丝绳是不正确的切割方法，如图 1-2-59 所示。

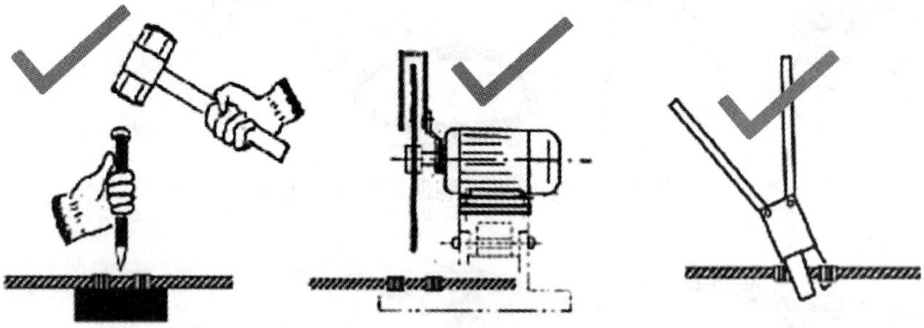

图 1-2-58　正确的钢丝绳切割方法

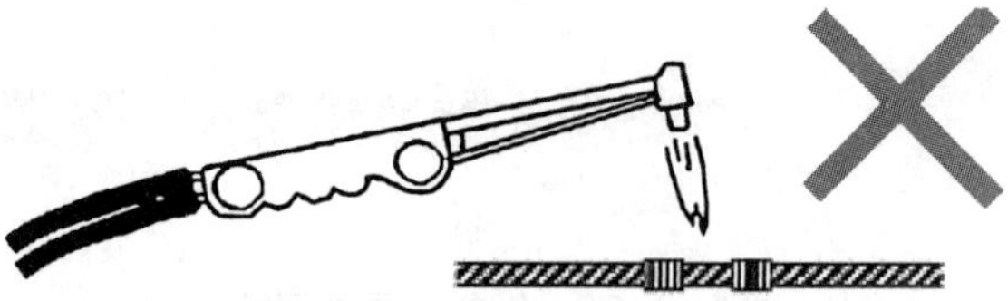

图 1-2-59　不正确的钢丝绳切割方法

三、1∶1 悬挂比的电梯曳引钢丝绳安装

1. 轿厢在顶层平层位置、对重在底坑标准位置的电梯曳引钢丝绳安装

（1）将对重置于底坑的标准位置。对重离底坑地面的距离为 L，即对重的支撑木

长度（见图 1-2-60），其公式为：

$$L=B+C+D+F$$

式中 B——对重缓冲器高度，mm；

C——对重缓冲距，mm；

D——对重缓冲器撞座高度，mm；

F——钢丝绳初期伸长量（根据制造商说明书确定），mm。

（2）在曳引机座靠近导向轮侧安装曳引钢丝绳的临时固定夹具。

（3）逐根把曳引钢丝绳的一端通过临时固定夹具从机房导向轮孔处放入井道，放至对重架的绳孔，并用临时固定夹具将其夹住。待卷筒上剩余的钢丝绳都从机房放出后，采用自锁紧楔形绳套与钢丝绳的组合方法将另一端制作成绳头，并将绳头与绳头螺杆组合在一起。

（4）将绳头螺杆绕过曳引轮，经机房预留孔放入井道至轿顶处，再将其穿入轿顶绳头板孔，依次放入弹簧下护圈、弹簧、弹簧上护圈、平垫、双螺母，使绳头螺杆固定在轿顶绳头板上，如图 1-2-61 所示。

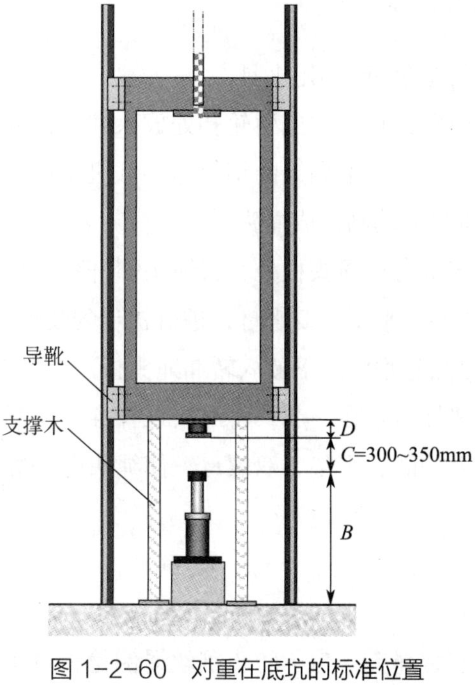

图 1-2-60　对重在底坑的标准位置

图 1-2-61　绳头螺杆固定在轿顶绳头板上

（5）松开临时固定夹具，将曳引钢丝绳在自然悬垂状态下放入对重架。

（6）在对重处制作绳头，并将绳头与绳头螺杆组合在一起。将绳头螺杆穿入对重绳头板孔，依次放入弹簧下护圈、弹簧、弹簧上护圈、平垫、双螺母，使绳头螺杆固定在对重绳头板上。

（7）通过调整绳头螺杆上的双螺母，调整曳引钢丝绳的张力。

2. 轿厢在底层平层位置、对重在井道顶层标准位置的电梯曳引钢丝绳安装

对重在井道顶层的标准位置是指对重顶部离开机房楼板一定距离 D，D 的公式为：

$$D=OH-\{L-[P_D-(X_1+X_2+X_3+X_4)]\}-F+h$$

式中 OH——顶层高度，mm；

L——对重总长，mm；

P_D——底坑深度，mm；

X_1——对重缓冲器撞座高度，mm；

X_2——对重缓冲器高度，mm；

X_3——对重缓冲器加高座高度（若有），mm；

X_4——对重缓冲距，mm；

F——钢丝绳初期伸长量（根据制造商说明书确定），mm；

h——机房楼板厚度，mm。

（1）在曳引机座靠近曳引轮侧安装曳引钢丝绳的临时固定夹具。

（2）逐根把曳引钢丝绳的一端通过临时固定夹具从机房曳引轮孔处放入井道，放至轿厢架的绳孔，并用临时固定夹具将其夹住。待卷筒上剩余的钢丝绳都从机房放出后，采用自锁紧楔形绳套与钢丝绳的组合方法将另一端制作成绳头。

（3）把制作好的绳头绕过导向轮，放入井道至对重绳头板处，将绳头螺杆穿入绳头板孔，依次放入弹簧下护圈、弹簧、弹簧上护圈、平垫、双螺母，进行初步的装配。

（4）松开临时固定夹具，将曳引钢丝绳在自然悬垂状态下放入轿厢绳头板。

（5）在轿顶处制作绳头，并将绳头与绳头螺杆组合在一起。将绳头螺杆穿入轿厢绳头板孔，依次放入弹簧下护圈、弹簧、弹簧上护圈、平垫、双螺母，使绳头螺杆固定在轿厢绳头板上。

3. 安装钢丝绳绳夹及防止钢丝绳倒捻

根据自锁紧楔形绳套与钢丝绳的组合方法安装绳夹。为了防止钢丝绳倒捻，应用细钢丝穿过每个套孔并用绳夹固定，如图 1–2–62 所示。

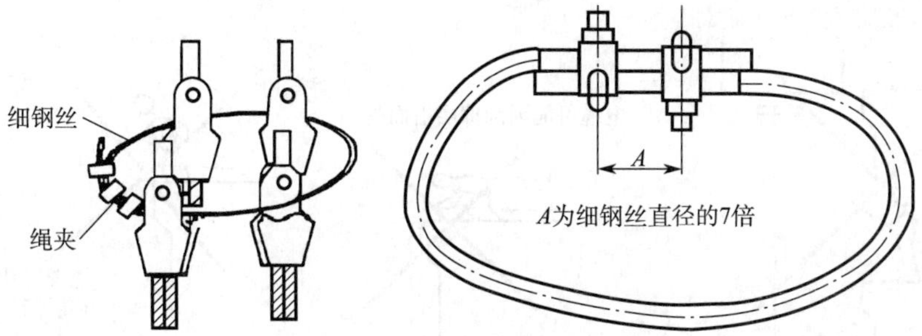

图 1-2-62　防止钢丝绳倒捻的方法

学习单元 8　井道电缆的安装

一、井道电缆的保管、展开和接插件加工

1. 井道电缆的保管和展开

（1）应避免将井道电缆堆放在阳光直射和风吹雨淋的地方，并用防水罩做好保护措施。

（2）叠放的井道电缆卷筒不能超过 3 个。

（3）井道电缆的展开操作必须规范，否则会损伤电缆，造成巨大损失。正确的井道电缆展开方法如图 1-2-63 所示，错误的井道电缆展开方法如图 1-2-64 所示。

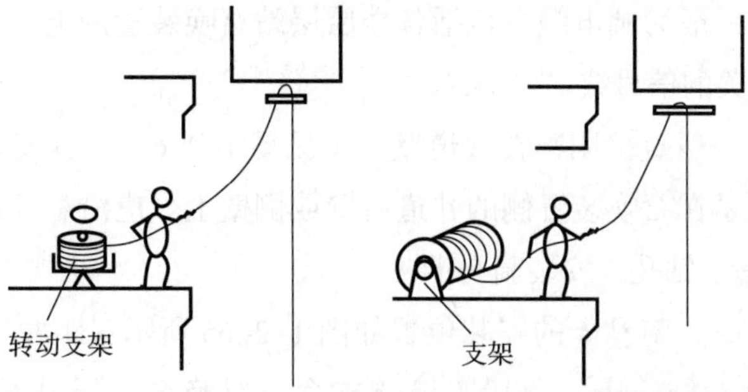

图 1-2-63　正确的井道电缆展开方法

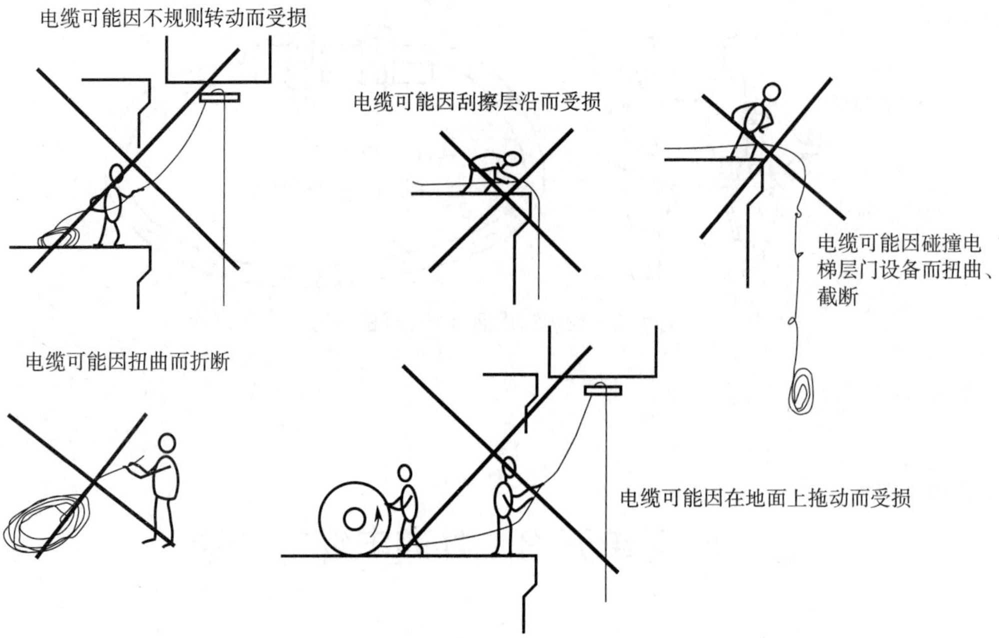

图 1-2-64　错误的井道电缆展开方法

2. 井道电缆的接插件加工

（1）对于井道固定电缆来说，制造商一般会根据设计图加工好分支电缆的接插件。

（2）对于井道随行电缆来说，制造商一般会提供符合设计要求的随行电缆，并在其两头加工好接插件。

二、井道电缆的定位要求

1. 井道固定电缆的定位要求

井道固定电缆一般为圆电缆，包括各楼层层站召唤装置的电源线、串行信号线以及井道内各限位开关的信号线。

井道固定电缆一般直接明敷在井道壁上（见图 1–2–65），其安装位置应根据随机资料确定，原则上是在召唤装置侧的井道后壁或侧壁上。应沿着井道固定电缆的走向（垂直线）在井道壁上钻孔，安装骑马卡。

当无设计要求时，骑马卡的安装位置如图 1–2–65 所示：距井道顶部 100 mm 处，*A* 段（纯电缆，为 1 000 mm），*B* 段（与分支盒、召唤盒、层站等连接的电缆，为 500 mm）各处，距分支盒 100 mm 处，距电缆转弯部位 100 mm 处。若井道固定电缆需要用扎带固定，则各扎带的间距为 300 mm。

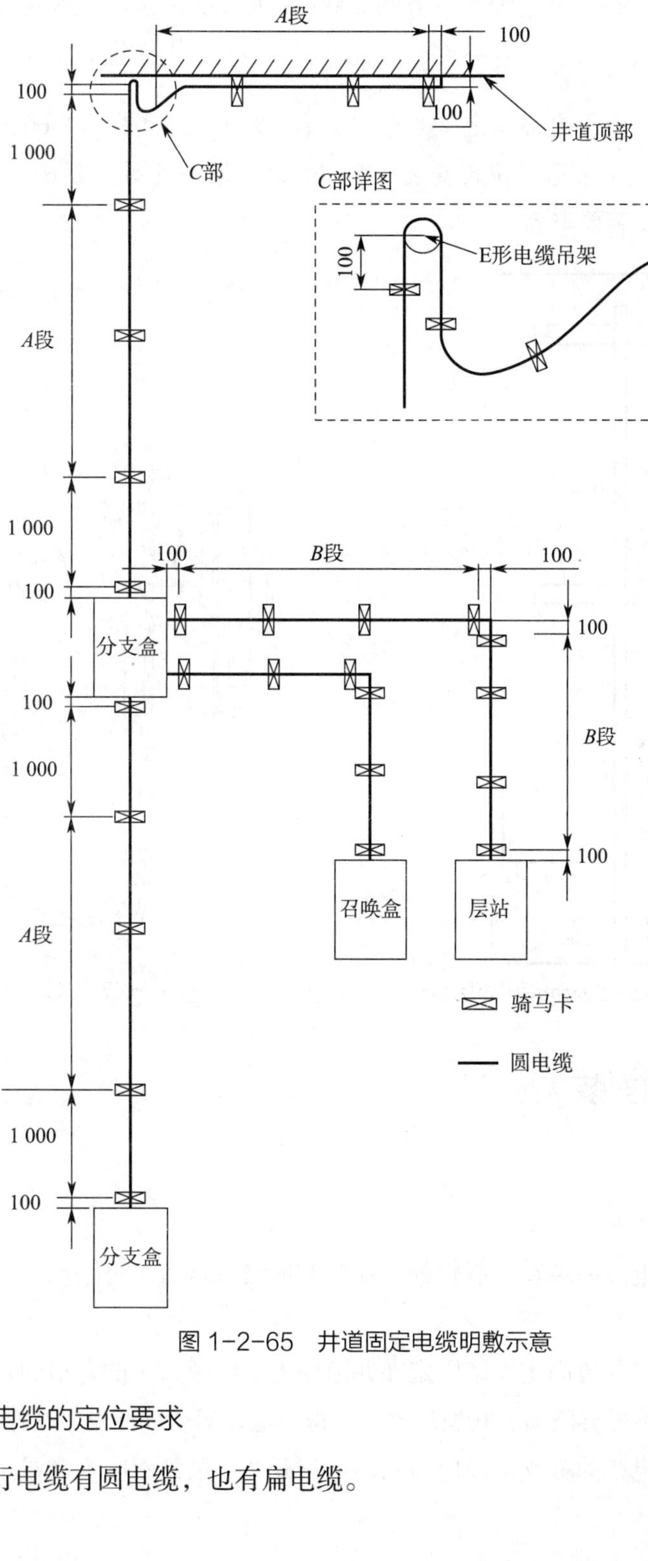

图 1-2-65 井道固定电缆明敷示意

2. 井道随行电缆的定位要求

井道随行电缆有圆电缆，也有扁电缆。

（1）总体要求。井道随行电缆的支架位置按照随机资料确定。

（2）具体要求。在井道电缆孔下方约 200 mm 处安装一个电缆固定支架（可用膨胀螺栓固定，也可通过安装臂将其安装在导轨上），在$\frac{提升高度}{2}$往上 1 m 处再安装一个电缆固定支架（与上方电缆固定支架在一个垂直线上），如图 1-2-66 所示。沿井道随行电缆方向在轿厢下梁适当位置安装一个轿底固定架（见图 1-2-67）。所有支架的安装位置要正确，安装要牢固。

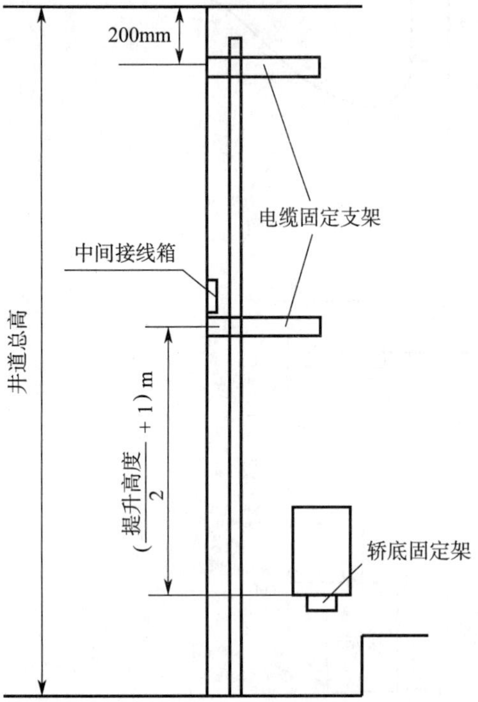

图 1-2-66　电缆固定支架安装位置示意

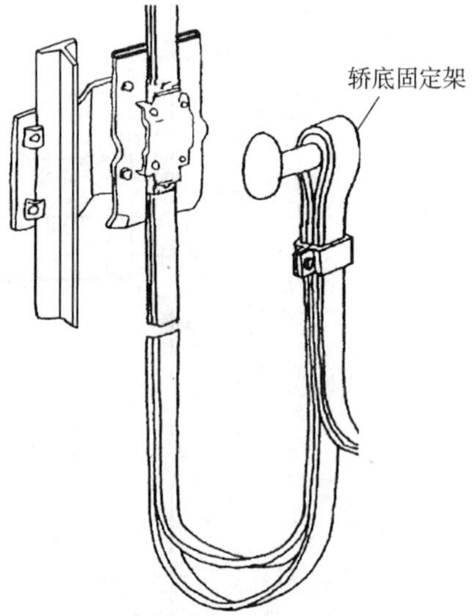

图 1-2-67　轿底固定架

三、井道电缆的安装

1. 井道固定电缆的安装

（1）井道固定电缆一端在控制柜处，在留有适当余量后，另一端从机房电缆孔放入井道至全部放完。

（2）用骑马卡将井道固定电缆固定在井道壁上。明敷安装的井道固定电缆应捆扎牢固、排列整齐，不得有破损、断裂现象，不得与电梯运动部件发生摩擦、碰撞。

（3）井道固定电缆的分支电缆应与层门电气开关、层站召唤盒和显示装置、上下端站保护开关、井道底坑电气部件等相连。

2. 井道随行电缆的安装

井道随行电缆一端在控制柜处，在留有适当余量后，另一端从机房电缆孔放入井道至全部放完，在井道顶部、中间，用楔形插座、卡子压板将其固定在相应的支架上。对于提升高度较大的井道，所用随行电缆的自重较大，应使用配有内置钢丝绳的随行电缆。在悬挂这种随行电缆时，需要将内置钢丝绳抽出专门吊挂，并在钢丝绳和绳夹上涂防锈油，使随行电缆自重由钢丝绳分担，防止被拉断，如图 1–2–68 所示。

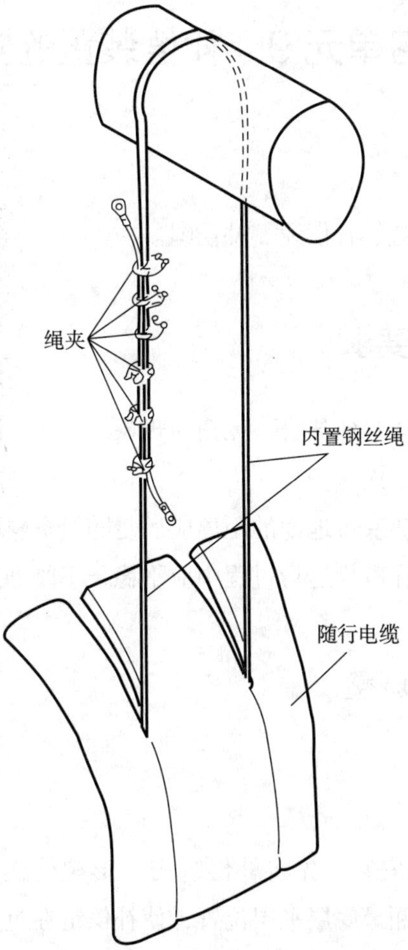

图 1–2–68　随行电缆内置钢丝绳的吊挂法

（1）扁形井道随行电缆可重叠安装，但是重叠数量不宜超过 3 根，且每两根之间应保持 40 ~ 70 mm 的活动间距或满足随机资料规定的要求。待井道随行电缆到达轿底固定架后，先将其剩余部分分别通过过线孔穿入轿顶、轿底的接线箱，再穿入轿内操纵箱，与其他轿厢电气设备相连。

（2）在将井道随行电缆穿入各接线箱前，应留有适当的敷设长度，当轿厢出现冲顶或蹲底的情况时，井道随行电缆不应因受力、拉紧而断裂，当轿厢蹲底缓冲器压缩后，井道随行电缆底部距底坑地面还应有 100 ~ 200 mm 的距离。电梯正常运行时，井道随行电缆不得与井道内的部件和物体碰撞、摩擦，其底部不得拖蹭底坑地面。

学习单元 9　补偿装置的安装调试

补偿装置主要有补偿链、补偿缆、补偿绳。

一、补偿装置的安装要求

1. 补偿链（缆、绳）应自然伸直，无扭曲现象。
2. 补偿链（缆）需要二次保护。
3. 补偿链（缆、绳）离底坑地面的距离应满足随机资料的要求。
4. 补偿链（缆、绳）在电梯运行过程中应平稳，不剧烈晃动，不与电梯部件擦碰。

二、补偿装置的安装调整

1. 补偿链的安装调整

（1）对重侧补偿链的安装。先将补偿链用 U 形螺栓连接到对重架下端的吊挂点上，然后使对重运行至轿厢最底层平层位置，使补偿链在重力作用下持续悬垂数分钟，使链条自然伸直，消除扭曲现象。

（2）轿厢侧补偿链的安装。在轿厢已处于最底层平层位置时，找到补偿链的直线标记，用 U 形螺栓将其连接到轿厢架下端的吊挂点上，如图 1–2–69 所示，其中两吊挂点间的水平距离（A）和链条最低点离地距离（C）根据随机图样要求设定。

（3）二次保护的设置

1）方法1。在轿厢侧用钢丝绳穿过吊挂点前面某节链条的孔，再绕过轿底的吊挂梁，用2～3个绳夹将钢丝绳首尾相连、夹紧，形成轿厢侧的补偿链二次保护，如图1–2–70所示。

在对重侧的操作同上，用钢丝绳穿过前面某节链条的孔，再穿过对重挂架的孔，同样用绳夹将钢丝绳首尾相连、夹紧，形成对重侧的补偿链二次保护，如图1–2–71所示。

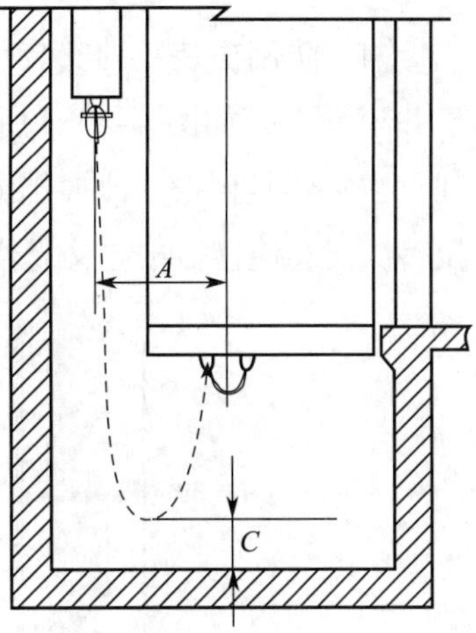

图1–2–69　补偿链在对重侧、轿厢侧的吊挂示意

2）方法2。将轿厢侧链条吊挂到第一吊挂点和第二吊挂点上，将对重侧链条吊挂到第一吊挂点和第二吊挂点上，目的是避免非正常状况下发生链条拉脱，如图1–2–72所示。

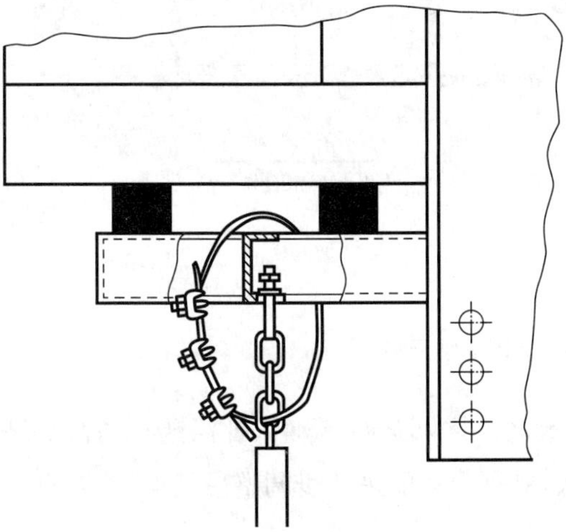

图1–2–70　轿厢侧的补偿链二次保护（绳夹）示意

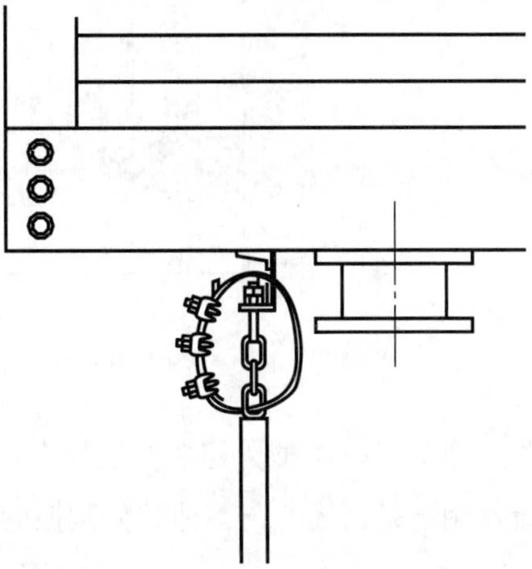

图1–2–71　对重侧的补偿链二次保护（绳夹）示意

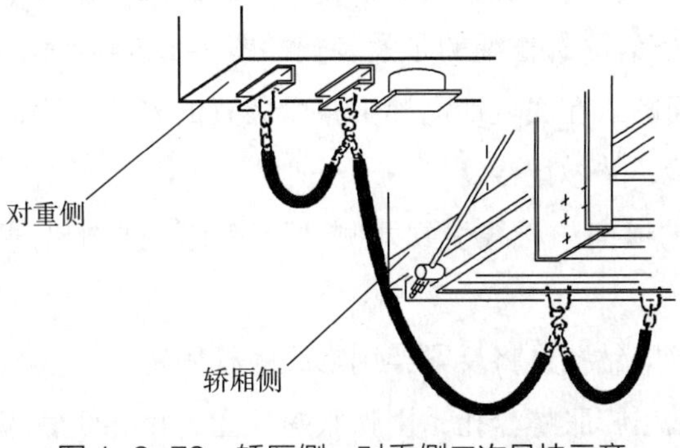

图1–2–72　轿厢侧、对重侧二次吊挂示意

（4）防刮擦装置的安装。防刮擦装置一般安装在对重防护栏的下端，其摆臂固定于井道壁上，如图 1–2–73 所示。补偿链自然悬垂，呈抛物线状。补偿链绕过挡绳杆轴，当补偿链摇摆、碰擦挡绳杆轴时，挡绳杆轴仅被带着转动而已；当挡绳杆轴被拖拉时，仅会使摆臂抬起又复位。防刮擦装置的安装限制了补偿链的活动范围。

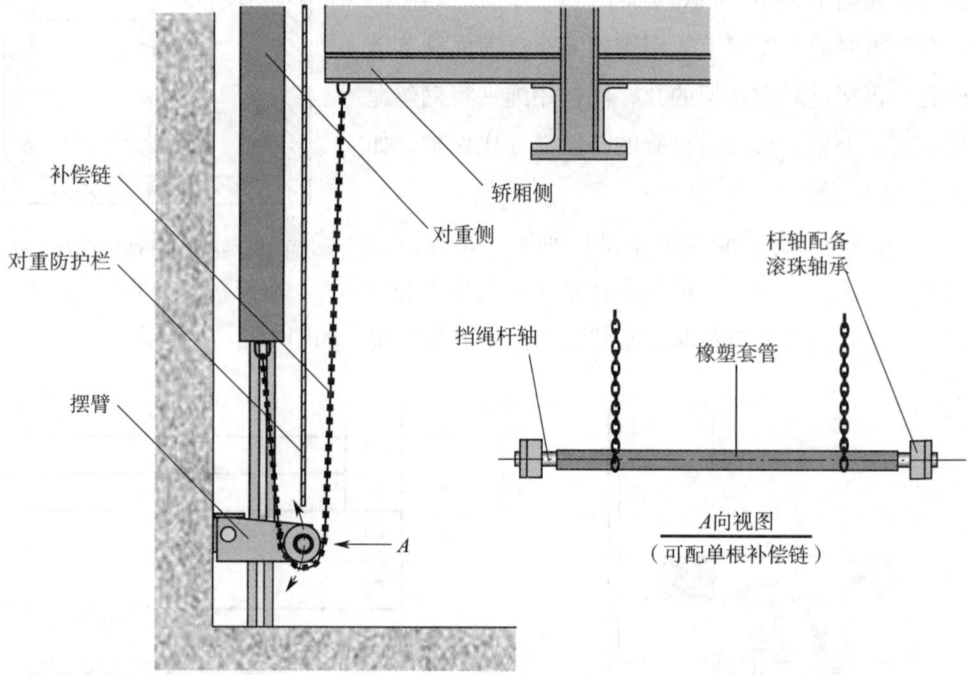

图 1–2–73　防刮擦装置安装示意

（5）运行调整。使电梯反复在最高层、最底层之间运行，确认补偿链在防刮擦装置作用下是否还有与其他部件刮擦的情况，如果有则需要进一步调整吊挂点。

2. 补偿绳的安装

补偿绳一般用在对运行质量要求较高的超高速电梯上。

（1）张紧装置的安装。补偿绳的张紧装置如图 1–2–74 所示。

1）按照井道平面图，在底坑地面标出张紧装置的安装位置，确定其导轨座安装孔（膨胀螺栓孔）的位置，并做记号。

2）将张紧装置的横向中心线引到两侧井道壁上，并画出固定反梁架的膨胀螺栓孔位。

3）在两侧井道壁上钻孔，将反梁架用膨胀螺栓固定。

4）在做记号处钻出膨胀螺栓孔，用膨胀螺栓固定短导轨底座。

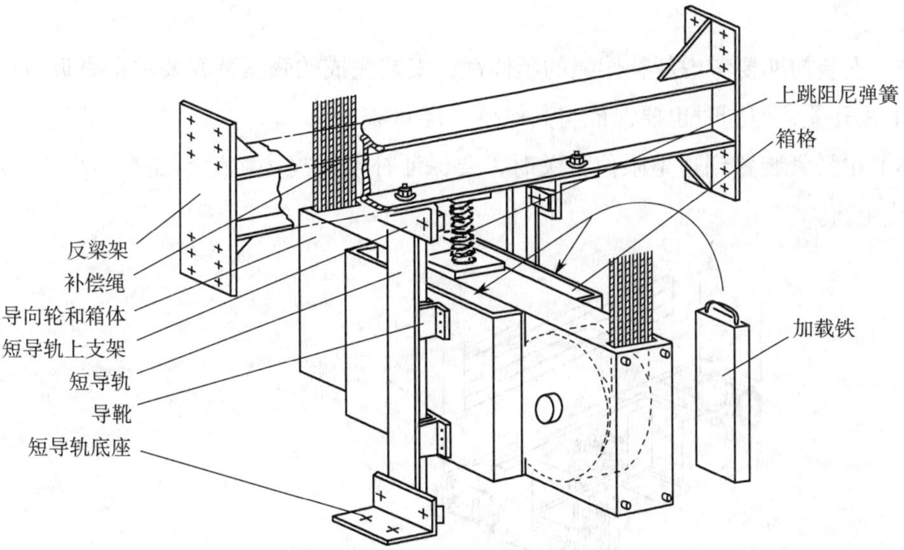

图 1-2-74　补偿绳的张紧装置

5）将两根短导轨用压导板、螺栓初步紧固在反梁架与短导轨底座上，并校正垂直度，检查安装位置与井道平面图是否一致。

6）将张紧装置移向安装位置，应逐步微移，直至其单侧导靴与短导轨贴合。

7）再将另一根短导轨嵌入另一侧滑槽中，调整、微移张紧装置，使另一侧导靴与短导轨贴合，复核反梁架、导靴的安装位置，用压导板、螺栓将两侧短导轨全部紧固。

8）将上跳阻尼弹簧按要求安装到位，用千斤顶抬高张紧装置，使该弹簧处于中度压紧状态，在其下方垫两根方木（200 mm × 200 mm × 500 mm）（或用多块木板垒至相同高度）。

（2）补偿绳绳头的制作及穿绳

1）补偿绳的展开、截断、绳头制作方法可参照自锁紧楔形绳套与钢丝绳的组合方法。

2）先将做好绳头的补偿绳一端与绳头螺杆连接，再将绳头、绳头螺杆组合固定在对重架下方的绳头板上，用双螺母锁紧绳头螺杆，完成绳头防转处理，将对重升至顶层。

3）让轿厢位于底层，先将绳头螺杆固定到轿底绳头板上，然后将补偿绳的另一端穿过张紧轮，做好绳头后与轿底绳头螺杆连接。可通过调节绳头螺杆的螺母，尽量使补偿绳的张紧力相同。

4）在张紧装置箱格内按设计要求加入加载铁。因重力作用，补偿绳会绷紧，此时抽去方木，张紧装置会在短导轨上向下滑移 30 ~ 50 mm，补偿绳张紧，如图 1-2-75

所示。

5）安装初期要考虑新补偿绳的延伸性，安装完成的张紧装置要尽量靠近滑动位置的上限位开关，但同时也要保证与其保持一定间隙。

6）在张紧装置到达下限位开关时，要保证补偿绳离底坑地面还有不小于 100 mm 的直线距离。

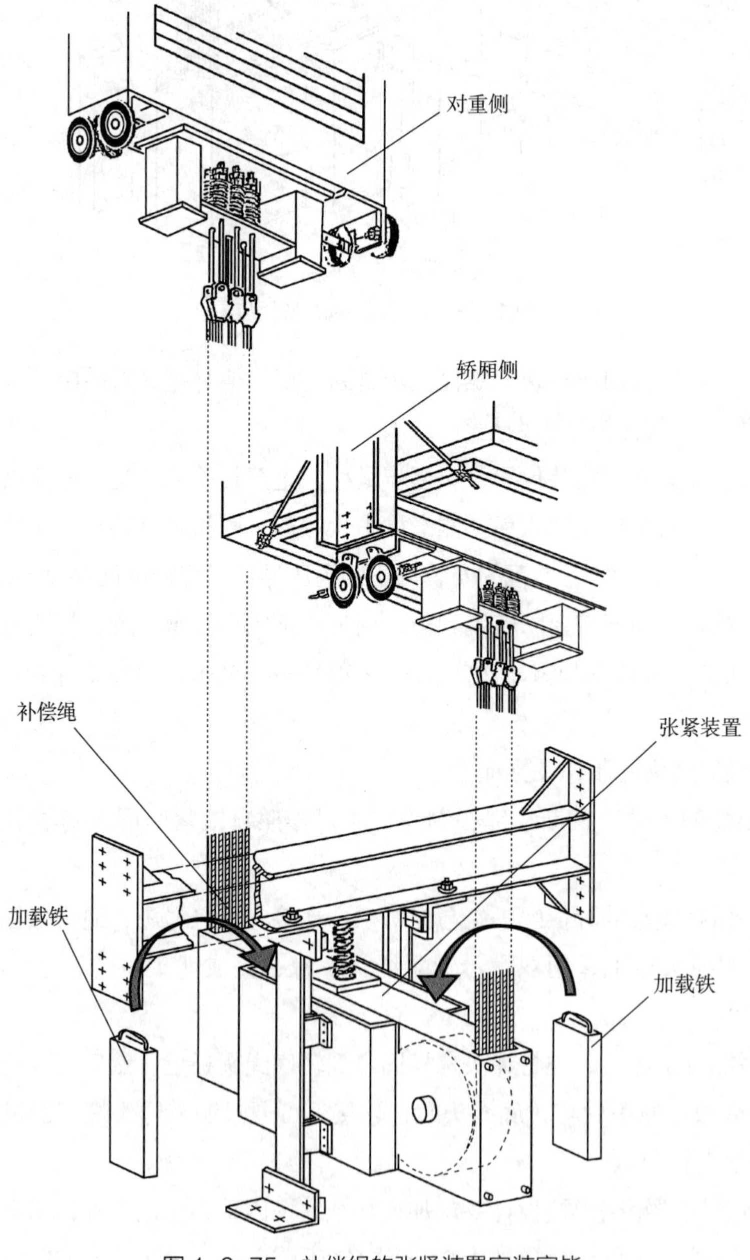

图 1-2-75　补偿绳的张紧装置安装完毕

3. 补偿缆的安装

补偿缆两头是链形式，中间是包胶补偿链，因此补偿缆与轿厢、对重的连接方法和补偿链与轿厢、对重的连接方法基本相同，只是连接部件不同，具体以制造商提供的连接部件为准。

为减少运行噪声，补偿缆在自然悬垂状态下穿过四周导向滚轮组件的中心位置，当轿厢或对重下行时应注意观察，确保补偿缆与导向滚轮组件（即补偿缆的导向装置）的中心无偏移，如图 1-2-76 所示。一般在对重侧安装两个导向滚轮组件，其安装臂的相对位置应在补偿缆的外侧，即对重缓冲器与井道后壁之间，这样即使补偿缆在运行中从导向滚轮组件中间滑出，也不会被安装臂钩住。安装导向滚轮组件时，先将安装臂固定在对重导轨上，再将导向滚轮组件固定在安装臂上，两个导向滚轮组件中心点之间的距离（B）根据随机资料进行调整，如图 1-2-77 所示。

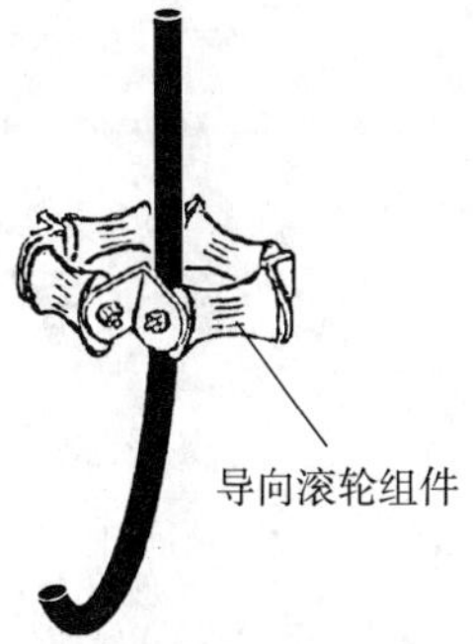

图 1-2-76　补偿缆与导向滚轮组件

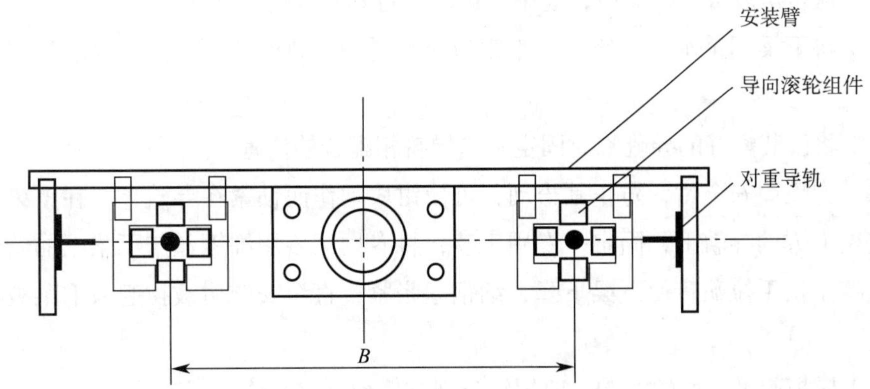

图 1-2-77　导向滚轮组件的安装示意

课程 1-3　轿厢对重设备安装调试

学习单元 1　轿厢架的安装调试

一、轿厢架的安装

1. 下梁（带安全钳）的安装（有脚手架）

（1）从机房放下手拉葫芦，起吊下梁，并将其导入轿厢导轨。

（2）将下梁调至水平，使安全钳钳口对准轿厢导轨的顶面，定位要求根据随机资料确定。

（3）将已装配好的导靴临时固定到与导轨相配合的位置。

（4）为稳固安全钳，防止其松动，可使钳块动作而锁紧在导轨上。在下梁上方的导轨支架上方的导轨上，固定一专用工装，将专用工装用细钢丝与下梁上的安全钳拉杆销连接，松手拉葫芦使下梁下降、细钢丝张紧，直至安全钳被拉起、下梁被锁紧在导轨上。

（5）撤掉起吊下梁的吊钩，改用钢丝绳加钢丝绳夹头作为保险绳。

2. 直梁（立柱）、上梁的安装

（1）将立柱放进井道，并与下梁用螺栓连接但不拧紧；将上梁放进井道吊至适当高度，再慢慢放下上梁，使上梁嵌入立柱，用螺栓将其连接但不拧紧。

（2）在校正上梁水平度后，装上上梁导靴，将整个轿厢架导入轿厢导轨。

（3）把保险绳移到上梁架上，如图 1-3-1 所示。

图 1-3-1　把保险绳移到上梁架上

轿厢架的拼装要求：直梁的垂直度偏差在前后方向应不大于 1.5 mm（$|d-e|\leqslant$ 1.5 mm），在左右方向应不大于 1.5 mm（$|a-b|\leqslant 1.5$ mm）；上梁两端之间的水平度偏差横向不大于 2 mm（$c\leqslant 2$ mm），纵向不大于 1 mm（$f\leqslant 1$ mm）。轿厢架拼装相关尺寸如图 1-3-2 所示。

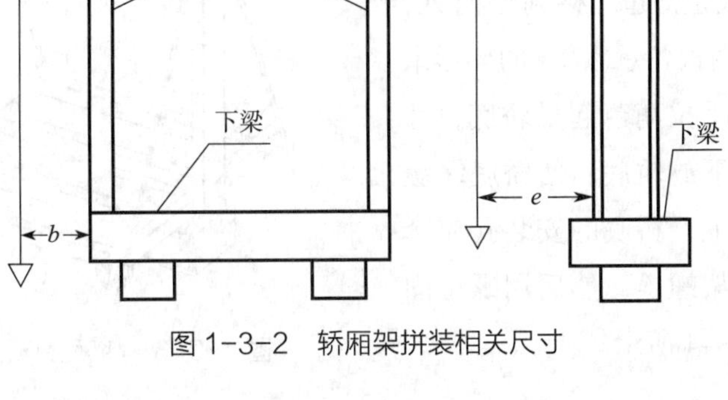

图 1-3-2　轿厢架拼装相关尺寸

二、轿厢架的调整

在下梁、上梁水平的基础上，在立柱上方放线锤以测量立柱的垂直度，通过调整立柱与上梁、下梁的螺栓孔位置及上梁、下梁的连接角度（要求直角），将轿厢架调整至符合拼装要求，旋紧各连接螺栓。

学习单元 2　轿底及轿厢地坎的安装调试

一、轿底的安装方法及要求

下面对分体轿底的安装方法及要求进行介绍。

1. 轿底的安装方法

（1）将轿底托架与下梁相连，如图 1-3-3 所示，将斜拉杆与立柱、托架梁相连，调节斜拉杆螺母，校正轿底托架平面的水平度（偏差应小于 1 mm），然后将斜拉杆螺栓用双螺母锁紧，再初步紧固所有轿厢架的螺栓。

（2）将轿厢减振部件安装在轿底托架上，将轿底侧立竖起，移到层门处，选定吊挂点，用两根各承重 1 t 的环形吊带作为吊环，用手拉葫芦起吊轿底，移吊至安装位置，下放轿底，使轿底缓缓地坐到减振部件上，轿底的安装孔应套进减振部件的支架螺栓，然后用螺母固定轿底，如图 1-3-4 所示。

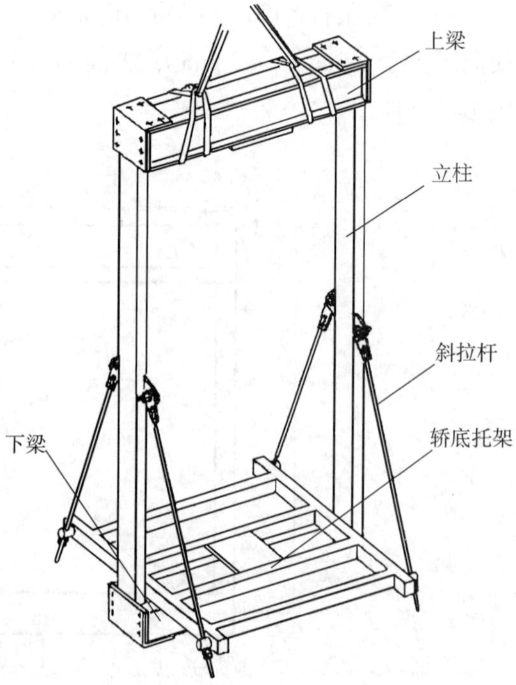

图 1-3-3　将轿底托架与下梁相连

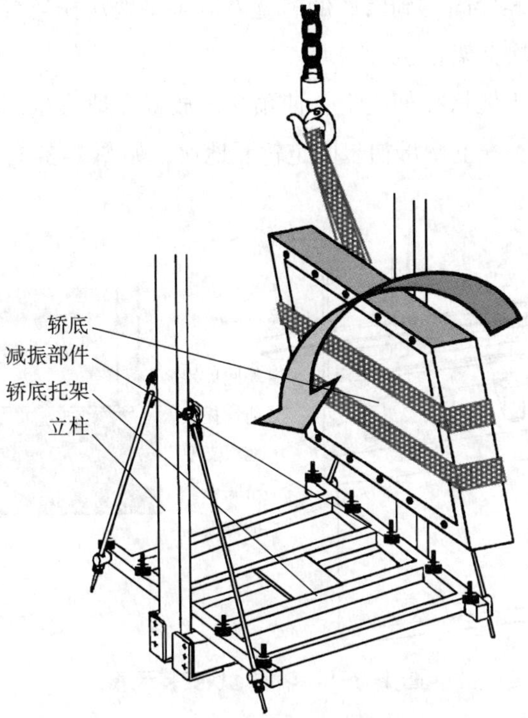

图 1-3-4　轿底与轿底托架连接示意

2. 轿底的安装要求

（1）轿底水平度偏差不大于 2/1 000。

（2）轿厢地坎与层门地坎的间距一般为（30+3）mm，也有些电梯产品的间距为（35+3）mm，两列地坎的平行度允许偏差为 1 mm，轿底中心应对准层门地坎中心。

二、轿底的调整

1. 通过在减振部件支架螺栓上加减开口垫片来调整轿底的水平度。

2. 调整下梁与轿底之间连接螺栓的位置，在使轿底中心对准层门地坎中心后，紧固下梁与轿底之间的连接螺栓。

三、轿厢地坎的安装与调整

某些电梯产品的轿底与轿厢地坎是单独出厂的，需要现场安装，具体安装要求以随机资料为准。下面介绍某型号轿厢地坎的安装与调整方法。

1. 将地坎支架用螺栓固定到轿底的前壁上，再将地坎托架置于其上，使螺栓穿过地坎托架安装孔与地坎支架相连。

2. 将轿厢地坎置于地坎托架之上，使预先已放置在地坎T形槽中的六角头螺栓插入地坎托架安装孔中，拧上螺母初步固定轿厢地坎，如图1-3-5所示。

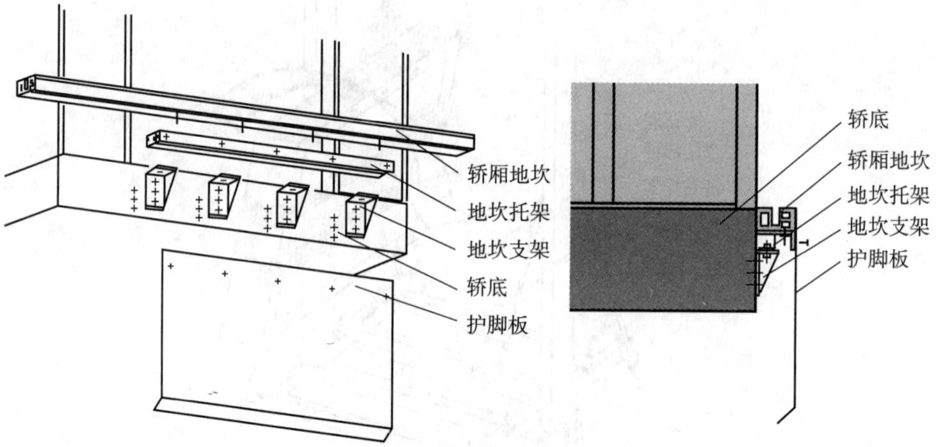

图1-3-5 轿厢地坎安装示意

3. 通过调整使轿厢地坎上表面与轿底上表面平齐，旋紧各连接螺栓。

4. 通过调整轿底的水平度，使轿厢地坎的水平度偏差不大于2/1 000。

学习单元3 对重装置的安装

一、对重架的安装

本学习单元主要介绍对重在底层的对重架的安装方法。

1. 起吊准备

（1）在搭建脚手架前，先将对重架移进井道，并将其放在井道底坑的对重位置。

（2）选定起吊点。根据缓冲器、缓冲距和对重架的实际高度选定起吊点。对于一般规格的普通电梯，起吊点选在距离底坑地面5～6 m的高度上。利用选定高度处的对重导轨支架固定一根直径为75 ~ 100 mm的钢管，其固定位置应尽量靠近导轨。在钢管上缠绕起吊用吊索，并挂上手拉葫芦，再将对重架通过吊索挂在手拉葫芦的吊钩上，如图1–3–6所示。

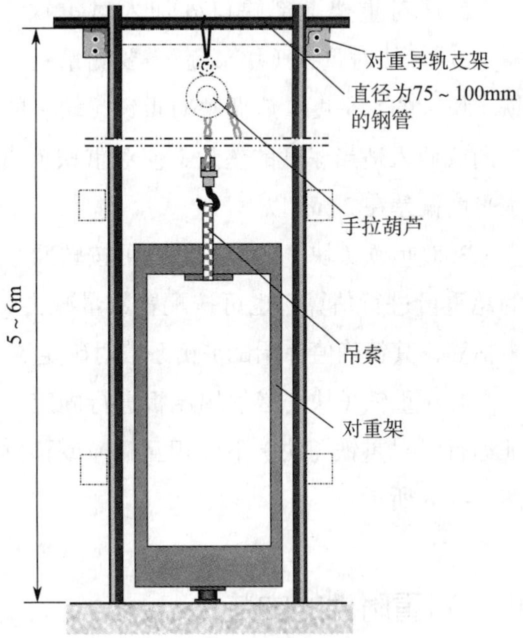

图1–3–6 选定对重架的起吊点

2. 对重架的定位

拉手拉葫芦链条，使对重架上升至一定高度，安装对重导轨，使对重架导入对重导轨。准备两根长度合适的圆木或方木作为撑木。若撑木截面为圆形，则要求其直径在70 mm以上；若撑木截面为方形，则要求其边长大于70 mm。撑木长度应满足前述公式，即$L=B+C+D+F$。起吊对重架至适宜位置，将准备好的撑木放在对重架下方，松手拉葫芦，使撑木稳固地托住对重架。注意，应在撑木底下放一块厚为15 ~ 20 mm的小木板，防止撑木打滑。

二、对重导靴的安装

一般低速电梯的对重采用刚性滑动导靴，安装时将刚性滑动导靴通过螺栓固定在对重架的指定位置上即可。当一侧上下两个刚性滑动导靴的靴衬与导轨间隙为零时，另一侧上下两个刚性滑动导靴的靴衬与导轨间隙为0.5 ~ 1 mm，如图1–3–7所示。

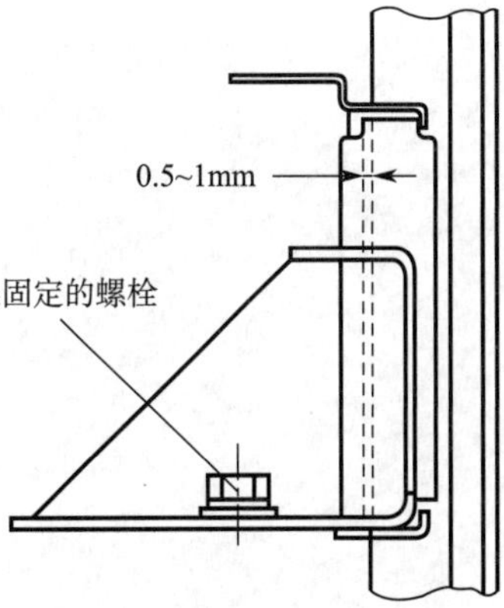

图1–3–7 刚性滑动导靴的安装示意

三、对重铁（块）的数量确定及安装

1. 在脚手架的适宜高度处重新捆扎脚手架横杆并铺设踏板，保证安装人员安全地运送对重铁（块）。

2. 从对重架上部缺口处加入对重铁（块），每加 5 ~ 6 块对重铁（块），就需要测量一下对重铁（块）的水平度。应调整对重铁（块）的摆放方向或插入适当厚度的垫片，使对重铁（块）的水平度偏差在 2 mm 以下。

3. 对重铁（块）的堆放数量可按轿厢半载时的总重量进行估算，也可按配置数量减去 2 或 3 来估算，其精确值在调试平衡系数时确定。

4. 对重铁（块）必须用压板进行固定，以保证运行时对重铁（块）不会相互碰撞或移位，如图 1–3–8 所示。

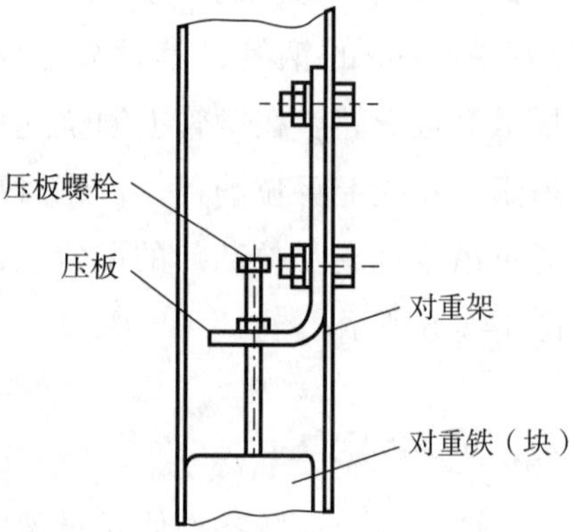

图 1–3–8 对重铁（块）压紧装置示意

四、对重附件的安装

以对重导轨为安装基点，将对重防护网支架用压板、螺栓固定在对重两侧，将对重防护网移入底坑，用螺栓与支架连接起来。对重防护网上边至少移至 2.5 m，下边空档高度不高于 0.3 m，如图 1–3–9 所示。

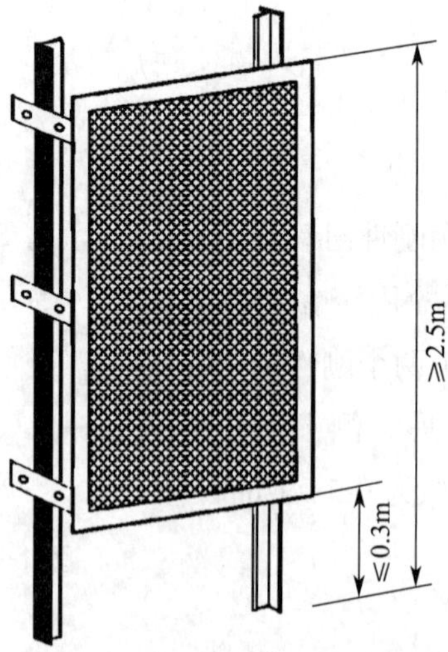

图 1–3–9 对重防护网的安装位置要求

其他对重附件如反绳轮、安全钳等的安装方法具体见各制造商的安装说明书。

学习单元4　轿厢开门机构、轿门门扇的安装调试

一、轿厢开门机构的安装与调整

1. 轿厢开门机构的安装

制造商不同，门机支架的安装位置不同。如图 1–3–10 所示是门机支架安装在轿厢架立柱上，如图 1–3–11 所示是门机支架安装在轿顶上。安装门机支架时，应按随机资料要求进行施工。下面主要介绍在轿厢架立柱上安装开门机构的方法。

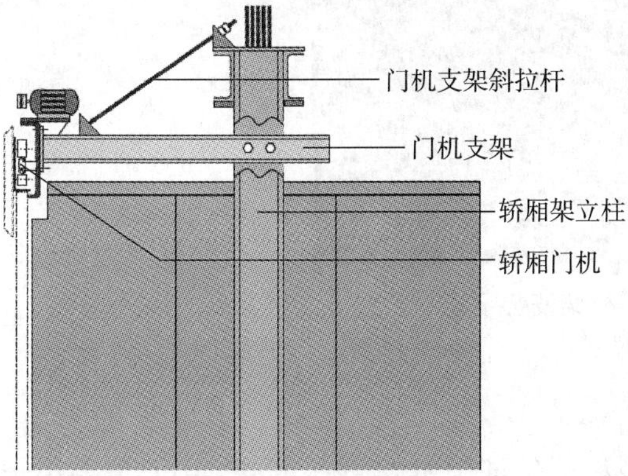

图 1–3–10　门机支架安装在轿厢架立柱上

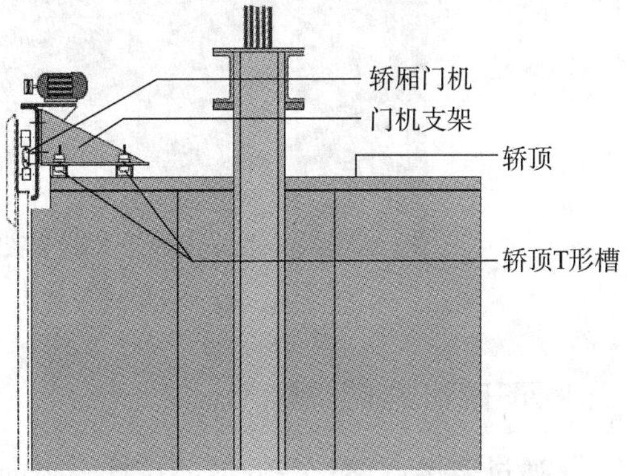

图 1–3–11　门机支架安装在轿顶上

（1）在安装门机前先拆除部分脚手架，让出轿厢移动的空间，再手动盘车使轿厢下降，当轿厢降至适当高度（层门口对准轿顶）后，停止盘车。

（2）先将门机支架固定在轿厢架立柱的指定位置上，并将其调整至水平状态，再根据随机资料要求调整好相关尺寸，紧固螺栓。

（3）将纵向拉杆的一端与上梁固定，另一端与门机支架相连。

（4）将横向拉杆的一端安装在门机支架上，如图 1–3–12 所示。

（5）把门机架抬至门机支架处，用螺栓（两头各有 3 个）将门机架固定在门机支架上，同时将横向拉杆的另一端穿入门机架拉杆座孔内，再穿入开口销，如图 1–3–13 所示。

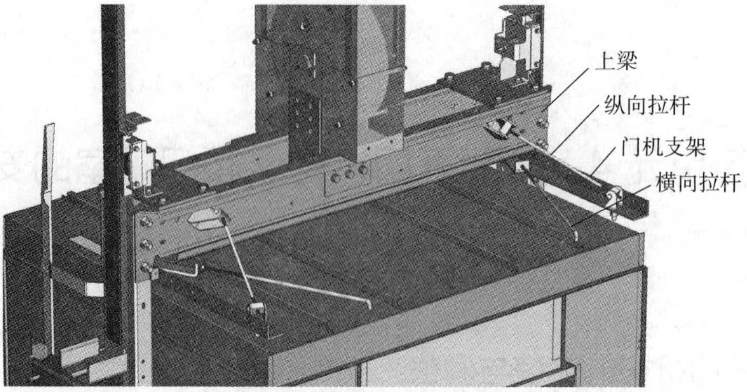

图 1-3-12　纵向拉杆和横向拉杆安装示意

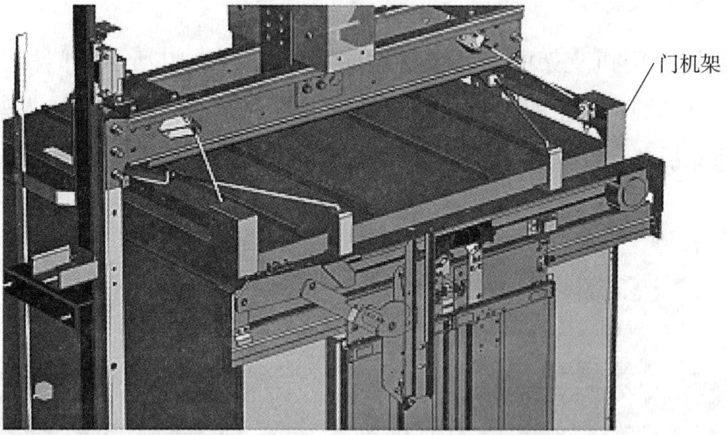

图 1-3-13　门机架安装示意

2. 轿厢开门机构的调整

通过略微调整左右的横向拉杆、纵向拉杆，保证门机架中心与定位中心偏差小于 1 mm，且门机架垂直。

二、轿门门扇的安装与调整

1. 轿门门扇的安装

（1）安装方法

1）将轿门门扇上端安装孔对准门挂板螺栓孔，放入适量垫片，旋进吊门螺栓。检查轿门门扇下端是否与轿厢地坎平行，若不平行则对其进行调整，使轿门门扇与轿厢地坎平行，如图 1–3–14 所示。

2）在轿门门扇下部安装轿门滑块，如图 1–3–15 所示。

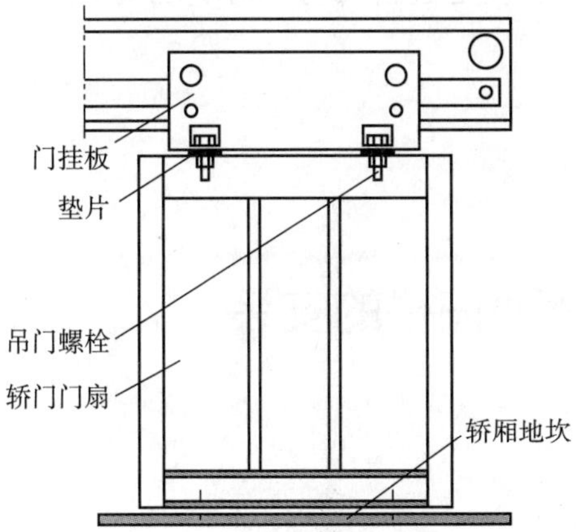

图 1–3–14　轿门门扇安装示意

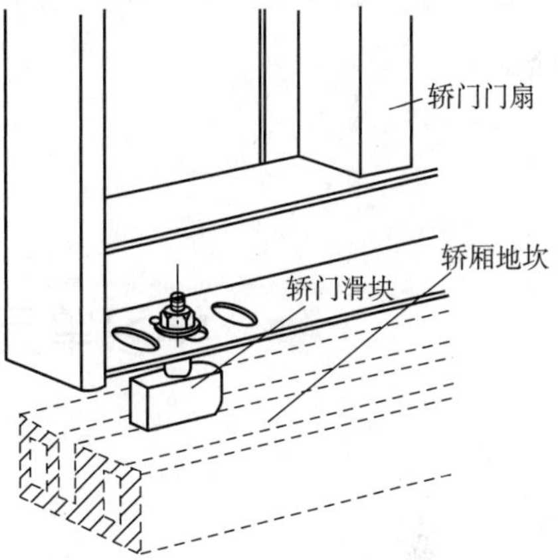

图 1–3–15　轿门滑块安装示意

（2）安装要求。轿门门扇的安装要求见表 1–3–1。

表 1–3–1　轿门门扇的安装要求

部位	允许偏差	测量范围
轿门与立柱（前壁）	± 1 mm（标准尺寸 4 mm）	在 *HH* 及 *JJ* 尺寸范围内测量
轿门全关闭时门扇间隙	2 mm 之内	在 *HH* 尺寸范围内测量
门扇之间的平面度	1 mm 之内	—

2. 轿门门扇的调整

（1）调整轿门与轿厢地坎的间隙。可在轿门与门挂板之间加减垫片，以满足轿门与轿厢地坎的间隙要求。

（2）调整轿门与立柱（前壁）的平面度及门扇的间隙。同样通过在轿门与门挂板之间加减垫片来调整。若轿门全开时轿门上端突出或下部缩入，则在轿门靠两边的螺栓处加垫片或在轿门靠中心的螺栓处减垫片来达到要求，反之则相反。注意，调整后轿门与轿厢地坎的间隙仍需符合要求。

若轿门全关时门扇下部间隙大，则在轿门靠两边的螺栓处加垫片或在轿门靠中心的螺栓处减垫片来达到要求，反之则相反。但此时需要兼顾轿门的垂直度。

（3）调整轿门与立柱（前壁）的间隙。当轿门全开时，若轿门与立柱（前壁）的间隙不在要求范围内，则先松动轿门与门挂板之间靠近中心的螺栓，再将轿门朝门套方向推或拉，以达到要求。当轿门全关时，轿门与立柱（前壁）间隙不在要求范围内的调整方法同上。轿门两门扇上端平齐程度的调整方法也同上。轿门与立柱（前壁）的下端间隙、轿门两门扇下端的平齐程度通过轿门与门滑块之间的垫片来调整。

学习单元 5　轿顶护栏的安装

一、轿顶护栏的安装要求

1. 轿顶护栏应由扶手、0.1 m 高的护脚板和位于护栏高度一半处的中间护栏组成。

2. 当自由距离不大于 0.85 m 时，扶手高度应不小于 0.7 m；当自由距离大于 0.85 m 时，扶手高度应不小于 1.1 m。

3. 扶手安装应牢固、可靠。

二、轿顶护栏的安装方法

电梯型号不同，轿顶护栏的安装方法不尽相同。下面介绍某电梯产品的轿顶护栏安装方法。

1. 将两根下层纵向护栏与上梁用螺栓连接，将下层横向护栏与两根下层纵向护栏用螺栓连接。

2. 将 4 根护栏立柱与下层纵向护栏和下层横向护栏用螺栓连接。

3. 将两根上层纵向护栏与护栏立柱用螺栓连接，将上层横向护栏与两根上层纵向护栏用螺栓连接。

4. 在保证各护栏横平竖直后，旋紧各连接螺栓，如图 1–3–16 所示。

图 1-3-16　轿顶护栏安装示意

学习单元6　轿顶电气部件的安装

一、轿顶电气部件接线图的识读

轿顶电气部件主要包括门机、门保护装置、平层装置、风扇照明装置、安全窗、轿门锁、称重装置等。

1. 门机接线图的识读

某型号电梯门机接线图如图 1–3–17 所示。门机变频器与轿顶检修箱通过门机电缆 M01 连接，其规格为 RVV 9 × 0.75+1 × 2。轿顶检修箱侧端子排号为 T1 和 T2。

2. 门保护装置接线图的识读

某型号电梯门保护装置接线图如图 1–3–18 所示。门保护装置与轿顶检修箱通过门保护装置电缆 M04 连接，其规格为 RVV 5 × 0.75+1 × 2。轿顶检修箱侧端子排号为 T3。

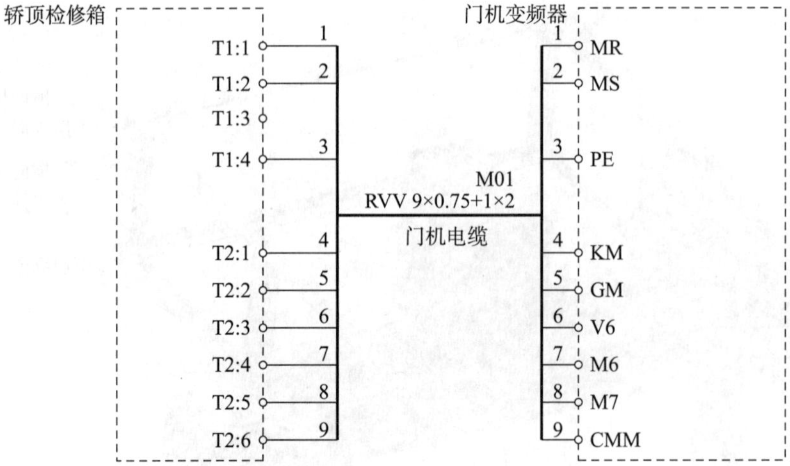

图 1-3-17　某型号电梯门机接线图

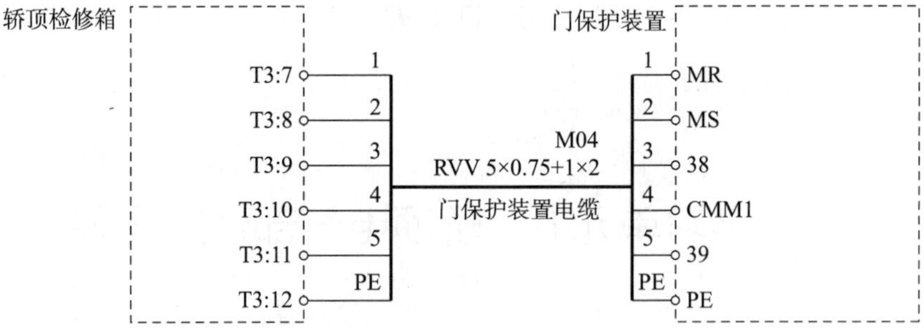

图 1-3-18　某型号电梯门保护装置接线图

3. 平层装置接线图的识读

某型号电梯平层装置接线图如图 1-3-19 所示。平层装置与轿顶检修箱通过平层装置电缆 M08 连接，其规格为 RVV 4×0.75+1×2。轿顶检修箱侧端子排号为 T5。在平层装置侧，电缆接在上平层感应器和下平层感应器上。

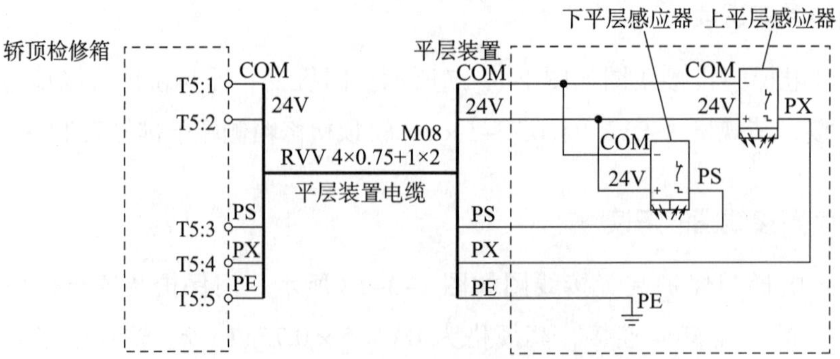

图 1-3-19　某型号电梯平层装置接线图

4. 风扇照明装置接线图的识读

某型号电梯风扇照明装置接线图如图 1-3-20 所示。风扇照明装置与轿顶检修箱通过风扇照明电缆 M07 连接，其规格为 RVV 3 × 0.75。轿顶检修箱侧端子排号为 T4。

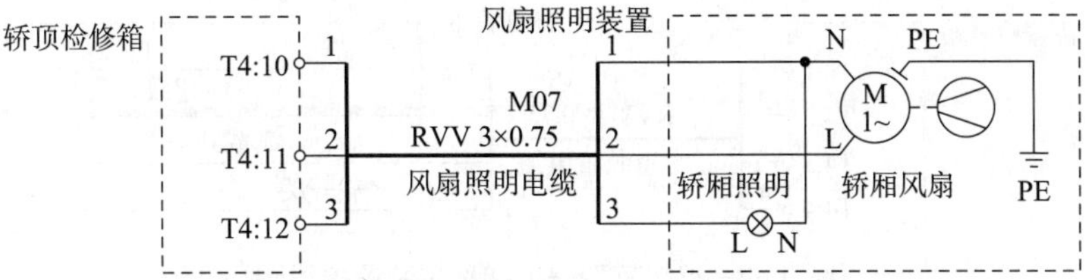

图 1-3-20　某型号电梯风扇照明装置接线图

5. 安全窗接线图的识读

某型号电梯安全窗接线图如图 1-3-21 所示。安全窗与轿顶检修箱通过安全窗电缆 M02 连接，其规格为 RVV 2 × 0.75+1 × 2。轿顶检修箱侧端子排号为 T3。在安全窗侧，电缆接在安全窗开关及外壳上。

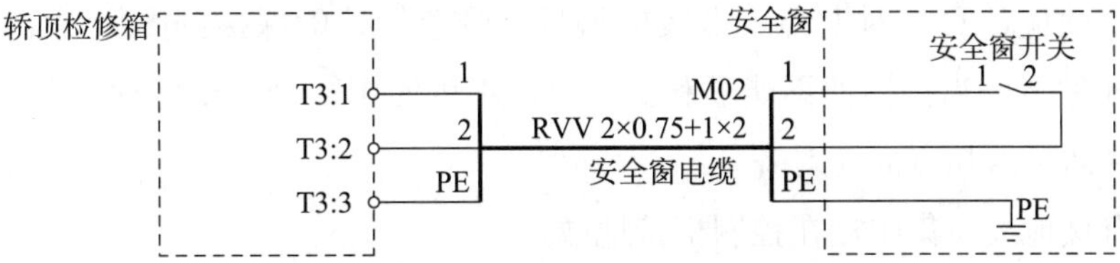

图 1-3-21　某型号电梯安全窗接线图

6. 轿门锁接线图的识读

某型号电梯轿门锁接线图如图 1-3-22 所示。轿门锁与轿顶检修箱通过轿门锁电缆 M03 连接，其规格为 RVV 2 × 0.75+1 × 2。轿顶检修箱侧端子排号为 T3。在轿门锁侧，电缆接在轿门锁开关及外壳上。

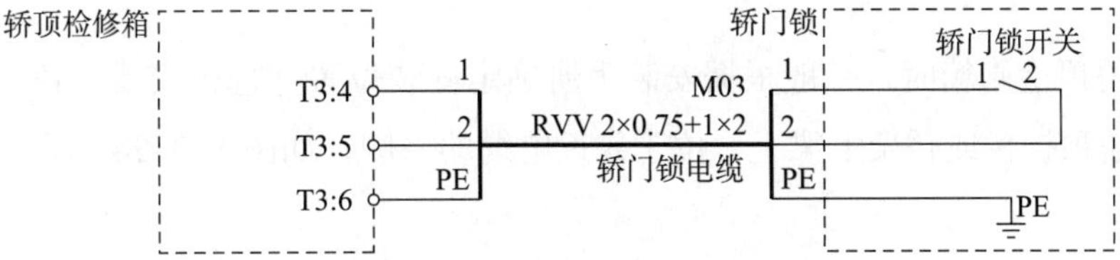

图 1-3-22　某型号电梯轿门锁接线图

7. 称重装置接线图的识读

某型号电梯称重装置接线图如图 1-3-23 所示。称重装置与轿顶检修箱通过称重装置电缆 M05 连接，其规格为 RVV 4×0.75。轿顶检修箱侧端子排号为 T4。在称重装置侧，电缆接在超载开关、满载开关、轻载开关上。

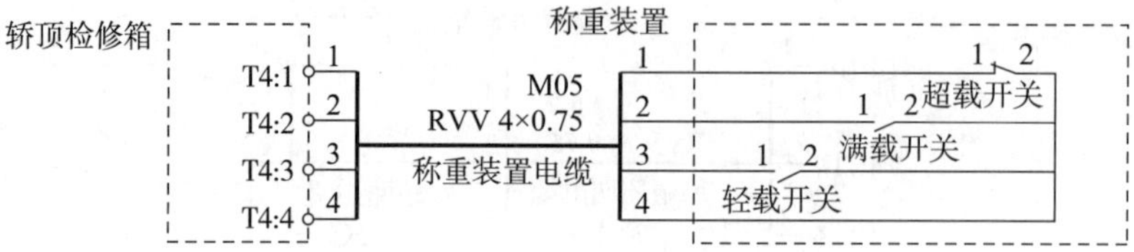

图 1-3-23　某型号电梯称重装置接线图

二、轿顶电气部件的安装要求

1. 根据安装手册确定各轿顶电气部件的安装位置。

2. 轿顶电气部件应固定好，水平度及垂直度应符合安装手册要求。

3. 根据各轿顶电气部件的安装位置合理布线。

4. 接线前应认真核对电缆或电线的编号、颜色等，确保接到图样规定的端子排、端子或接插件上。当接插件不能顺利插入时，不可使用蛮劲，要仔细核对编号是否一致，接插件防呆卡扣方向应对齐。

5. 所有接地线应集中接在控制柜接地端。

6. 在电缆或电线固定好以后，如果电缆或电线的长度有余量，那么应该把多余的部分进行盘整，并用塑料扎带捆扎，避免其折叠或缠绕。

7. 将门保护装置与随行电缆连接时应进行必要的捆扎、固定，使随行电缆运行顺畅、不卡阻。

三、轿顶检修箱的安装

安装轿顶检修箱时，一般根据安装手册确定安装位置并进行安装。轿顶检修箱一般安装在轿顶护栏或轿架上梁上，位于靠近电缆的一侧，如图 1-3-24 所示。

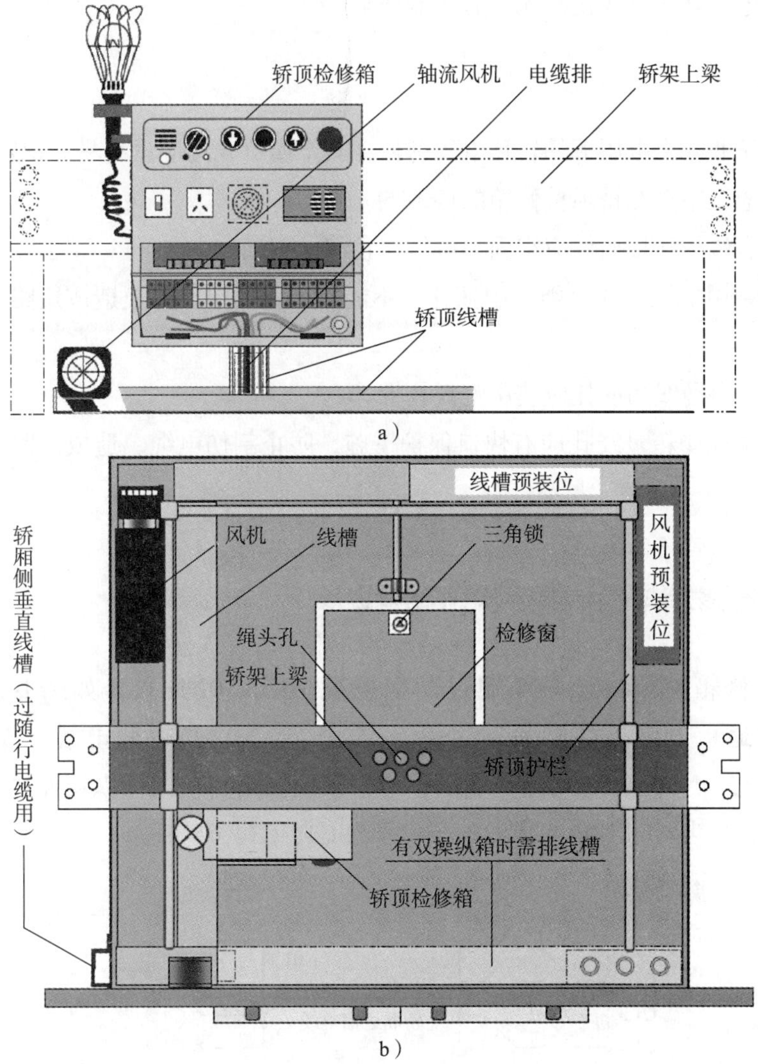

图 1-3-24　轿顶检修箱位置图

a）立面图　b）平面图

四、轿顶检修箱与轿顶电气部件的接线

1. 接线步骤

（1）布线。根据轿顶检修箱、轿顶电气部件的位置进行布线。

（2）接线。一般先对轿顶电气部件进行接线，再对轿顶检修箱进行接线。在接线前应切断电源，切勿带电接线。

（3）送电。确认接线正确无误后才能送电。

2. 接线要求

（1）对于非安全电压下的轿顶电气部件，其金属罩壳均应设有易于识别的接地线，所有接地线应集中接在轿顶检修箱的接地端。

（2）所有端子和接插件应牢固、可靠，且编号正确。

（3）对备用电缆线要分类集中捆扎，不能露出金属层，防止造成短路故障和触电事故。

（4）所有电缆线的捆扎应使用塑料扎带。

（5）轿顶检修箱过线孔应有快口保护措施，防止割伤电缆，造成短路故障和触电事故。

五、轿顶检修箱与轿内操纵箱的接线

轿顶检修箱与轿内操纵箱通过两根电缆 N01、N02 连接，如图 1-3-25 所示。N01 是轿厢通信电缆，规格为 RVVSP 2×2×0.75。N02 是轿厢电缆，规格为 RVV 11×0.75+1×2。N01、N02 均通过端子排与轿顶检修箱和轿内操纵箱连接，其中 N01 对应的端子排号为 C1，N02 对应的端子排号为 C2、C3、C5。

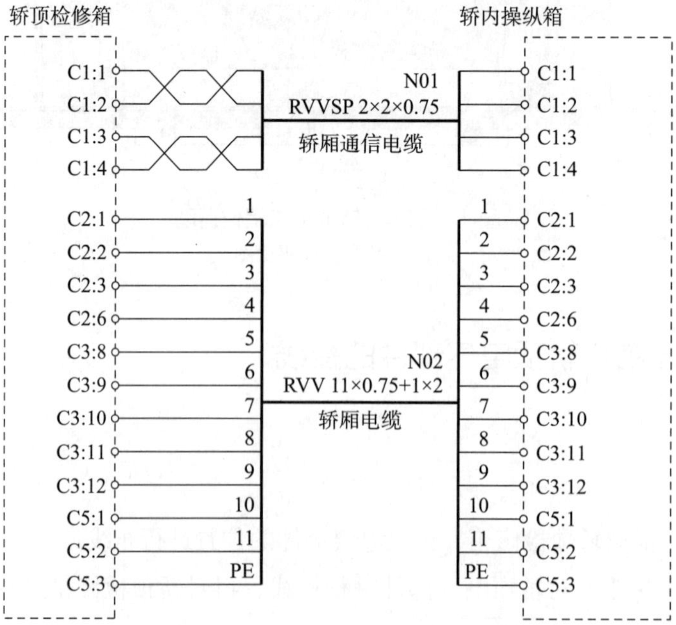

图 1-3-25　轿顶检修箱与轿内操纵箱接线图

轿顶检修箱与轿内操纵箱的接线步骤和接线要求参考轿顶检修箱与轿顶电气部件的接线步骤和接线要求。

课程 1-4 自动扶梯设备安装调试

学习单元 1 围裙板的安装调试

一、围裙板的安装要求

围裙板是指梯级（踏板或胶带）两侧的围板部分，围裙板与相邻部件示意如图 1-4-1 所示。围裙板一般用 1 ~ 2 mm 的不锈钢板制成，它既是装饰部件又是安全部件。为了确保自动扶梯的安全运行，围裙板与梯级的单边间隙应不大于 4 mm，两边间

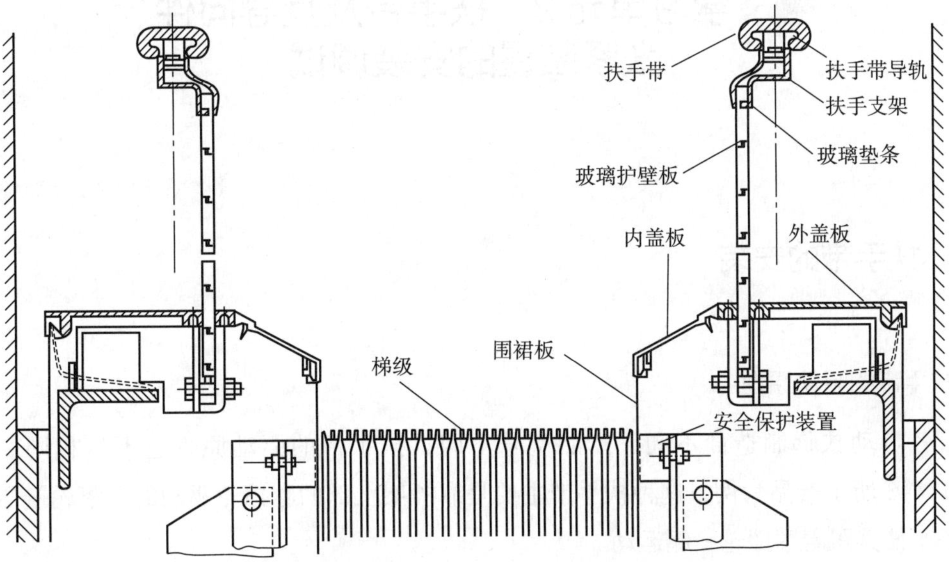

图 1-4-1 围裙板与相邻部件示意

隙之和应不大于 7 mm。围裙板表面应平滑，拼接处应严密平整，不应有凹凸不平和弯曲的现象。

二、围裙板的安装方法

各自动扶梯制造商不同、产品型号不同，其围裙板的安装方法也不尽相同。本书以某产品为例介绍其安装方法，如图 1-4-2 所示。

1. 将端部裙板立在围裙板支架上，用特种螺钉 M5 × 10 固定。

2. 根据端部裙板位置，顺次安装中间裙板。在围裙板支架上钻 ϕ4.2 mm 的孔，并攻 M5 螺纹，用沉头螺钉 M5 × 12 将中间裙板固定在围裙板支架上。

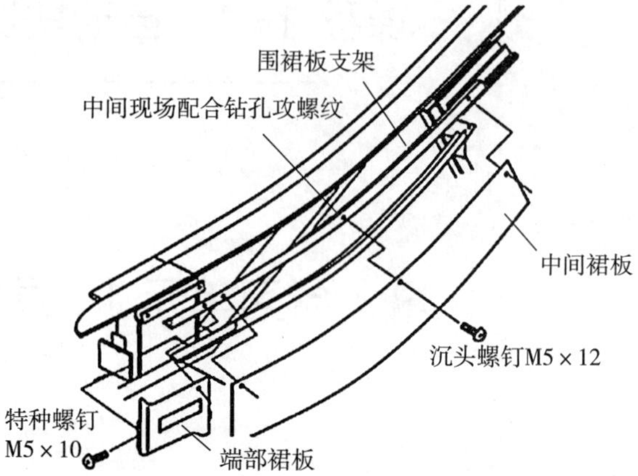

图 1-4-2 围裙板的安装方法

学习单元 2 扶手带及其导向件、张紧装置的安装调试

一、扶手带的安装

1. 扶手带的驱动原理

各自动扶梯制造商不同、产品型号不同，扶手带的驱动原理也不尽相同。以图 1-4-3 所示产品为例，这种扶手带主要是靠桁架上部的摩擦轮驱动的，滚轮链压紧扶手带使其跟着摩擦轮一起运动。

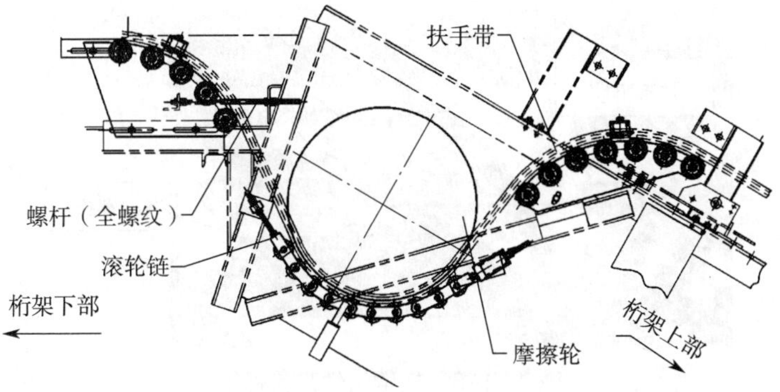

图 1-4-3　扶手带传动示意

2. 扶手带的安装要求

（1）安装扶手带前（如出厂运输过程中），不应拆卸其保护层。

（2）扶手带一般都有接头标记，安装时应使接头处呈直线状，且接头处与扶手转角栏杆的距离应在 2 m 以上，同时扶手带的弯曲半径应大于 300 mm，如图 1-4-4 所示。

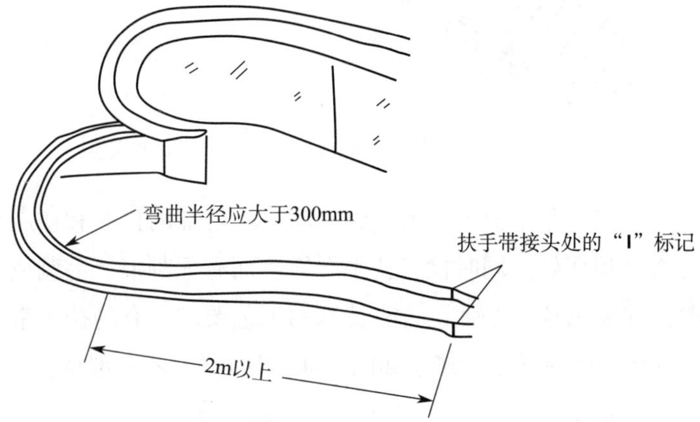

图 1-4-4　扶手带接头处标记及弯曲半径示意

（3）扶手带局部反向弯曲半径应不小于 700 mm，避免其内部金属（钢芯）弯曲而导致扶手带表面凹凸不平。

（4）安装（或拆卸）扶手带时，不应损坏扶手带或刮伤扶手导轨。

3. 扶手带的安装方法

（1）通过调整图 1-4-5 所示的螺栓使托辊组件松动，以保证有空间把扶手带放在扶手导轨上，具体操作方法在《电梯安装维修工（基础知识　初级）》中已介绍。

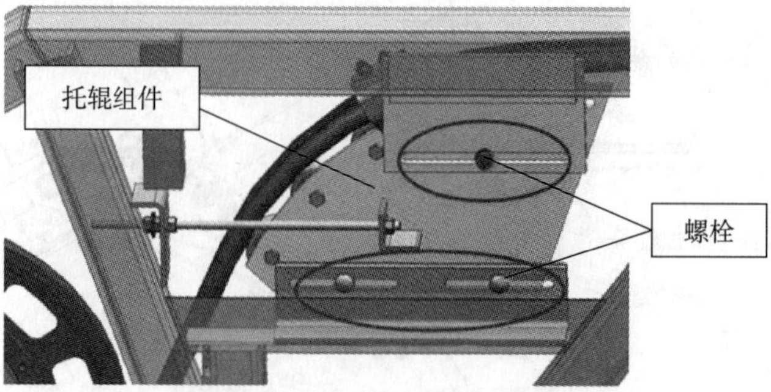

图 1-4-5　托辊组件及其螺栓

（2）拆除上弯部影响扶手带安装的围裙板支架，如图 1-4-6 所示。

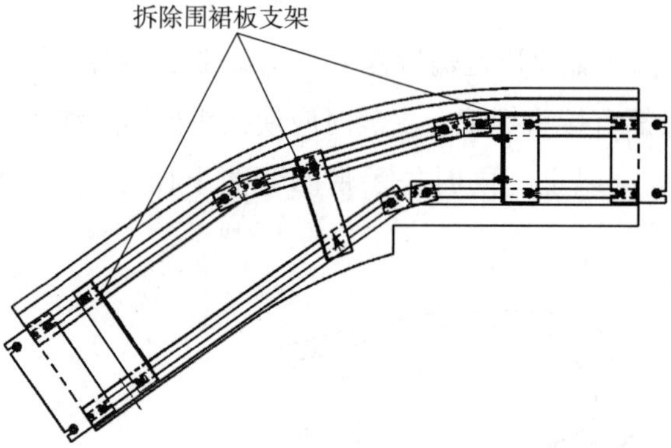

图 1-4-6　拆除上弯部影响扶手带安装的围裙板支架

（3）将扶手带从包装箱中取出，展开到自动扶梯内部的梯级和楼层板上，检查扶手带内外表面是否有损坏处，同时检查扶手导轨表面有无刻痕、毛刺或粗糙接缝，必要时用锉刀修整。注意确认扶手带是否有特殊的工艺要求，有的扶手带需要在扶手导轨导夹和扶手带耳部内侧涂适量石蜡，如图 1-4-7 所示的 ×× 部位。

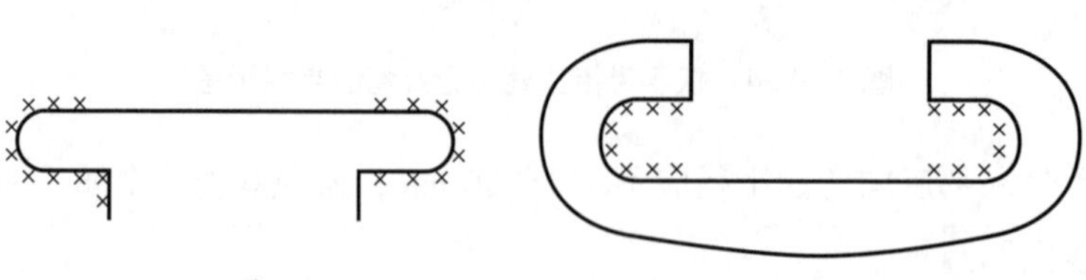
a）　　b）

图 1-4-7　扶手导轨导夹和扶手带耳部内侧需要涂石蜡的部位
a）扶手导轨导夹　b）扶手带耳部内侧

（4）将一段扶手带放在回路的托辊组件上，必要时应拆除托辊组件上的导向件。将扶手带套在摩擦轮上，此时托辊组件应调至最松位置，将剩余的扶手带放在梯级上，如图 1-4-8 所示。

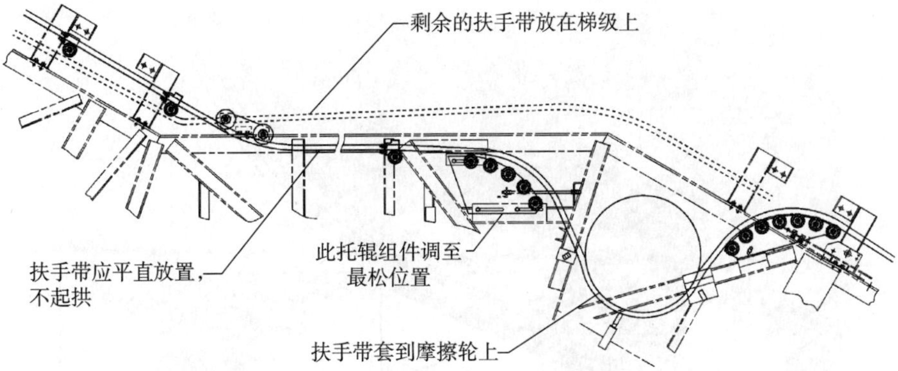

图 1-4-8　扶手带的初步安装

（5）把剩余的扶手带依次放到扶手导轨和扶手转角栏杆上，用专用扳手将扶手带逐段套到扶手导轨上，如图 1-4-9 所示，或手动将扶手带向下转动装入扶手导轨导槽。

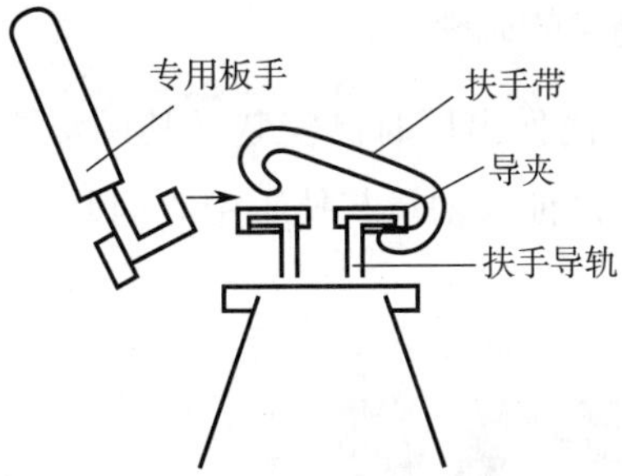

图 1-4-9　用专用扳手将扶手带逐段套到扶手导轨上

（6）待整根扶手带装好后，将托辊组件张紧。

二、扶手带导向件的调整

自动扶梯型号不同，其扶手带导向件的安装位置不尽相同，下面以某种型号产品为例进行介绍。

1. 转角栏杆回路侧尼龙导向件的调整

这种导向件一般出厂时已安装，只需调整即可。如图 1-4-10 所示，要求扶手带与转角栏杆回路侧尼龙导向件上下表面均有适当间隙，即 $d_1>0$，$d_2>0$。同时，尼龙导向件应基本位于扶手带中心线的位置。

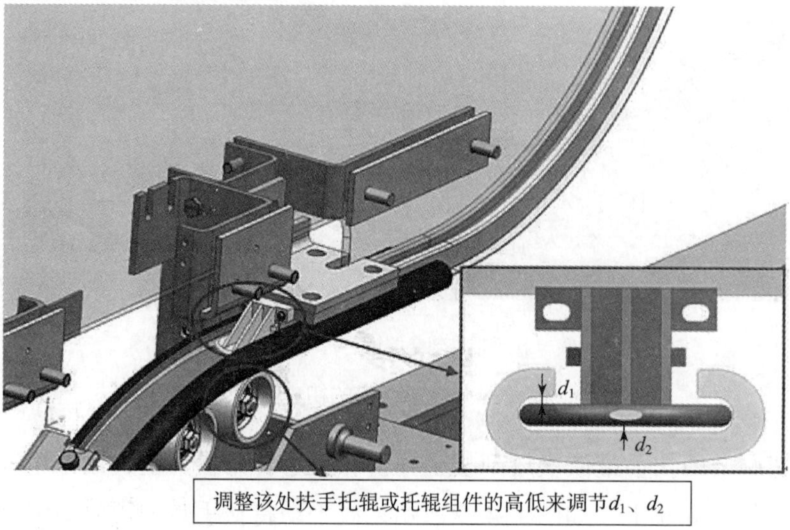

图 1–4–10　转角栏杆回路侧尼龙导向件的调整方法

2. 托辊组件上方双轴承导向件的调整

托辊组件上方双轴承导向件出厂时已安装，其调整要求如图 1–4–11 所示，通过调整轴承在支架上的位置，保证双轴承与扶手带表面基本齐平，且双轴承侧面轻轻靠住扶手带唇口两侧。

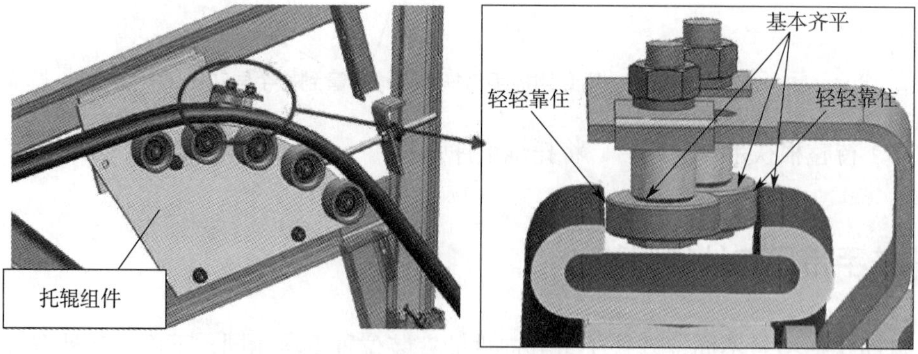

图 1–4–11　托辊组件上方双轴承导向件的调整要求

上述内容仅为初步调整，在自动扶梯试运行时，还需结合扶手带的实际运行情况对双轴承导向件做进一步调整，以达到使扶手带运行良好的目的。

三、扶手带张紧装置的调整

1. 扶手链张紧程度的调整

在张紧扶手带前，先确认扶手链的张紧程度。要求在扶手驱动链跨距的中央位置施加一定的力，使链条位移符合工艺要求（产品型号不同，要求施加的力和相应的位移均不同）。如果发现扶手链张紧力不符合要求，应参照工艺文件调整扶手链张紧力。

2. 扶手带张紧力的调整

以图1-4-12所示产品为例，通过旋紧托辊组件上的拉杆螺母，使该托辊组件向桁架头部移动，从而张紧扶手带。当感觉移动托辊组件遇到阻力时，就表示扶手带张紧力基本合适，可初步旋紧拉杆螺母，并旋紧固定托辊组件的3个螺栓。

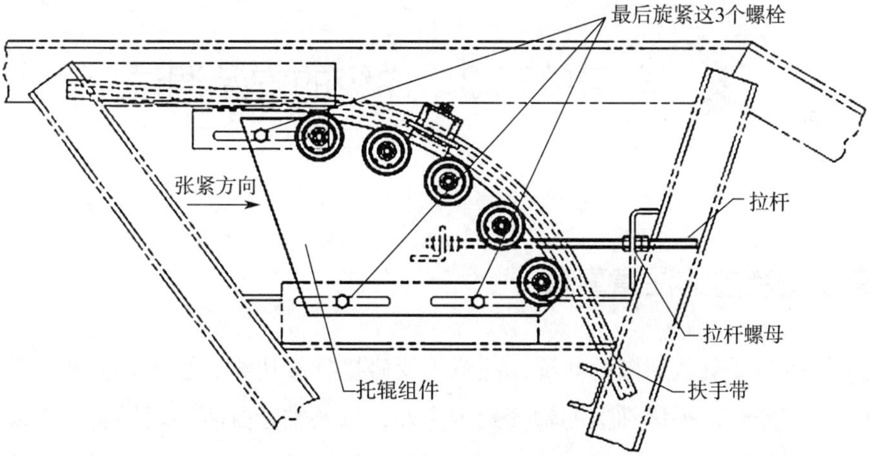

图1-4-12　扶手带张紧力调整示意

该扶手带张紧力合适的标准具体如下：自动扶梯上行一周后停止，测量其中部直线段全部间隔为1.2 m的相邻托辊间扶手带的自然下垂距离。可以在两头拉尼龙绳或者钢丝绳作为测量基准，下垂距离宜为8～12 mm，如图1-4-13所示。

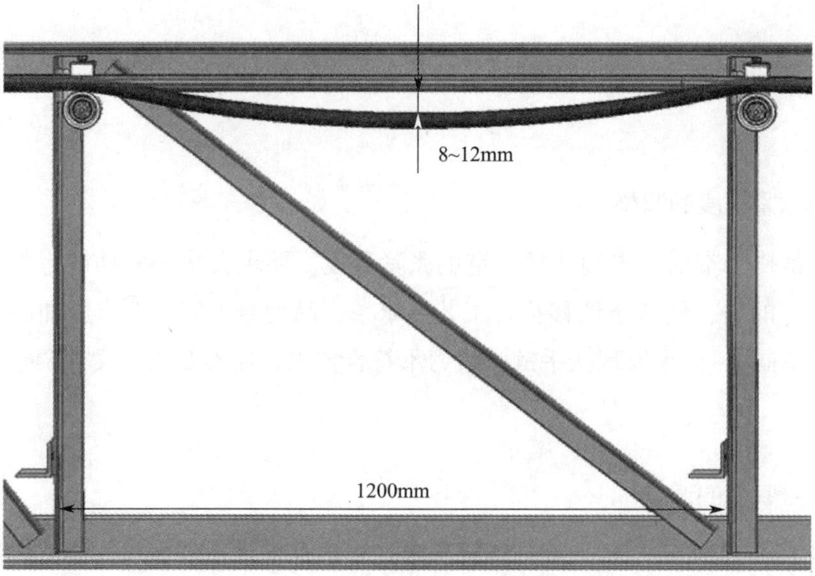

图 1-4-13　扶手带张紧标准（某型号产品）

学习单元 3　梯级的安装调试

一、梯级安装前的注意事项

搬运梯级时要确认周围的状况，注意不要碰撞梯级边缘，也不要使梯级翻倒。安装梯级前，应先确认梯级轴上的轴套是否完好，以及轴套是否贴紧轴肩。如果发现轴套已损坏，应及时更换。

二、梯级的安装流程

梯级的安装应在自动扶梯的倾斜部位（直线段）进行，具体流程如下。

1. 把梯级搬至合适位置，把梯级卡环放在轴套上，使梯级卡环对准轴套，用力向上推梯级使梯级卡环合拢。安装前后的梯级轴部位如图 1-4-14 所示，总体动作过程如图 1-4-15 所示。

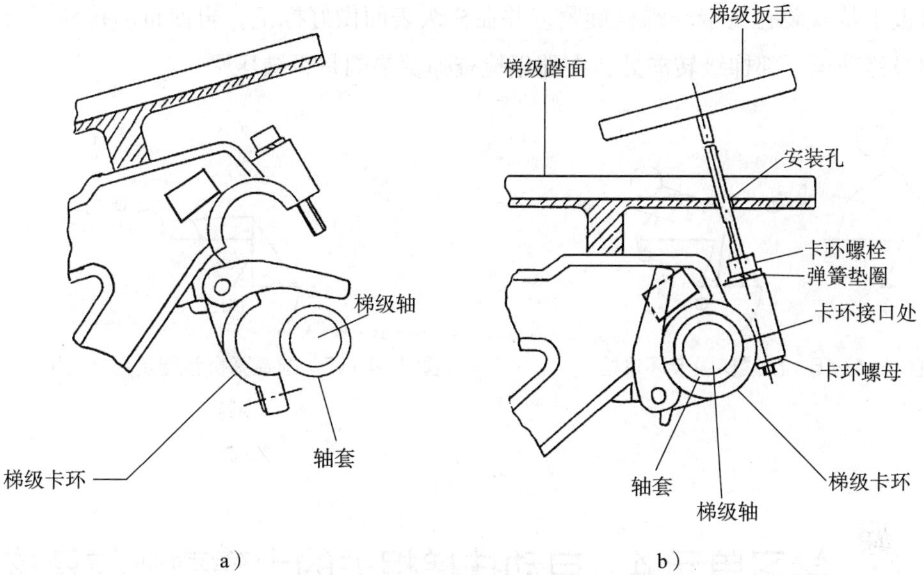

图 1-4-14　安装前后的梯级轴部位

a）安装前　b）安装后

如果梯级卡环无法合拢，则需要拿开梯级，检查轴套与轴肩的贴紧情况，调整后重新安装。注意：不要强行推或踩梯级踏面，以免损坏部件；梯级卡环必须安装在带轴套的梯级轴上。

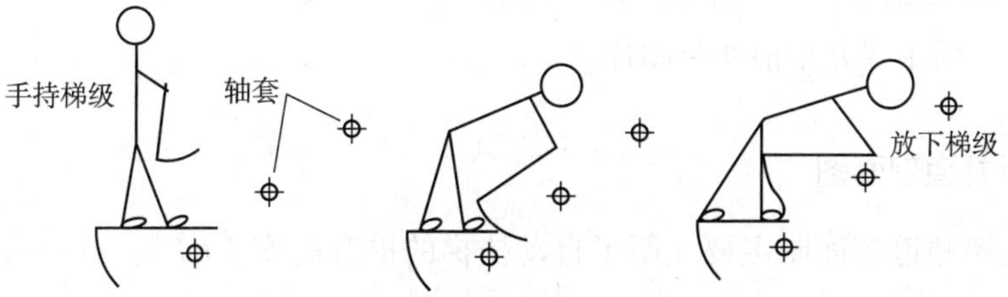

图 1-4-15　使梯级卡环合拢的动作过程示意

2. 如果梯级之间左右方向有偏差，可以将一侧轴套与轴肩之间的尼龙调整垫圈拆除，将其插到另一侧进行调整。

3. 紧固梯级，具体要求是卡环螺栓的弹簧垫圈应被压平。动作过程如图 1-4-16 所示，将梯级扳手伸入梯级踏面的安装孔中，用手托住卡环螺母后用梯级扳手旋紧卡环螺栓。注意，左右两侧均需旋紧。旋紧卡环螺栓后，需要在下一个梯级的位置检查弹簧垫圈是否被压平，如图 1-4-17 所示。

4. 在安装最后一个梯级时，在尚未将梯级卡环扣上轴套之前，应先将梯级防跳轨的可开合段复位。对于最后一个梯级，由于无法采用这种方法进行检查，因此要先用梯级扳手从安装孔将卡环螺栓旋紧，并在梯级表面做好标记，再使自动扶梯下行，将该梯级移动至下部梯级转向处，在那里检查弹簧垫圈是否被压平。

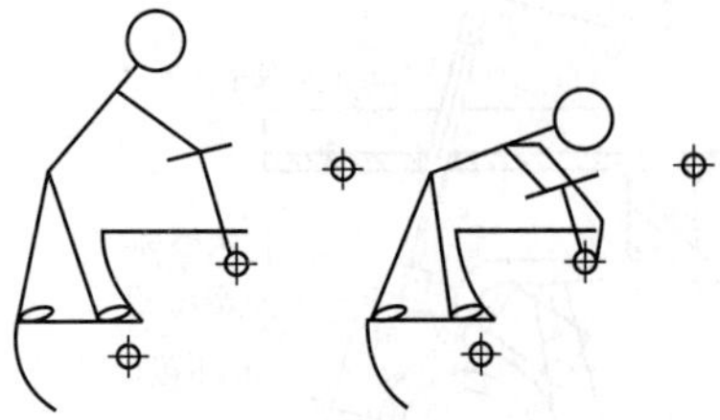

图 1-4-16　旋紧梯级卡环螺栓

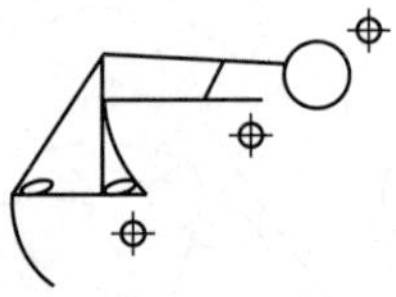

图 1-4-17　检查弹簧垫圈是否被压平的位置

学习单元 4　自动扶梯相关的土建勘测与复核

一、自动扶梯土建图的识读

自动扶梯土建图主要有自动扶梯井道剖面图、自动扶梯预留孔图、自动扶梯装饰设计图等，下面主要介绍前两类图样。

1. 自动扶梯井道剖面图

自动扶梯井道剖面图主要注明了自动扶梯的提升高度（*HE*）、自动扶梯各部件之间的水平跨度（如 *TG*、*TJ*、*TK* 等）、支撑梁间距（$TG+100^{+30}_{-10}$ mm，也可用 *L* 表示）、底坑深度、底面标高、水平中心等，可参考图 1-4-18。

2. 自动扶梯预留孔图

自动扶梯预留孔图主要注明了自动扶梯在井道的布置位置、预留孔的长度和宽度、吊钩位置及吊钩的载荷要求等，可参考图 1-4-19 和图 1-4-20。

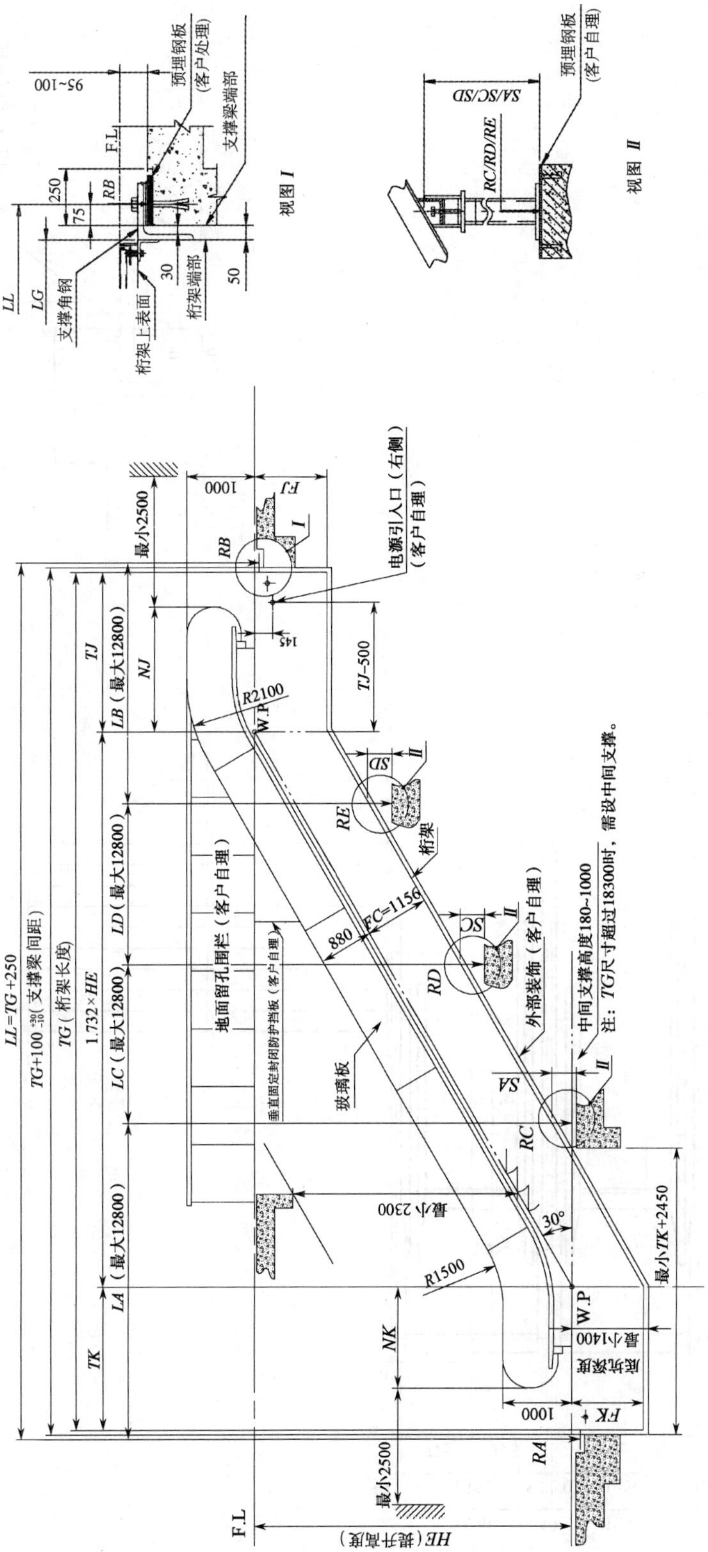

图 1-4-18　自动扶梯井道剖面图（仅供参考）

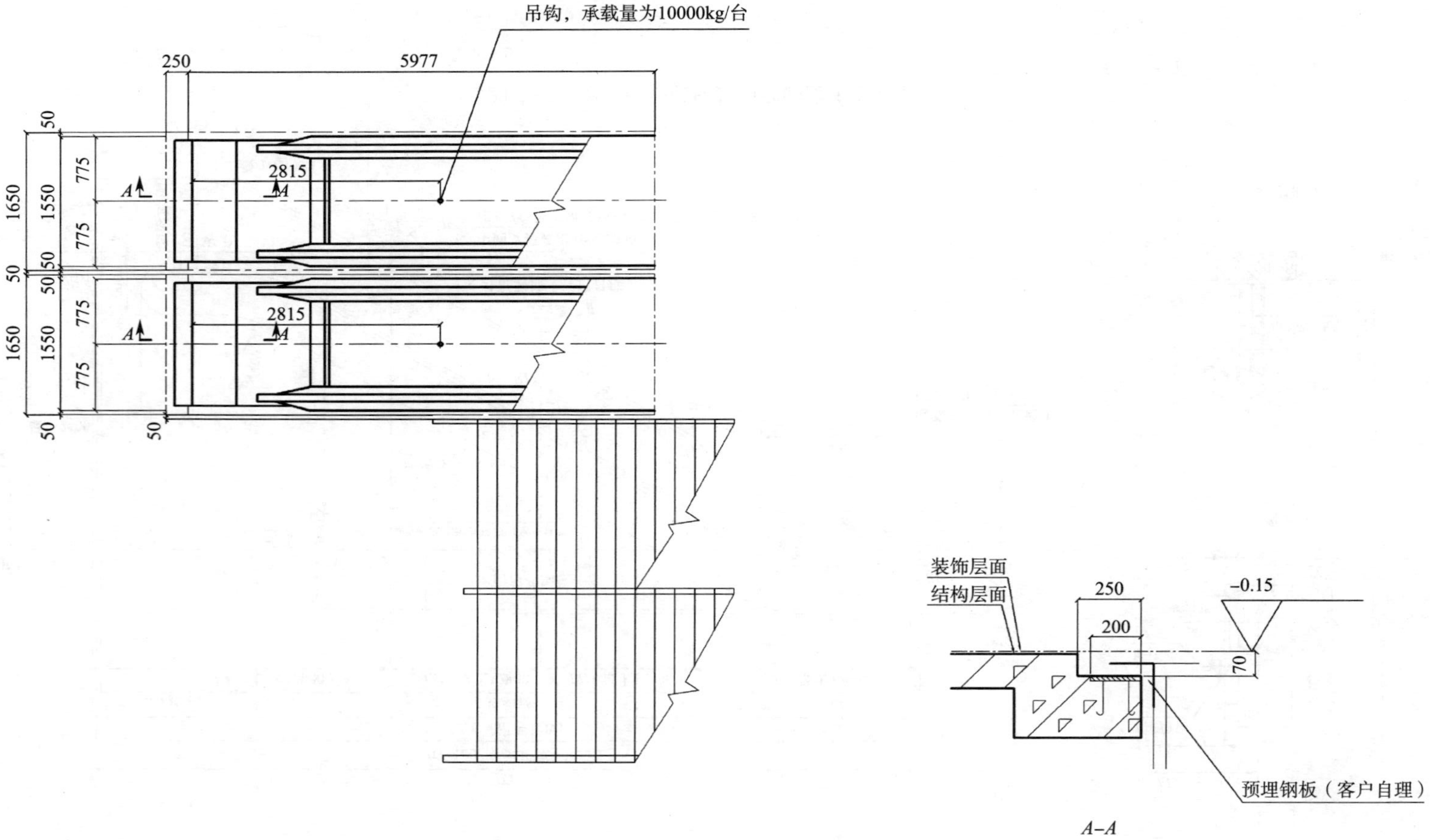

图 1-4-19　自动扶梯下部井道预留孔图（仅供参考）

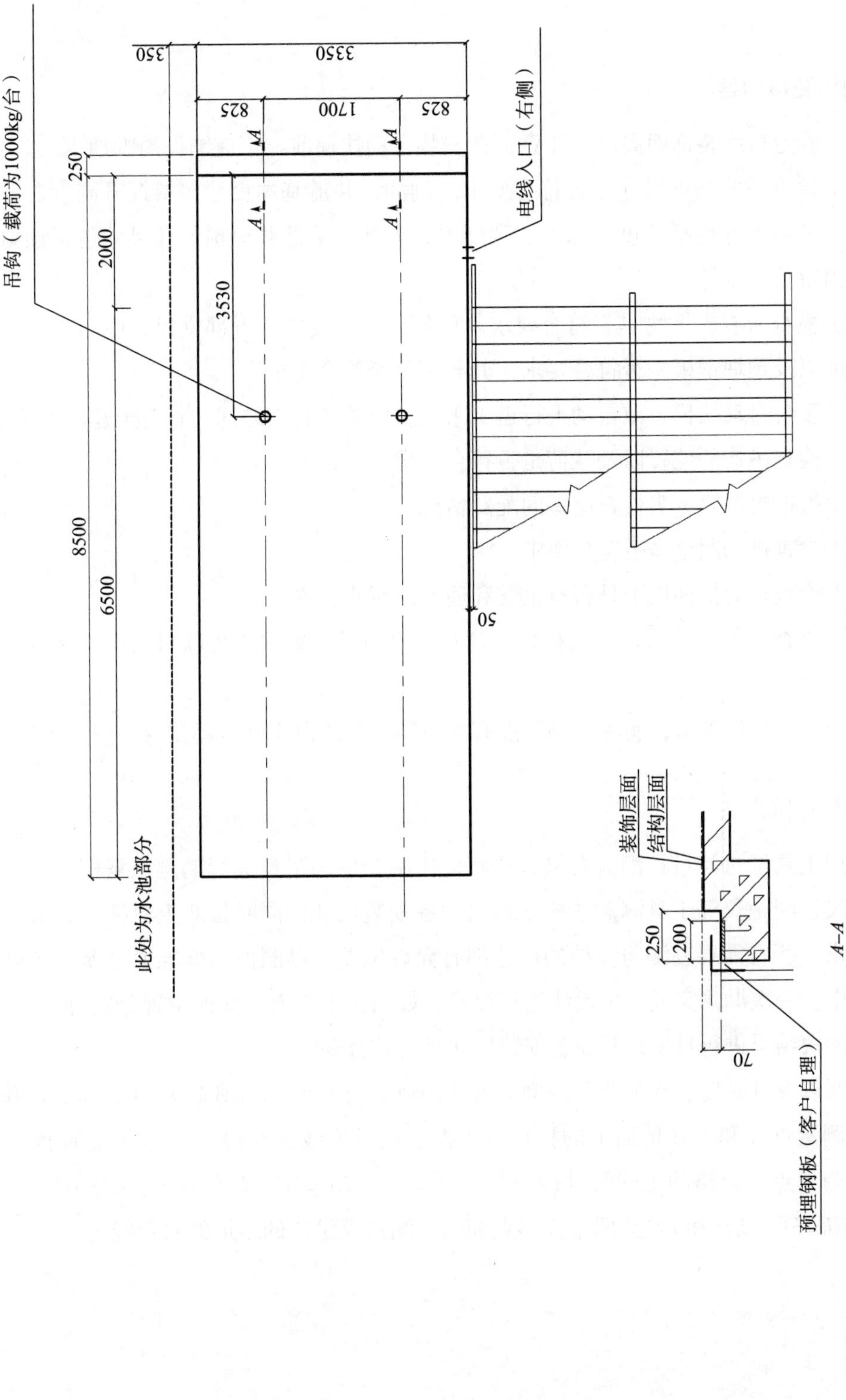

图 1-4-20　自动扶梯上部井道预留孔图（仅供参考）

二、自动扶梯土建尺寸的勘测与复核

1. 勘测与复核内容

（1）确定最终装饰面高度。注意，在安装自动扶梯前，不应铺设周围地面。

（2）检查一些基本尺寸是否符合要求。例如，井道基本尺寸包括提升高度、跨度等，底坑基本尺寸包括长度、深度、宽度等，上部、下部井道预留孔尺寸包括预留孔长度、预留孔宽度等。

（3）检查所有支撑物是否符合要求。例如，上部支撑、下部支撑、中间支撑的尺寸、跨度以及预埋钢板是否符合要求，其载荷是否符合要求。

对于多台自动扶梯（或自动人行道）来说，应关注它们之间的相对土建位置关系。

（4）检查吊钩的位置以及载荷是否符合要求。

（5）根据电源容量表检查电源的配置情况。

（6）检查进场通道是否符合要求。

（7）检查自动扶梯周围是否有足够和适当的照明装置。

（8）检查其他尺寸以及自动扶梯与建筑物接口处、客户自理项目、环境条件等是否符合要求。

以上内容仅供参考，实际现场可能有所不同，具体以实际自动扶梯土建图为准。

2. 勘测与复核方法

所用工具经过计量检测应合格，严禁使用不合格的工具进行勘测与复核。可用线锤、卷尺、测距仪等工具测量图样中标出的各安装尺寸，同时目测土建情况是否符合相关要求。所有需要勘测与复核的尺寸都有允许偏差，勘测值与标准值之差不允许超出其范围。一次勘测完成，可设法进行核验，如两位工作人员交换位置分别再测一次，通过将两次结果进行对比来判断各安装尺寸是否符合要求。

下面以提升高度、水平跨距的勘测方法为例进行介绍。如图 1-4-21 所示，*C* 和 *D* 分别为测量点 *A* 和 *B* 在地面上的投影点（投影点可用线锤获得），*E* 和 *F* 为地面上另外两个测量点。合格的土建尺寸应满足以下要求：*BD*=*AC*= 提升高度，*CE*=*DF*= 水平跨度，*ED*=*FC*（*ED* 和 *FC* 为两个投影点和两个测量点组成的矩形的对角线）。

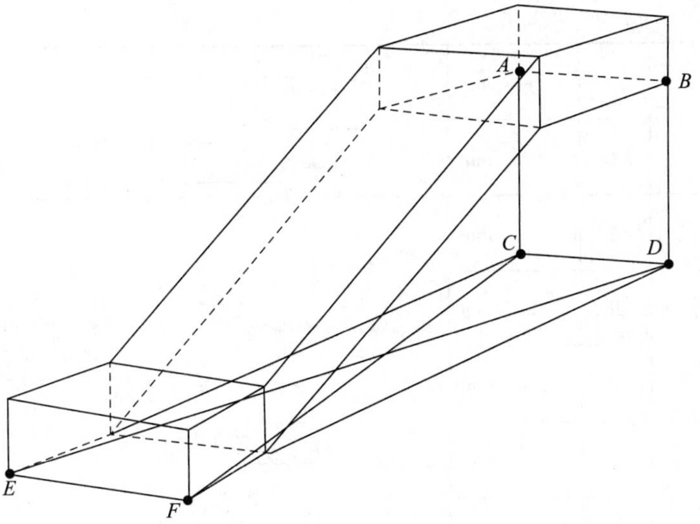

图 1-4-21　提升高度、水平跨距测量方法示意

3. 勘测与复核记录

勘测与复核时，要在“自动扶梯和自动人行道现场勘查记录”（见表 1-4-1，供参考）上做好记录。

表 1-4-1　自动扶梯和自动人行道勘查记录

工程名称		产品合同	
工程地址		安装合同	
联 系 人		型号规格	
联系电话		提升高度	
邮　　编			

勘查内容：

是否有吊钩		
提升高度	HE	mm
支撑梁间距	L	mm
中间支撑 1 高度	H_1	mm
中间支撑 1 跨度	L_1	mm
中间支撑 2 高度	H_2	mm
中间支撑 2 跨度	L_1	mm

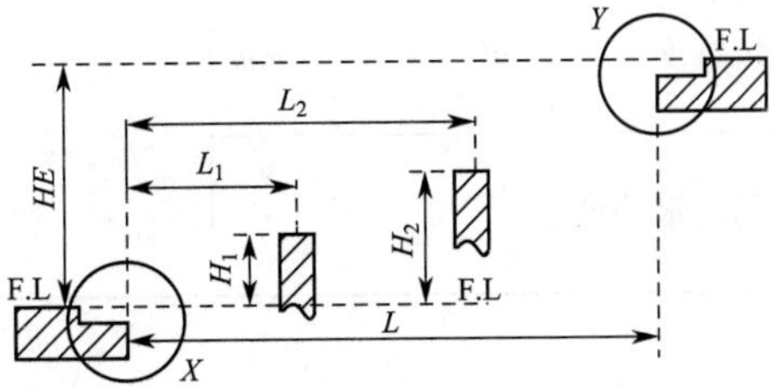

续表

对角线 1	DG_1	mm	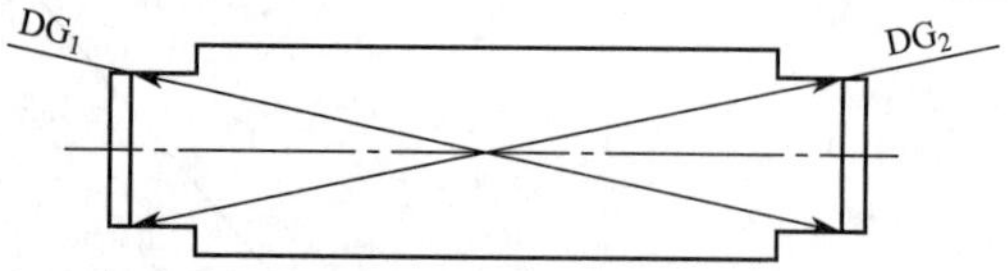
对角线 2	DG_2	mm	
下部支撑尺寸	A	mm	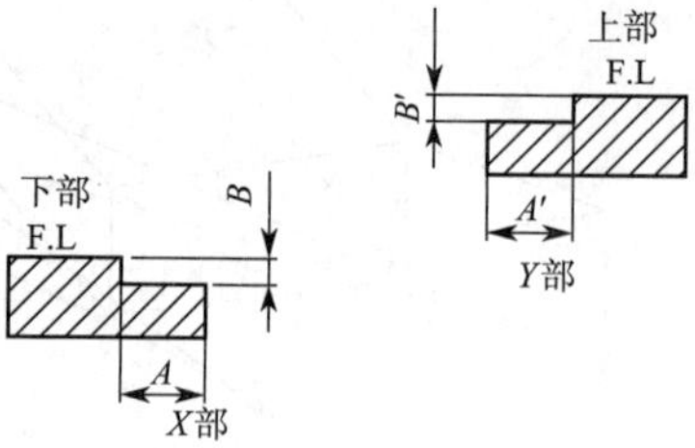
	B	mm	
	C	mm	
上部支撑尺寸	A'	mm	
	B'	mm	
	C'	mm	
中间支撑 1 尺寸	E_1	mm	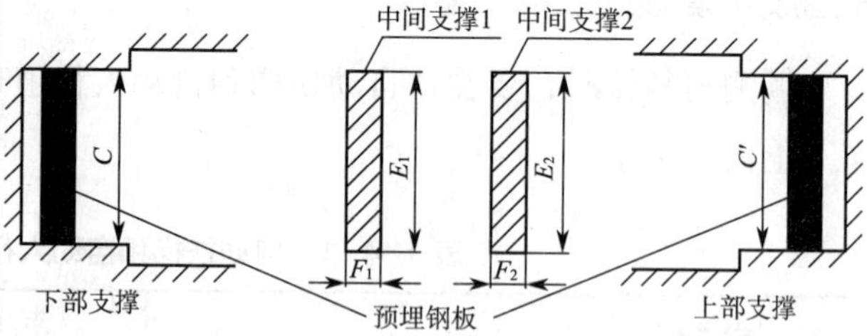
	F_1	mm	
中间支撑 2 尺寸	E_2	mm	
	F_2	mm	
是否有预埋钢板			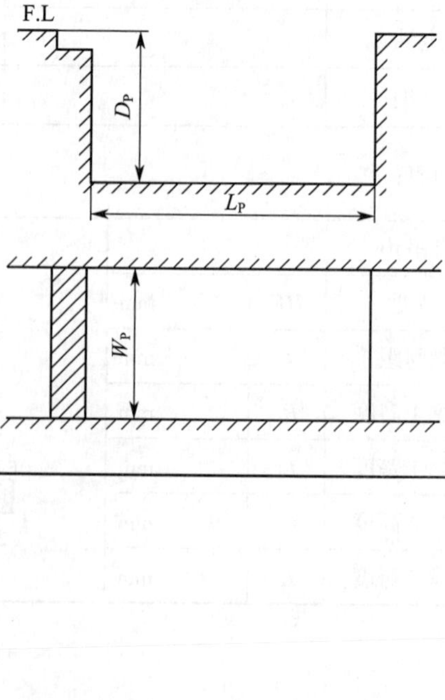
底坑深度	D_P	mm	
底坑长度	L_P	mm	
底坑宽度	W_P	mm	
是否进行防水处理			

模块2

诊断修理

- 课程 2–1　机房设备诊断修理
- 课程 2–2　井道设备
- 课程 2–3　轿厢对重设备诊断修理
- 课程 2–4　自动扶梯设备诊断修理

课程 2-1　机房设备诊断修理

学习单元 1　电气安全回路故障的排除

一、电气安全回路图的识读

1. 电气安全回路的定义

《电梯制造与安装安全规范》（GB 7588—2003）中定义的电气安全回路是指串联所有电气安全装置的回路。电梯电气安全装置的检查项目见表 2-1-1。

表 2-1-1　电梯电气安全装置的检查项目

序号	检查项目
1	检查检修门、井道安全门及检修活板门的关闭位置
2	检查底坑停止装置
3	检查滑轮间停止装置
4	检查层门的锁紧状况
5	检查层门的闭合位置
6	检查无锁门扇的闭合位置
7	检查轿门的闭合位置
8	检查轿厢安全窗和轿厢安全门的锁紧状况
9	检查轿顶停止装置
10	检查钢丝绳或链条的非正常相对伸长（使用两根钢丝绳或链条时）
11	检查补偿绳的张紧状况
12	检查补偿绳防跳装置

续表

序号	检查项目
13	检查安全钳的动作
14	检查限速器的超速开关
15	检查限速器的复位
16	检查限速器绳的张紧状况
17	检查轿厢上行超速保护装置
18	检查缓冲器的复位
19	检查轿厢位置传递装置（极限开关）的张紧状况
20	检查曳引驱动电梯的极限开关
21	检查轿门的锁紧状况
22	检查可拆卸盘车手轮的位置
23	检查轿厢位置传递装置（减速检查装置）的张紧状况
24	检查减行程缓冲器的减速状况
25	检查强制驱动电梯钢丝绳或链条的松弛状况
26	检查采用电流型断路器接触器的主开关的控制状况
27	检查平层和再平层
28	检查轿厢位置传递装置（平层和再平层控制开关）的张紧状况
29	检修运行停止装置
30	检查对接操作的行程限位装置
31	检查对接操作停止装置

2. 电气安全回路的组成

如图 2-1-1 所示，电气安全回路由电源、保护装置、安全开关、安全回路信号采集点等组成。

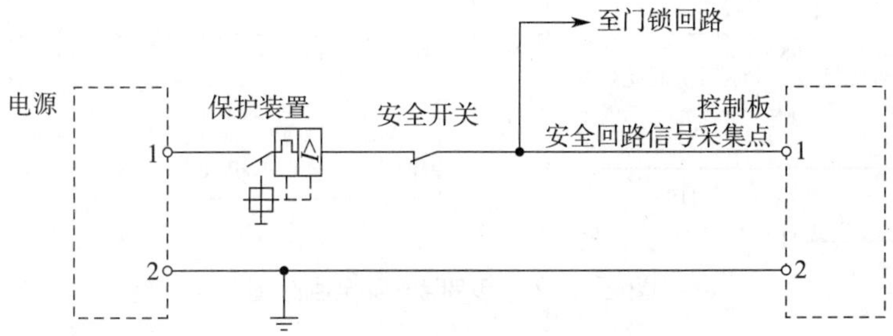

图 2-1-1　电气安全回路的组成

（1）电源。电气安全回路电源的类型较多，既可能是交流电源，也可能是直流电源，比较常见有 AC 110 V 交流电源、AC 220 V 交流电源、DC 24 V 直流电源等。

（2）保护装置。当电路中出现短路、接地等危险情况后，保护装置应自动切断电路，保护人身和设备的安全。常见的保护装置是断路器等。

（3）安全开关。安全开关按位置可分为机房安全开关、井道安全开关和轿厢安全开关。表 2–1–1 所涉及的电梯电气安全装置都应设置安全开关，以检测电气安全装置的状态。

（4）安全回路信号采集点。电梯控制系统可以通过安全回路信号采集点来检测电气安全回路的状态，因此安全回路信号采集点又称安全回路检测点。安全回路信号采集点可以直接检测电气安全回路的电压，也可以检测电气安全回路接触器触点的反馈状态，或者对两者同时检测。一般都会在控制板上设置对应的状态指示灯，并设置对应的故障码，对故障进行提示，方便维修人员检修。当安全回路信号采集点检测到电气安全装置异常时，电气安全回路将切断电梯驱动主机和制动器的供电，防止电梯驱动主机启动或使电梯停止运行，保护人身和设备安全。

3. 电气安全回路图分析

下面以某型号电梯为例，其电梯电气安全回路图如图 2–1–2 所示，电梯电源回路图如图 2–1–3 所示，电梯元器件代码表见表 2–1–2。

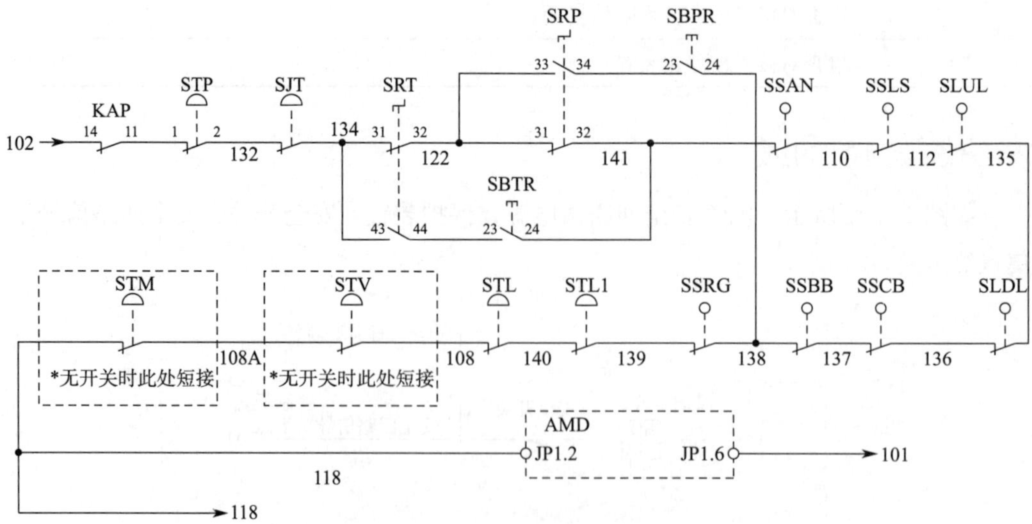

图 2–1–2 电梯电气安全回路图

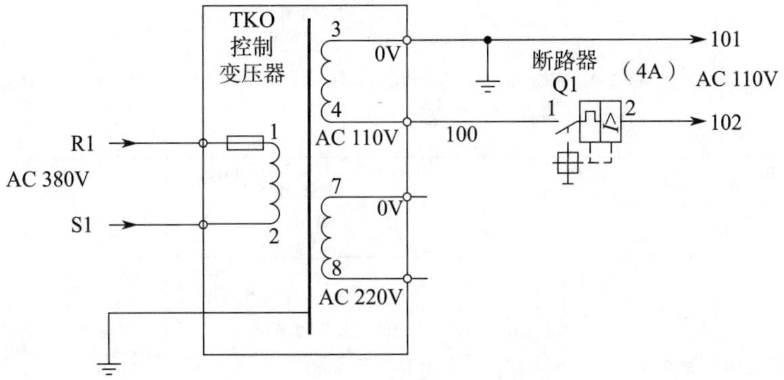

图 2-1-3　电梯电源回路图

表 2-1-2　电梯元器件代码表

代号	名称	安装位置
Q1	断路器	控制柜
KAP	相序继电器	控制柜
STP	控制柜急停开关	控制柜
SJT	轿顶急停开关	轿顶
STM	主机侧急停开关	机房
STV	盘车手轮开关	机房
STL	底坑急停开关	底坑
STL1	底坑入口急停开关	底坑
SRP	控制柜紧急运行开关	控制柜
SRT	轿顶检修开关	轿顶
SBPR	控制柜中性按钮	控制柜
SBTR	轿顶检修中性按钮	轿顶
SSAN	安全钳开关	轿顶 / 轿底
SSLS	限速器开关	机房
SLUL	上极限开关	井道
SLDL	下极限开关	井道
SSCB	轿厢缓冲器开关	底坑
SSBB	对重缓冲器开关	底坑
SSRG	限速器张紧轮开关	底坑

分析前需要把相关图样汇总、标注，形成完整的电梯电气安全回路图，如图 2-1-4 所示。从该图样中可以分析出以下几点。

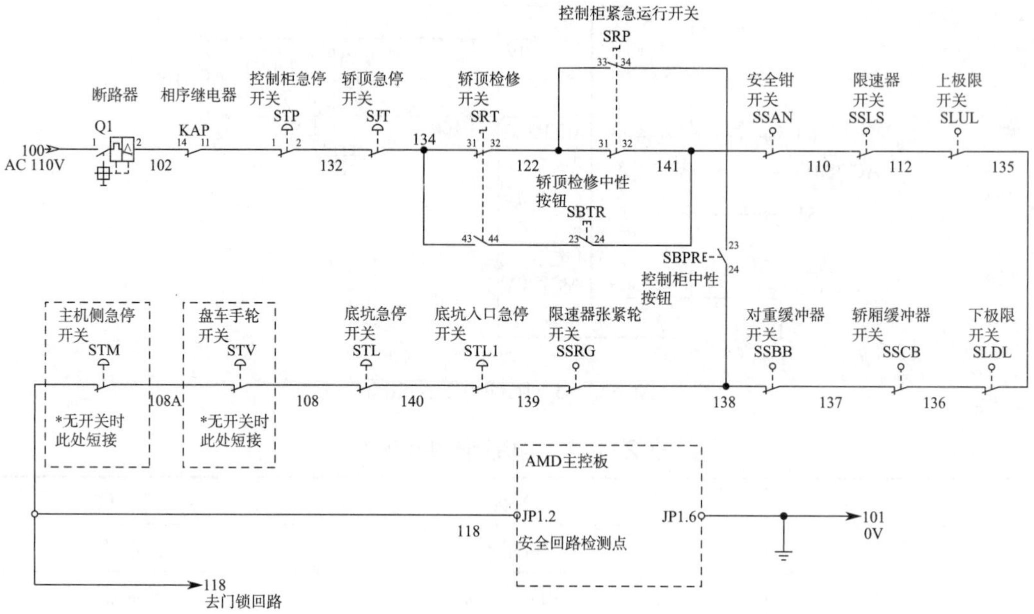

图 2-1-4 完整的电梯电气安全回路图

（1）电源电压。电气安全回路的电源电压为 AC 110 V，该电压值是电压法排除故障的基准。

（2）电流方向。电气安全回路内的电流方向为 100→102→132→134→122→141→110→112→135→136→137→138→139→140→108→108A→118→主控板→101。

（3）分支线路分析。在 118 处有一个分支线路，连接主控板的 JP1.2 安全回路检测点，AMD 主控板通过监测该点的电压可以判断电气安全回路的状态。当 AMD 主控板监测到该点电压为 AC 110 V 时，会判断此时电气安全回路导通，各电气安全装置正常。当 AMD 主控板监测到该点无电压或电压过低时，会判断此时电气安全回路异常，于是立刻切断电梯驱动主机和制动器的供电，并报出对应的故障。

在 134 到 138 之间有两个并联在电气安全回路上的分支线路，这两个分支线路使电气安全回路看起来很复杂。进一步分析图样，在轿顶检修开关和控制柜紧急运行开关不动作的情况下，这两个分支线路处于断开状态，可以忽略。当轿顶检修开关不动作，而控制柜紧急运行开关和控制柜中性按钮动作时，安全钳开关、限速器开关、上极限开关、下极限开关、轿厢缓冲器开关、对重缓冲器开关都被短接掉了。当轿顶检修开关、轿顶检修中性按钮动作时，控制柜紧急运行开关和控制柜中性按钮不再短接安全钳开关、限速器开关、上极限开关、下极限开关、轿厢缓冲器开关、对重缓冲器开关。

（4）安全接地。电气安全回路电源的 101 端设有接地线。当 102 到 118 之间的任意点出现接地情况后，电流从 102 经过接地线直接回到 101 端，相当于短路，这时会产生极大的电流，此时断路器 Q1 将会检测到过电流而主动跳闸保护线路。

如果 101 端不设置接地线，当 102 到 118 之间出现接地情况时，电气安全回路电流不会产生变化，断路器 Q1 无反应。如果在 102 和 108 之间发生多点接地，接地点之间的安全开关将会被短接，而当电气安全回路的保护装置真正检测到危险，需要断开电气安全回路时，电气安全回路却不会断开，也就相当于安全开关失效，可能会造成严重的事故。

4. 安全开关串接顺序错误的危害

如图 2–1–4 所示，在电气安全回路中，各个安全开关是串接在一起的，这在实际安装维修过程中容易出现串接顺序错误的情况。理论上安全开关调换位置不影响电气安全回路效果，但实际上危害很大。主要危害有以下两点。

（1）误导维修人员，导致维修人员判断错误，不但耽误时间还有可能造成维修人员意外触电。

（2）导致紧急电动运行功能失效，或者一些不允许短接的开关被错误地短接。电梯紧急电动运行时不应短接限速器张紧轮开关，如果把限速器张紧轮开关与缓冲器开关调换位置，将会导致电梯紧急电动运行时，限速器张紧轮开关被短接，而应被短接的缓冲器开关却没有被短接，那么缓冲器开关动作后，紧急电动运行将失效。

二、电气安全回路故障的诊断

电气安全回路故障预防的意义远远大于出现故障以后的修理，因此在日常的维护保养中应做好故障预防。如果出现电气安全回路故障应仔细诊断，除了要找到直接的故障点以外，还要分析是内因导致的还是外因导致的，然后制订有针对性的修理方案。维修人员在平时工作中应不断提高自己的理论知识水平，总结经验，注重分析故障产生的深层原因。

1. 常用的电气安全回路故障诊断方法

（1）观察法。在进行电气安全回路故障诊断时，可以先采用观察法来缩小故障范围。观察法类似中医的望闻问切，要先通过感官直接获取信息，然后结合基本知识和经验诊断故障。观察法的内容包括以下几点。

1）询问相关人员一些关联问题，如故障现象是什么，故障出现的频率怎么样，动了哪些设备以后出现的故障，等等。

2）观察故障现象，如是否出现烟雾，外观颜色是否发生变化，故障指示灯是否正常，操作器监视状态是否正常，等等。

3）听声音，如是否有异响、噪声、报警声等。

4）闻味道，如是否有烧焦的味道。

5）用手触摸，感觉设备的振动、表面温度等情况。

例如，电气安全回路出现断开故障时，可以先询问相关人员在什么情况下出现的故障，动过哪些设备。如果是因为刚刚更换了电源线，那么电源线顺序错误的可能性非常大，这时再观察相序继电器的故障指示灯，基本就可以确定是否为电源线顺序错误。

（2）短接法。如果怀疑串联安全开关的线路中某两个点之间存在断路的情况，可以采用短接法进行判断。具体做法是在通电的情况下，用一根短接线短接这两个点，查看电气安全回路是否导通，如果导通，则表示这两点之间的线路、触点或开关出现了断路的情况。短接法在诊断断路故障时非常简单有效，但是容易出现遗忘短接线的情况，很有可能会造成严重的安全事故，因此操作时需要特别谨慎。

（3）电压法。电压法是指在通电情况下，用万用表的电压挡测量电气安全回路两点之间的电压，根据压降值判断线路情况的方法。把电压法的测量结果与图样上的设计值进行比较，如果测量结果与设计值不符，且超过线路正常的压降，则可判断两点之间的线路存在故障。维修人员使用电压法诊断电气安全回路故障时，需要带电测量，因此必须特别注意安全，防止触电，同时也要注意测量时选用的万用表挡位。

（4）电阻法。电阻法是指在断电且断开电气安全回路保护开关的情况下，用万用表的电阻挡测量电气安全回路任意两点之间的阻值，根据阻值判断线路情况的方法。如果测量出的阻值非常小，就表示两点之间是导通的；如果测量出的阻值无穷大，则可判断两点之间的线路断开了。也可以通过测量任意一点与接地线之间的阻值来判断是否存在接地的情况。测量电阻时，一定要切断电源并断开保护开关。测量接地情况时，还需要把电气安全回路中的保护接地点断开。

2. 电气安全回路故障诊断实例

（1）电压法诊断电气安全回路故障实例。如图 2–1–5 所示，将万用表的黑色表笔固定在 101 测量点，用红色表笔逐一测量图中三角形标出的 6 个测量点，查看各测量点的电压与标称电压 AC 110 V 是否一致。例如，如果 1 号测量点测出 AC 110 V 电压而 2 号测量点没有电压，那么就可以判断这两个测量点之间断路，从图中可看到这两点之间的线路、触点或开关都在控制柜内，只要在控制柜内进一步排查就可以查出故障。

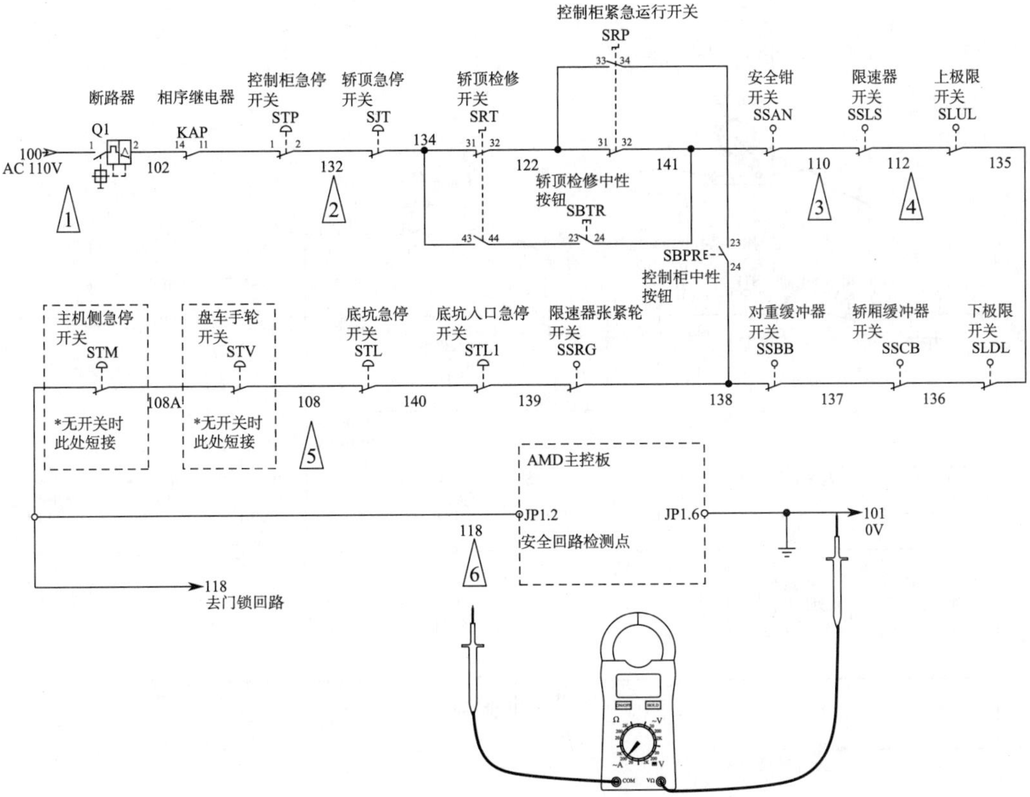

图 2-1-5　电压法诊断电气安全回路故障

（2）电阻法诊断电气安全回路故障实例。如图 2-1-6 所示，断开断路器 Q1，在确认无电的情况下，将一个表笔固定在 102 测量点，用另一个表笔逐一测量图中三角形标出的 5 个测量点，查看该点与 102 之间的阻值。如果 3 号测量点与 102 之间的阻值接近 0，而 4 号测量点与 102 之间的阻值无穷大，则说明 3 号测量点和 4 号测量点之间的线路、触点或开关出现了断路故障，需要进一步排查。

三、电气安全回路故障的修理

1. 电源损坏故障的修理

当电气安全回路的电源损坏时，应先分析电源损坏的原因，常见的原因包括电源本身老化、水或导电尘埃进入电源内部、输入电压异常或遭雷击、输出线路或用电设备异常。

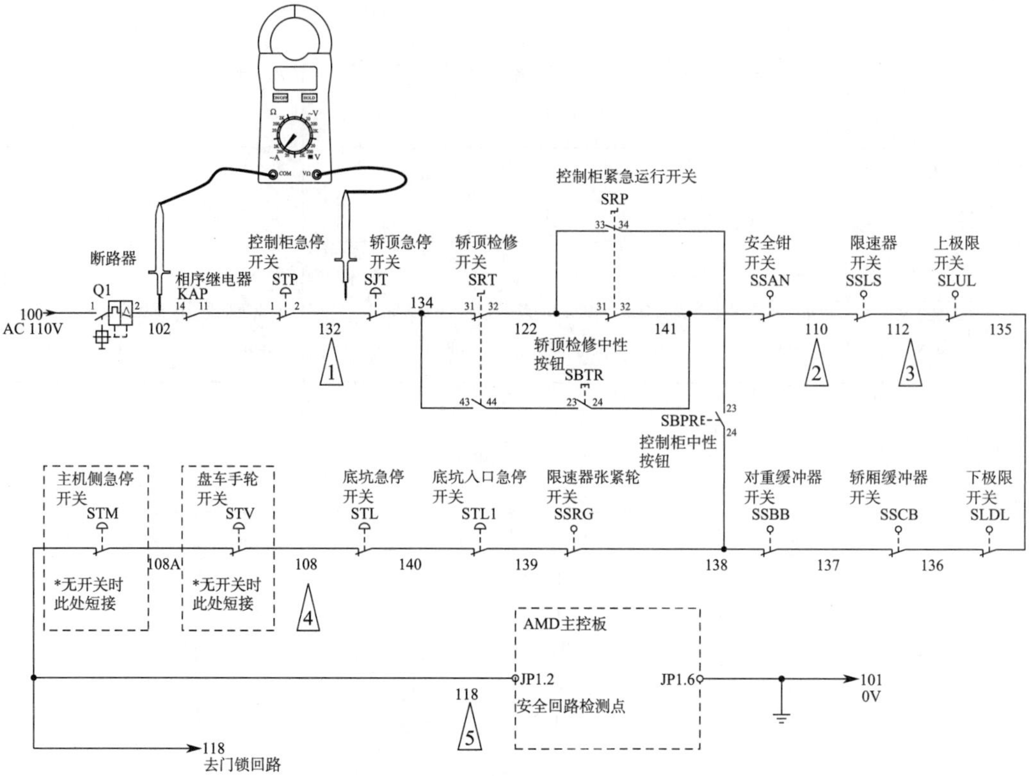

图 2-1-6　电阻法诊断电气安全回路故障

更换电源前，应查明导致该故障的原因并排除相关隐患。如果在没有排除隐患的情况下直接更换电源，极有可能导致电源再次损坏。确认隐患排除后，可以按图 2-1-7 所示的流程更换电源。

2. 接线错误故障的修理

根据电梯的安装说明书及随机图样逐一检查接线，发现有安全开关串接顺序错误的问题时，应根据随机图样的正确串接顺序进行更正，并进行必要的功能测试。

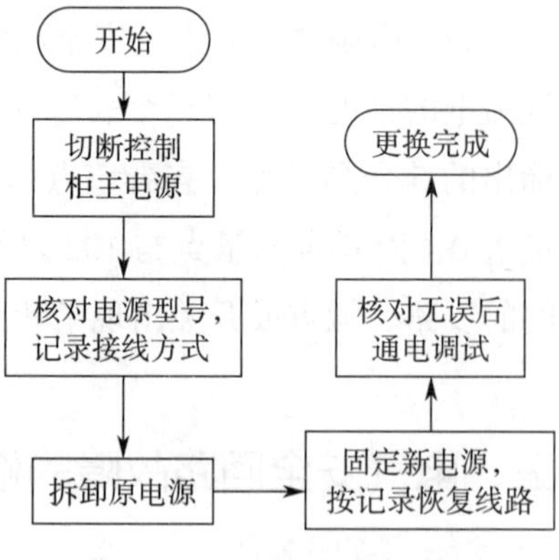

图 2-1-7　更换电源的流程

3. 安全回路检测点故障的修理

当设置在控制板上的安全回路检测点出现故障时，一般都需要更换控制板。更换控制板之前需要进一步检查安全回路检测点损坏的原因，如外部电压过高、遭雷击等，应先解决这些问题，防止新更换的控制板再次损坏。如果控制板有备用检测点，则可以更换检测点，注意更换时应设置该备用检测点对应的参数。

4. 保护装置故障的修理

电气安全回路的保护装置故障主要有两类：第一类是在保护装置应起保护作用切断电气安全回路时，保护装置未按照预期动作；第二类是在电气安全回路正常的情况下，保护装置错误地切断回路。修理保护装置故障前，应先通过常用的电气安全回路故障诊断方法，判断、分析故障产生的原因，根据故障原因进行修理。如果是保护装置规格型号选用不当，应根据回路负载情况选用合适的规格型号。如果是保护装置本身老化失效，应根据原规格型号更换保护装置。如果是因为外部电压、电流异常造成的保护装置损坏，应先解决外部电压、电流异常问题，再更换保护装置。禁止通过短接、拆除、用铜丝替代熔丝等方式来“解决问题”，如果这样操作，有可能造成严重的人身伤害和设备损害事故。

5. 安全开关故障的修理

（1）安全开关安装位置错误或松动。按照安全要求调整安全开关位置，对松动的安全开关进行紧固。

（2）安全开关损坏。检查引起安全开关损坏的原因并进行排除，更换安全开关。

学习单元 2　门锁回路故障的排除

一、门锁回路图的识读

1. 门锁回路的组成

如图 2–1–8 所示，门锁回路由以下部件组成。

（1）电源。门锁回路的电源一般来自电气安全回路。

（2）保护装置。门锁回路与电气安全回路共用保护装置。

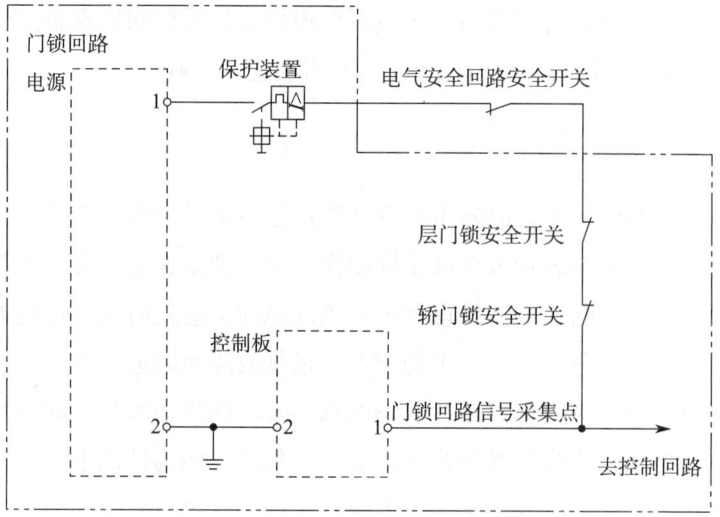

图 2–1–8　门锁回路的组成

（3）安全开关。门锁回路的安全开关包括层门锁安全开关和轿门锁安全开关。

（4）门锁回路信号采集点。电梯控制系统可以通过门锁回路信号采集点来检测门锁回路的状态。门锁回路信号采集点可以直接检测门锁回路的电压，也可以检测门锁回路接触器触点的反馈状态，或者对两者同时检测。可以同时设置多个门锁回路信号采集点，每个采集点单独检测某一部分门锁回路安全开关的状态。一般都会在控制板上设置对应的状态指示灯，并设置对应的故障码，对故障进行提示，方便维修人员检修。当门锁回路信号采集点检测到门锁回路状态异常时，门锁回路将切断电梯驱动主机和制动器的供电，防止电梯驱动主机启动或使电梯停止运行，保护人身和设备安全。

2. 门锁回路图的分析

某型号的电梯门锁回路图如图 2–1–9 所示。

（1）门锁回路主线路。门锁回路主线路的一侧为接地端 101，另一侧为来自电气安全回路的 118，内部电流方向为前层门锁开关 SMH → 116 →前轿门锁开关 SMC1 → 117 →后轿门锁开关 SMC2 → 119 →后层门锁开关 MB → 120。当层门锁安全开关或轿门锁安全开关断开时，门锁回路的各检测点会检测到电压变化。

（2）层门和轿门旁路线路。为了方便维护层门、轿门和门锁触点，电梯控制柜或紧急和测试操作装置上应设置旁路装置。允许旁路层门闭合触点和层门锁紧触点、轿门闭合触点和轿门锁紧触点，但是不能同时旁路层门触点和轿门触点。在图 2–1–9 中，层门和轿门的旁路线路就是层门旁路插件、轿门旁路插件的关联线路。旁路装置是一个永久性装置，可以是能防止机械移动而意外使用的开关，也可以是符合电气安

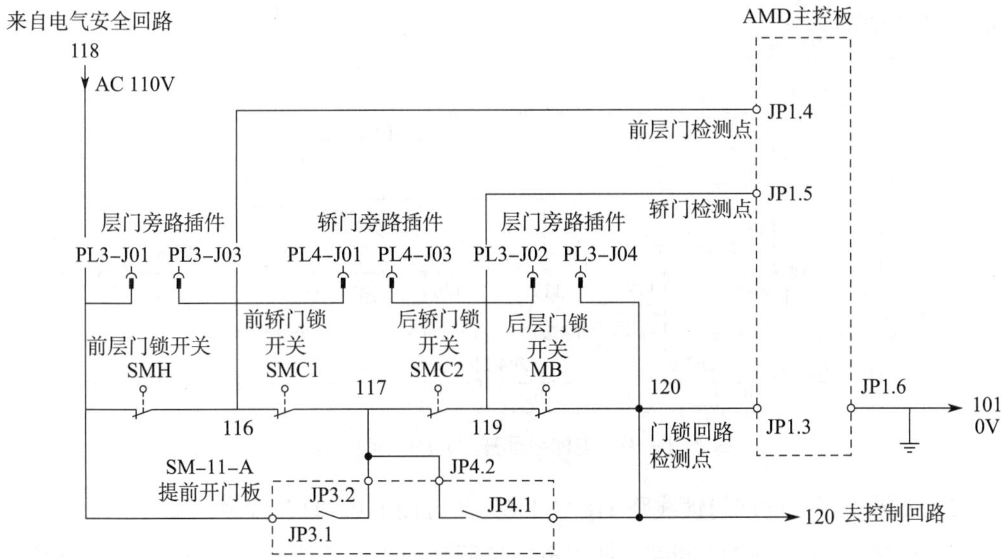

图 2-1-9 某型号的电梯门锁回路图

全装置要求的插头插座组合。在该装置上或者其附近应标注“旁路”字样。旁路装置有三种状态，正常状态、旁路层门状态和旁路轿门状态，只能处于其中一种状态。也就是说，当处于旁路层门状态时不能同时旁路轿门，当处于旁路轿门状态时不能同时旁路层门，且要求有一个独立的信号检测轿门是否处于关闭位置。不管旁路装置处于旁路层门状态还是旁路轿门状态，电梯都将脱离正常状态，仅在检修运行或紧急电动运行模式下，轿厢才能运行，运行时轿厢能发出声信号，轿底的闪光灯会闪亮。

（3）门开时平层和再平层运行控制线路。在开锁区域内符合一定条件的情况下，当层门和轿门打开时，允许电梯在相应的楼层高度处进行轿厢的平层和再平层运行。此时需要电梯控制系统主动短接门锁回路。图 2-1-9 中的提前开门板 SM-11-A 就是实现该功能的装置。在满足一定条件的情况下，电梯控制系统可以在门打开时，控制提前开门板主动短接 118 → SM-11-A 的 JP3.1 → SM-11-A 的 JP3.2 → SM-11-A 的 JP4.2 → SM-11-A 的 JP4.1 → 120 这段线路，维持控制线路的供电，从而使控制系统可以继续执行门开时平层和再平层的动作。

（4）门锁短接检测线路。门开时平层和再平层运行控制线路配合门锁回路检测点，可以实现门锁短接检测功能。其实现原理如下：当电梯平层开门时，前、后层门锁开关和前、后轿门锁开关全部断开，此时门锁回路的状态如图 2-1-10 所示，主控板上的 JP1.3、JP1.4、JP1.5 检测点均检测不到电压输入。

1）如果短接前层门锁线路 118 到 116，那么 JP1.4 能检测到 AC 110 V 电压，控制系统可直接判定出存在门锁短接故障。

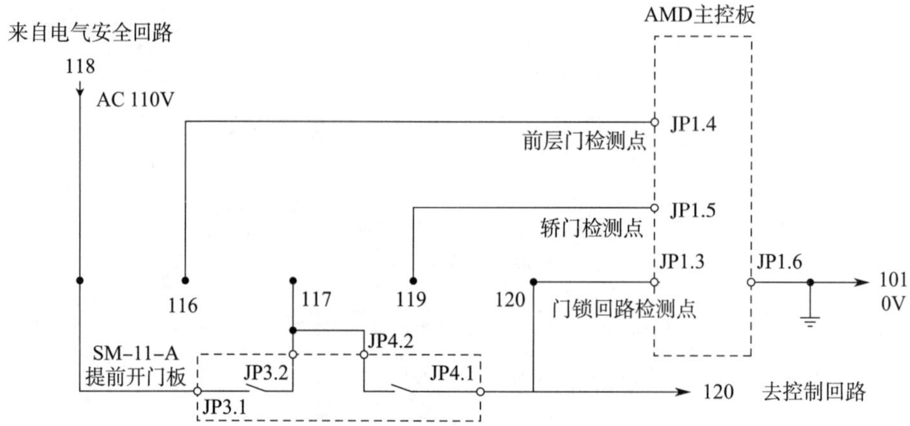

图 2-1-10 电梯平层开门时的门锁回路状态

2）如果不短接前层门锁线路 118 到 116，而短接 116、117、119、120 之间的一对点或多对点，因为 118 到 116 断路，所以电梯控制系统检测不到电压变化，无法判断是否存在短接情况。此时，电梯控制系统会通过提前开门板内部的继电器主动同时短接 118 到 117 和 117 到 120 的线路。如果此时 116、117、119、120 之间不存在短接情况，那么仅 JP1.3 可以检测到 AC 110 V 电压；如果 116、117、119、120 之间存在短接情况，那么 JP1.4 或 JP1.5 也会检测到 AC 110 V 电压，此时系统就可以判定出存在门锁短接故障。

二、门锁回路故障的诊断

1. 门锁回路故障诊断方法

（1）观察法。如图 2-1-9 所示的门锁回路，主控板的 JP1.3、JP1.4、JP1.5 是门锁回路的电压检测点，进行故障诊断时，可以通过主控板上的指示灯亮灭情况或者主控板操作器内监视菜单的显示情况快速判断故障点。例如，如果层门和轿门关闭后，JP1.4 对应的指示灯有效而 JP1.5 对应的指示灯无效，则可以推断前层门锁开关及其相关线路正常，而前轿门锁开关和后轿门锁开关及其相关线路异常，需要进一步检查前轿门锁开关和后轿门锁开关及其相关线路。

（2）旁路法。如图 2-1-9 所示的门锁回路设置有层门和轿门旁路线路，可以用来分别旁路层门锁和轿门锁。当门锁回路不通时，如果操作旁路装置旁路轿门锁后门锁回路导通，则可以推断轿门锁开关或其相关线路异常，需要进一步检查轿门锁开关及其相关线路。

（3）电压法。在通电的情况下，用万用表的电压挡测量门锁回路两点之间的电压，把测量结果和图样上的设计值进行比较，如果测量结果与设计值不符，且超过线路正常的压降，则可判断两点之间的线路存在故障。

（4）电阻法。在断电且断开门锁回路保护开关的情况下，用万用表的电阻挡测量门锁回路任意两点之间的阻值，根据阻值判断线路情况。

2. 门锁回路故障综合诊断

门锁回路故障综合诊断流程如图 2–1–11 所示。首先观察电气安全回路指示灯状态，如果电气安全回路指示灯无效，则应当首先排查电气安全回路的问题。如果电气安全回路指示灯有效，则需要排查门锁回路的问题。如图 2–1–9 所示的门锁回路，如果 116 对应的指示灯无效，则说明前层门锁线路可能存在故障，这时需要逐层检查各层门锁是否正常，逐层检查过程中需要综合使用电压法或电阻法排查故障点；如果 116 对应的指示灯正常，则需要观察 119 及 120 对应的指示灯，并采用电压法或电阻法逐步检查其相关线路，直至找到故障点。

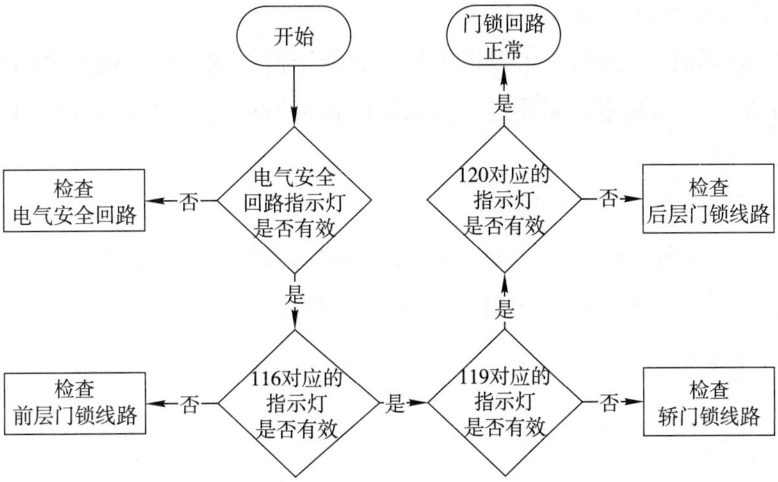

图 2–1–11　门锁回路故障综合诊断流程

三、门锁回路故障的修理

1. 门锁接地故障的修理

（1）切断主电源。

（2）使用电阻法确定是层门锁还是轿门锁出现接地故障。

（3）从控制柜侧对应的端子上拆下电线，或拔下对应的接插件。

（4）接通主电源。

（5）用控制柜旁路装置旁路对应的门锁。

（6）如果是轿门锁接地，可以把电梯停到便于检查的位置，检查轿门锁及其相关线路。如果是层门锁接地，需要进入轿顶使电梯检修运行，逐层检查层门锁及其相关线路，确认故障点。

（7）切断主电源，针对故障原因排除故障。如果是线路绝缘失效引起的接地故障，应修理或更换连接电缆。如果是门锁问题引起的接地故障，应更换门锁。

（8）返回机房，恢复控制柜内的门锁线路，恢复旁路装置。

（9）送电测试。

2. 门锁断路故障的修理

（1）使用观察法、旁路法、电压法、电阻法等方法确定是层门锁还是轿门锁出现断路故障。

（2）用控制柜旁路装置旁路对应的门锁。

（3）如果是轿门锁断路，可以把电梯停到便于检查的位置，检查轿门锁及其相关线路。如果是层门锁断路，需要进入轿顶使电梯检修运行，逐层检查层门锁及其相关线路，确认故障点。

（4）切断主电源，针对故障原因排除故障。如果是线路断路引起的断路故障，应修理或更换连接电缆。如果是门锁问题引起的断路故障，应更换门锁。

（5）返回机房，恢复控制柜内的门锁线路，恢复旁路装置。

（6）送电测试。

学习单元 3　制动器控制回路故障的排除

一、制动器控制回路图的识读

1. 制动器控制回路的基本组成

如图 2–1–12 所示，制动器控制回路主要由以下部件组成。

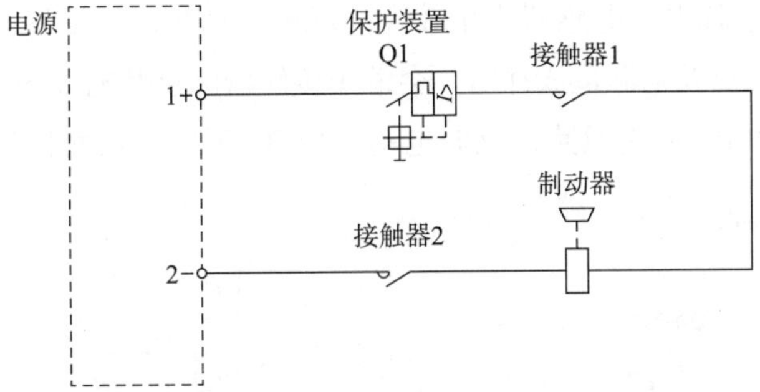

图 2–1–12　制动器控制回路

（1）电源。除了通用的电源外，还有一种制动器专用电源，如图 2–1–13 所示。制动器专用电源自带整流、自动降压、续流的功能，可以在启动时输出较高的强激励电压，待制动器松开后自动降压到维持电压，在制动器释放时吸收抱闸线圈的反向电流，起到减少制动器发热量，延长制动器使用寿命的作用。

图 2–1–13　制动器专用电源

（2）保护装置。常见的保护装置有断路器、熔断器等。

（3）接触器。按照相关规定，切断制动器电流至少应用两个独立的电气装置来实现，该电气装置一般就是接触器。因此，常见的制动器控制回路一般含有两个以上的独立接触器触点，防止因某个触点粘连造成制动器松开而引发事故。

（4）制动器。按照相关规定，电梯的制动系统应具有一个机电式制动器（摩擦型），当电梯正常运行时，制动器应在持续通电的情况下保持松开状态，断开制动器的释放电路后，电梯应无附加延迟地被有效制动。注意，将二极管或电容器与制动器线圈两端直接连接是不能当作延时装置的。

2. 制动器控制回路的降压电路和续流电路

某型号电梯的直流制动器控制回路如图 2–1–14 所示，与基本制动器控制回路相比，增加了降压电路和续流电路。

（1）降压电路。降压电路由滑动电阻 R2 和抱闸强激接触器 KMZ 的一对触点组成。当 YBK 启动时，KMZ 先吸合，R2 被短接，这样 YBK 的启动电压等于电源电压。当 YBK 松开后，KMZ 自动释放，R2 被串入制动器控制回路，起调压作用，使 YBK 两端的电压降低，维持 YBK 的松开状态。

（2）续流电路。续流电路由续流二极管 V1 和电阻 R1 组成。当 YBK 启动或维持松开状态时，因为 V1 的存在，V1 和 R1 的线路相当于断路，电流只流经 YBK。当

YBK 自动释放时，其内部电感器产生较高的反向电动势，如果反向电动势得不到释放，将对接触器触点及电源造成冲击，会缩短接触器触点及电源的使用寿命，但由于 V1 的存在，V1 和 R1 形成通路，反向电动势由 R1 吸收，从而保护了接触器触点及电源。

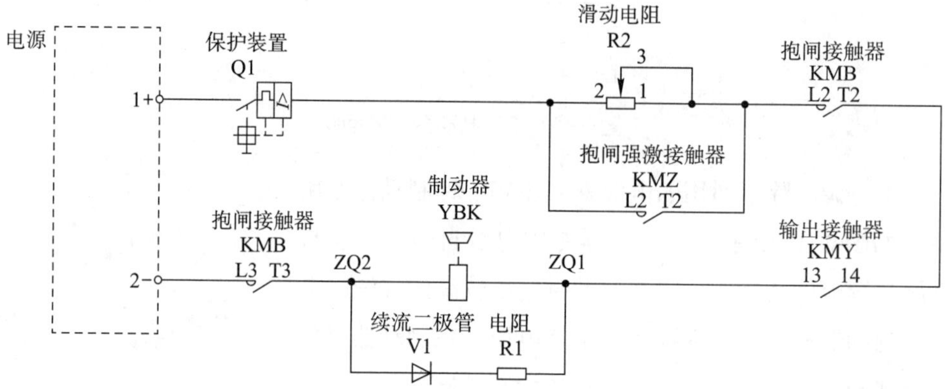

图 2-1-14　某型号电梯的直流制动器控制回路

3. 制动器强激启动和降压维持流程

以图 2-1-14 所示的某型号电梯的直流制动器控制回路为例，其制动器强激启动和降压维持流程如图 2-1-15 所示。

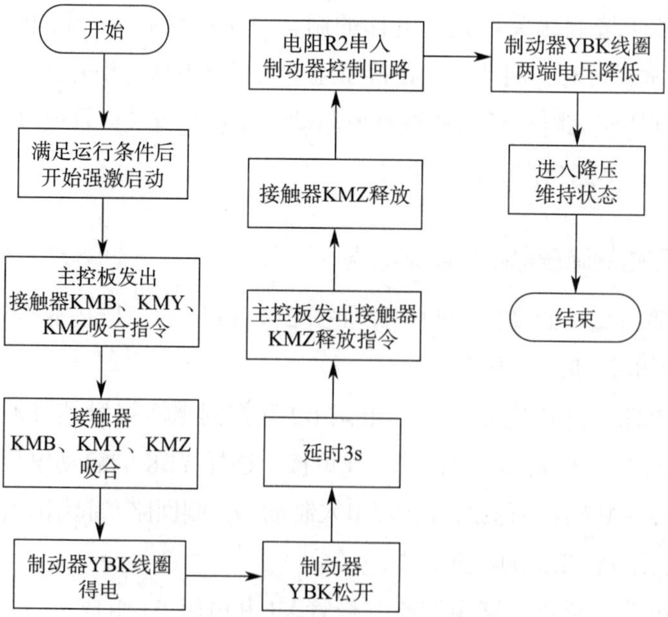

图 2-1-15　制动器强激启动和降压维持流程

二、制动器控制回路故障的诊断

1. 制动器控制回路故障诊断流程

制动器控制回路的运行状态分为强激启动状态和降压维持状态。制动器控制回路强激启动状态故障诊断流程如图 2–1–16 所示，制动器控制回路降压维持状态故障诊断流程如图 2–1–17 所示。

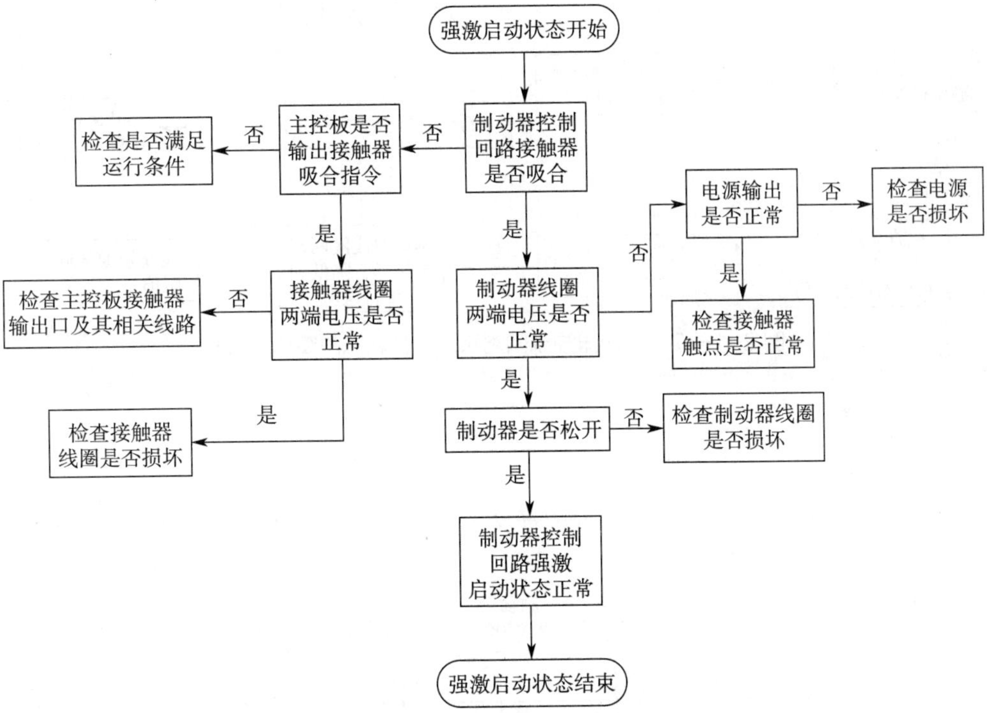

图 2–1–16　制动器控制回路强激启动状态故障诊断流程

2. 制动器控制回路故障诊断方法

进行制动器控制回路故障诊断时，可以先通过观察法，根据故障诊断流程缩小故障范围，再采用电压法、电阻法、短接法等方法判断具体故障点。

（1）故障诊断实例一

故障现象：电梯启动时，制动器控制回路接触器 KMB、KMY、KMZ 全部吸合，而制动器 YBK 没有松开。

故障诊断：首先使用观察法观察故障情况，根据图 2–1–15 所示的流程，可断定制动器控制回路所处的状态是强激启动状态。按照图 2–1–16 所示的故障诊断流程，首先需要检查制动器线圈两端电压是否正常。可通过电压法测量制动器线圈两端电压是否正常，如果制动器线圈得电且电压正常，那么就说明故障点在图 2–1–18 中的椭圆框内，椭圆框以外的元器件不用考虑，这样就缩小了故障范围。

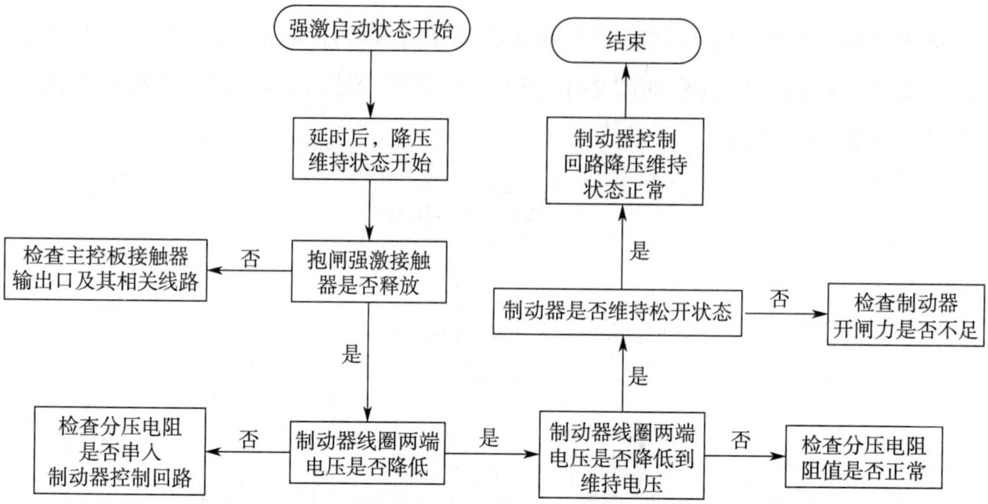

图 2–1–17　制动器控制回路降压维持状态故障诊断流程

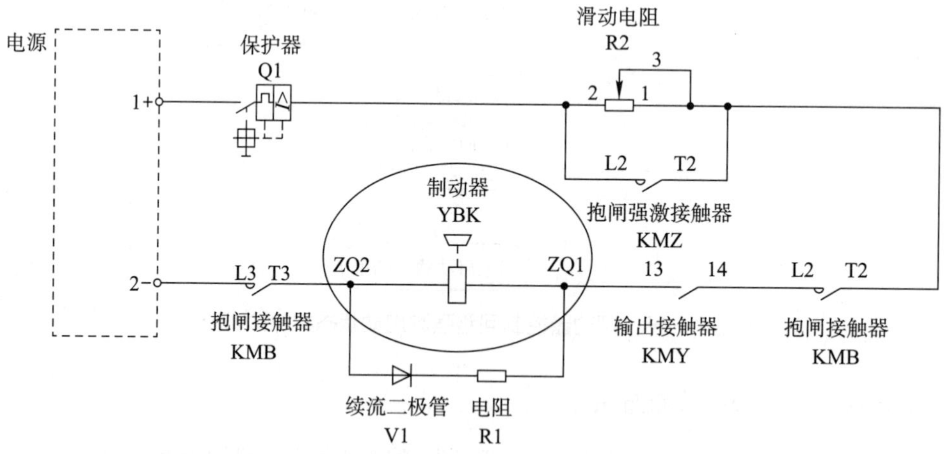

图 2–1–18　制动器控制回路故障诊断实例一

椭圆框圈出的 YBK 相当于一个电磁铁，可能存在线圈断路故障，此时可通过电阻法诊断故障。具体做法是拆除 ZQ1 和 ZQ2 上的连接线，直接测量 YBK 的阻值，如果测出的阻值无穷大，则可判定制动器 YBK 存在断路故障。

（2）故障诊断实例二

故障现象：电梯启动时，制动器 YBK 正常松开，但是经过 3 s 左右，抱闸强激接触器 KMZ 释放，制动器 YBK 突然吸合，出现电梯故障。

故障诊断：首先使用观察法观察故障情况，根据图 2–1–15 所示的流程，可断定制动器控制回路所处的状态是降压维持状态。按照图 2–1–17 所示的故障诊断流程进行诊断，关键点在于，在 KMZ 释放的时候，YBK 线圈两端电压是否降至维持电压，是不是降低过多甚至断路。如果通过电压法直接测量 YBK 线圈两端电压的变化，可能会受万用表响应速度的影响而看不清电压的变化情况，按照图 2–1–15 所示的流程，电压的变化是由 KMZ 释放，从而把调压电阻（滑动电阻 R2）串入制动器控制回路引起的，因此可检查图 2–1–19 中椭圆框圈出的 R2 及其相关线路是否存在故障。故可以采用短接法，短接 KMZ 的 L2 和 T2 端口，相当于把 R2 排除在线路以外。再次启动电梯，如果此时 KMZ 释放后制动器正常，就可以判定 R2 及其相关线路存在故障。也可以采用电阻法，断开 R2 一端的线路，测量 R2 及其相关线路的阻值，判断是否正常。

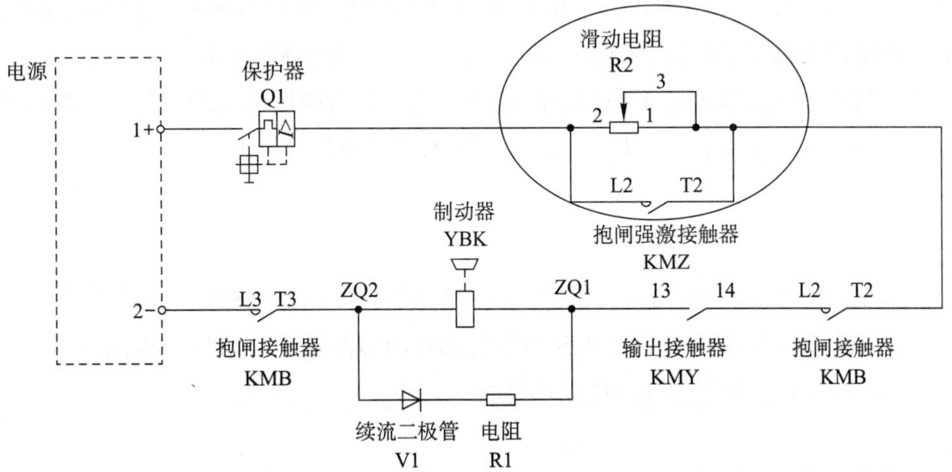

图 2–1–19 制动器控制回路故障诊断实例二

三、制动器控制回路故障的修理

对制动器控制回路故障进行修理时，除了要查明出现故障的位置以外，还应追根溯源，查明出现故障的原因。

1. 制动器线圈故障的修理

若检查发现制动器线圈烧毁，则需要更换制动器，此时应该继续追查制动器线圈烧毁的原因。如果是因为临近使用年限，制动器线圈老化而自然损坏，那么更换新制动器就可以解决问题，但如果是制动器控制回路电压过高、缺少降压维持功能、制动器与制动轮盘有摩擦等原因造成的损坏，则应该先解决这些问题，否则更换新制动器后仍然会损坏。

2. 调压电阻故障的修理

（1）线路接触不良造成的调压电阻烧毁故障的修理。应检查烧毁的位置，判断线路是否存在接触不良的情况。如果线路存在接触不良的情况，可更换同型号的调压电阻并紧固线路。

（2）功率选择不当造成的调压电阻烧毁故障的修理。测量制动器控制回路在降压维持状态下的实际电流范围，并根据阻值和测量的电流值计算调压电阻的合适功率。如果实际配置的调压电阻功率偏小，则应更换功率合适的调压电阻。

（3）调压电阻阻值调节不当故障的修理。适当调节调压电阻的阻值，使制动器控制回路在降压维持状态下时，其两端的电压符合维持电压要求。

3. 保护装置动作故障的修理

根据保护装置的规格，检查并测量实际制动器控制回路在强激启动和降压维持状态下电压、电流及漏电情况，查找保护装置动作故障的原因。可以更换同规格的保护装置进行测试运行，但是不能解除保护装置。

4. 接触器触点故障的修理

制动器线圈是感性负载，运行中的制动器控制回路电流较大，在接触器触点断开的瞬间，感性负载产生很高的感应电动势，且刚断开的瞬间，接触器触点距离很近，因此容易击穿空气产生电弧，对接触器触点造成损伤，容易引起接触器触点故障。因此在修理接触器触点故障时，除更换接触器以外，还应检查续流电路或压敏电阻是否正常。

学习单元 4　电梯导电回路的绝缘性能测试

一、绝缘电阻测试仪的使用方法

1. 常见的绝缘电阻测试仪

常见的绝缘电阻测试仪有绝缘电阻表（见图 2-1-20a）和数字式绝缘电阻测试仪（见图 2-1-20b）。其中，数字式绝缘电阻测试仪的使用越来越广泛。

a）　　　　b）

图 2-1-20　常见的绝缘电阻测试仪

a）绝缘电阻表　b）数字式绝缘电阻测试仪

2. 数字式绝缘电阻测试仪的使用方法

某型号数字式绝缘电阻测试仪的面板示意如图 2-1-21 所示，其使用方法如下。

（1）测量前应切断待测设备及其回路的电源，并对相关元器件进行临时接地放电处理。

（2）把测试探头接入绝缘 V 端口，将测试夹接入 COM 端口。

（3）将旋转开关转至所需要的测试电压。

（4）先将测试夹固定在接地端，再用测试探头连接待测电路的导电端子，测试仪会自动检测电路是否通电。

（5）按住测试按钮开始测试。

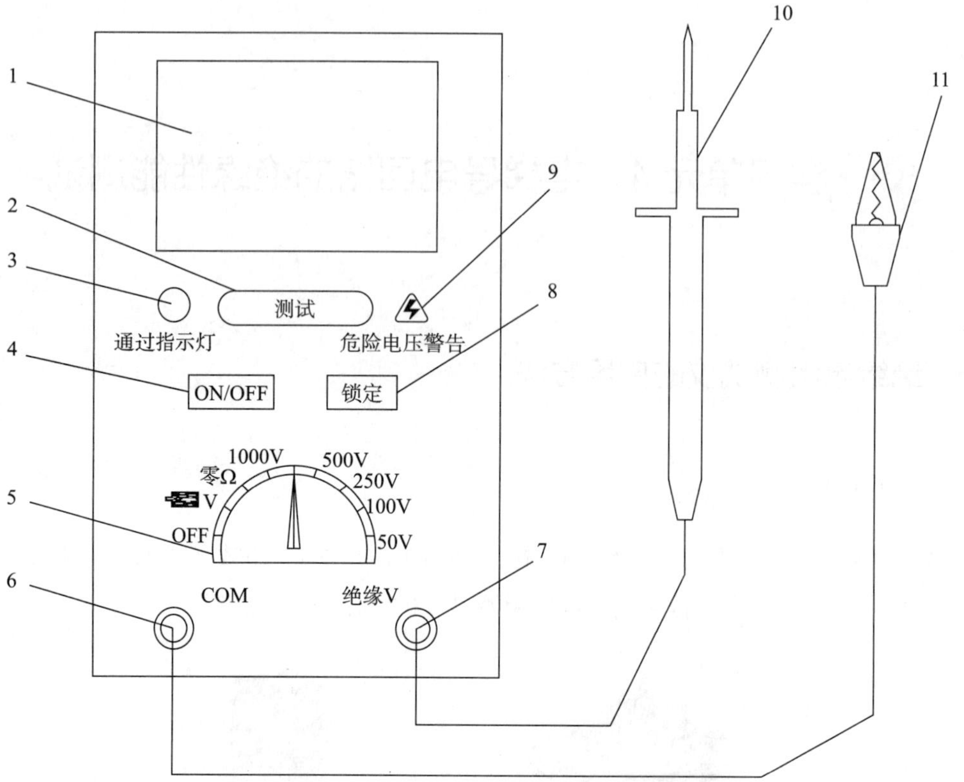

图 2-1-21　某型号数字式绝缘电阻测试仪的面板示意

1—显示屏　2—测试按钮　3—通过指示灯　4—电源按钮　5—旋转开关　6—公共端子
7—电压或绝缘电阻测试的输入端子　8—测试锁定按钮　9—危险电压警告指示灯　10—测试探头　11—测试夹

（6）将测试探头留在测试点上，然后释放测试按钮，测试仪开始对被测电路放电。

（7）从显示屏读出绝缘电阻读数。

二、电梯导电回路的绝缘电阻要求

动力电路、照明电路和电气安全装置电路的绝缘电阻应符合表 2-1-3 的相关要求。

表 2-1-3　绝缘电阻要求

标称电压 /V	测试电压（直流）/V	绝缘电阻 /MΩ
安全电压	250	≥0.25
≤500	500	≥0.50
>500	1 000	≥1.00

三、电梯导电回路的绝缘性能测试方法

1. 测试步骤

（1）断开电源，断开控制板、变频器等不耐高压的电气设备。

（2）分别从动力电路、照明电路、电气安全回路、各控制回路的接线端子上测量其接地端子的绝缘电阻。

（3）按照数字式绝缘电阻测试仪的使用方法分别测量绝缘电阻。

（4）如果测量值符合表 2–1–3 的要求，则判定为合格。

2. 测试注意事项

（1）为了精确地进行测试工作，要保证测试对象表面清洁和干燥，这样能有效减小误差。在测试前必须切断电源，并让待测设备充分放电，这样才能保证测量值不被人体和其他物体影响。

（2）应根据不同的电路使用不同的测试电压进行测试，防止测试时损坏设备，并防止测试结果错误。

（3）测试前，若部分不耐高压的电气设备无法断开，则应将其所有进行端和出线端都短接起来，再测量绝缘电阻，避免两端产生巨大压降而导致设备损坏。

（4）由于断电时接触器或继电器的触点是断开的，因此测试时需要人为闭合接触器。

（5）测试时，绝缘电阻测试仪的测试探头带高压，操作人员应做好个人防护，不要触碰。

（6）测试完成后，应将被测电路电缆芯线对地放电。

四、电梯主回路、电源回路、控制回路、信号回路的绝缘性能测试及判断

1. 电梯主回路绝缘电阻的测量

（1）确保层门、轿门已关闭。

（2）断开主电源。

（3）断开各分路开关，拔掉其他回路接插件。

（4）断开控制板、变频器等不耐高压的电气设备。

（5）分别短接主回路上的接触器触点、主驱动器在主回路上的输入输出端子、控制柜主回路输入输出端子，避免压降对相关设备内部造成损害。

（6）选择 500 V 测试电压，按照数字式绝缘电阻测试仪的使用方法，测量主回路绝缘电阻。

（7）如果测量值符合表 2–1–3 的要求，则判定为合格。

（8）测量完成后，应将被测回路对地放电。

（9）恢复线路，检查确认电梯恢复正常。

2. 电梯电源回路绝缘电阻的测量

（1）确保层门、轿门已关闭。

（2）断开主电源。

（3）断开各分路开关，拔掉其他回路接插件。

（4）断开控制板。

（5）分别短接电源回路上的接触器触点、开关触点、电源的相线与零线，避免压降对相关设备内部造成损害。

（6）对于采用安全电压的电源回路，选择 250 V 测试电压；对于采用安全电压以上的电源回路，选择 500 V 测试电压。按照数字式绝缘电阻测试仪的使用方法，测量电源回路绝缘电阻。

（7）如果测量值符合表 2–1–3 的要求，则判定为合格。

（8）测量完成后，应将被测回路对地放电。

（9）恢复线路，检查确认电梯恢复正常。

3. 电梯控制回路绝缘电阻的测量

（1）确保层门、轿门已关闭。

（2）断开主电源。

（3）断开各分路开关，拔掉其他回路接插件。

（4）断开控制板。

（5）分别短接控制回路上的接触器触点、开关触点，避免压降对相关设备内部造成损害。

（6）对于采用安全电压的控制回路，选择 250 V 测试电压；对于采用安全电压以上的控制回路，选择 500 V 测试电压。按照数字式绝缘电阻测试仪的使用方法，测量控制回路绝缘电阻。

（7）如果测量值符合表 2–1–3 的要求，则判定为合格。

（8）测量完成后，应将被测回路对地放电。

（9）恢复线路，检查确认电梯恢复正常。

4. 电梯信号回路绝缘电阻的测量

（1）确保层门、轿门已关闭。

（2）断开主电源。

（3）断开各分路开关，拔掉其他回路接插件。

（4）断开信号回路的控制板。

（5）选择 250 V 测试电压，按照数字式绝缘电阻测试仪的使用方法，测量信号回路绝缘电阻。

（6）如果测量值符合表 2–1–3 的要求，则判定为合格。

（7）测量完成后，应将被测回路对地放电。

（8）恢复线路，检查确认电梯恢复正常。

学习单元 5　限速器 – 安全钳联动试验

一、限速器 – 安全钳联动试验方法

限速器 – 安全钳联动试验方法需要在安装检验和维护保养时进行。

1. 安装检验

（1）在轿厢中放入与限速器 – 安全钳联动试验载荷要求相等的重物。

（2）人在机房或者机器设备间进行操作，确认轿厢内无人，将轿厢停至次底层。

（3）让轿厢以检修速度向下运行，人为使限速器电气安全开关动作，此时电动机停止运转。

（4）短接限速器电气安全开关，人为使限速器动作，让轿厢以检修速度向下运行，限速器钢丝绳制动并且提拉安全钳装置，此时安全钳电气安全开关应动作，使电动机

停止运转。

（5）短接安全钳电气安全开关，让轿厢以检修速度向下运行，确认安全钳动作，轿厢制停，此时电动机连续运转直到曳引钢丝绳打滑或松弛。

（6）恢复试验前状态，检查导轨是否有卡痕，若有及时进行修复。

（7）根据限速器－安全钳联动试验结果，判断该电梯安全性能合格或不合格。

2. 维护保养

（1）让轿厢空载且以检修速度下行，人为分别使限速器和安全钳的电气安全开关动作，确认轿厢停止运行。

（2）短接限速器和安全钳的电气安全开关，让轿厢空载且以检修速度下行，人为使限速器动作，观察轿厢的制停情况。

二、限速器－安全钳联动试验要求

1. 安装检验

当轿厢装有下述载荷且以检修速度下行时，进行限速器－安全钳联动试验，限速器、安全钳动作应可靠。

（1）瞬时式安全钳的载荷。轿厢装载额定载荷，对于轿厢面积超出规定的载货电梯，以轿厢实际面积按规定所对应的额定载荷作为试验载荷。

（2）渐进式安全钳的载荷。轿厢装载 1.25 倍额定载荷，对于轿厢面积超出规定的载货电梯，取 1.25 倍额定载荷与轿厢实际面积按规定所对应的额定载荷两者中的较大值作为试验载荷。对于轿厢面积超过相应规定的非商用汽车电梯，轿厢装载 150% 额定载荷。

2. 维护保养

当轿厢空载以检修速度下行、上行时，进行限速器－安全钳联动试验，限速器、安全钳动作应可靠。

三、通过限速器－安全钳联动试验对电梯安全性能进行判断

进行限速器－安全钳联动试验时，当限速器、安全钳电气安全动作后，电梯应无

法上下运行，否则就是安全性能不合格。

进行限速器－安全钳联动试验时，当限速器、安全钳电气安全开关被短接后，人为使限速器动作，轿厢（对重或平衡重）应被制停在导轨上，否则就是安全性能不合格。

学习单元 6　上行超速保护装置动作试验

一、上行超速保护装置动作试验方法

1. 检查轿厢上行超速保护装置的安装方式、安装位置是否符合相应的安装说明书要求。

2. 拆除上行超速保护装置的保护罩。

3. 让轿厢空载以额定速度上行，通过模拟方法使上行超速保护装置的速度监控部件动作，检查轿厢上行超速保护装置是否动作，同时相应的电气安全开关能否动作，使电动机立即停止运转。

注意，现场操作时应按具体随机资料要求的试验方法进行。

4. 判断该电梯安全性能是否合格。

5. 安装上行超速保护装置的保护罩。

二、上行超速保护装置动作试验要求

当轿厢上行速度失控时，轿厢上行超速保护装置应动作，能使轿厢制停或者至少使其速度降低至对重缓冲器的设计范围。另外，该轿厢上行超速保护装置动作时，应使一个电气安全开关动作。

三、上行超速保护装置动作试验及电梯安全性能判断

进行上行超速保护装置动作试验时，当电气安全开关动作后，电动机应能停止运

转，否则就是安全性能不合格。

进行上行超速保护装置动作试验时，夹绳器（若有）应动作，使轿厢制停或者至少使其速度降低至对重缓冲器的设计范围，否则就是安全性能不合格。

学习单元 7　空载曳引力、制动力试验

一、空载曳引力、制动力试验方法

1. 将上限位开关（如果有）、极限开关和缓冲器柱塞复位开关（如果有）短接，以检修速度将空载轿厢提升。

2. 在对重压在缓冲器上后，继续使曳引机按上行方向旋转，观察是否出现曳引轮与曳引钢丝绳相对滑动的现象，或者是否出现曳引机停止旋转的情况。

3. 判别该电梯安全性能是否合格。

二、空载曳引力、制动力试验要求

当对重压在缓冲器上而曳引机按电梯上行方向旋转时，应不能提升空载轿厢。

三、通过空载曳引力、制动力试验对电梯安全性能进行判断

进行空载曳引力、制动力试验时，当对重压在缓冲器上而曳引机按电梯上行方向旋转时，应不能提升空载轿厢，否则就是安全性能不合格。

学习单元 8　限速器动作速度校验

一、限速器测试仪的使用方法

本学习单元以 GD–5 电梯限速器测试仪为例，介绍其使用方法。

1. GD–5 电梯限速器测试仪硬件组成部分

（1）控制检测部分。控制检测部分主要由测试仪主体（见图 2–1–22）、传感器连接线（见图 2–1–23）、数据导出线（见图 2–1–24）和电源线（见图 2–1–25）组成。

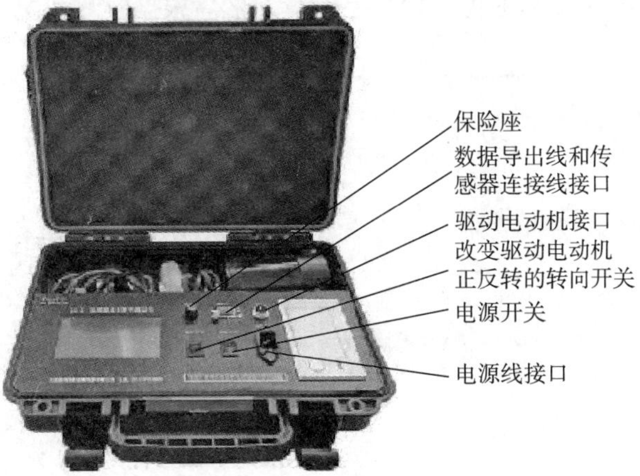

图 2–1–22　测试仪主体

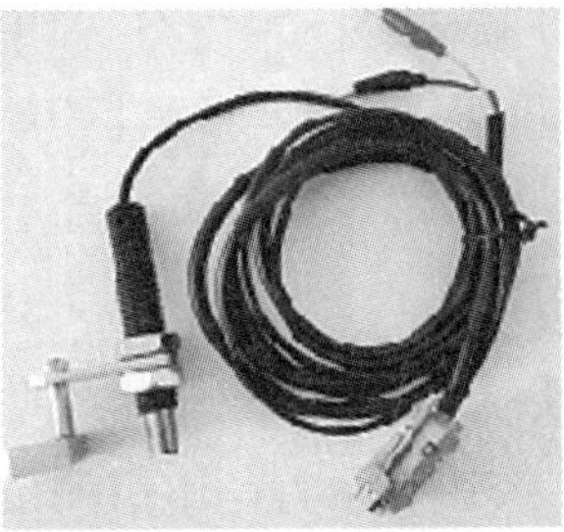

图 2–1–23　传感器连接线

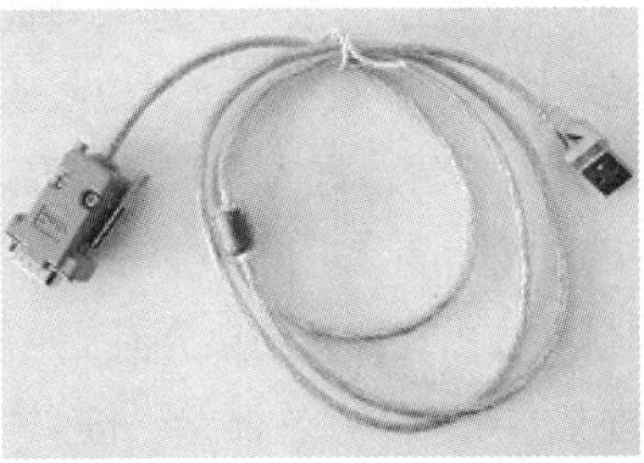

图 2–1–24　数据导出线

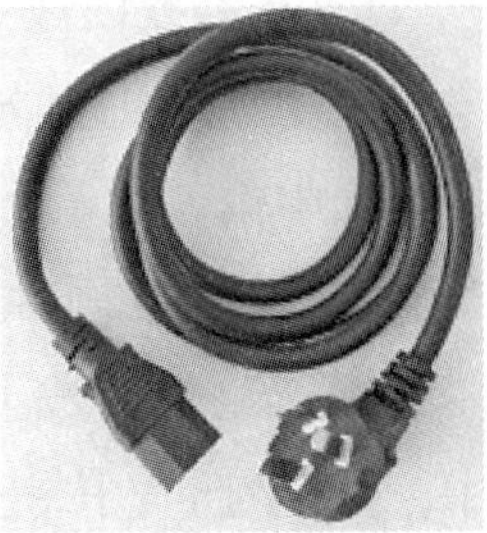

图 2–1–25　电源线

（2）驱动部分。驱动部分主要是指驱动电动机（见图 2–1–26）。

图 2–1–26　驱动电动机

2. GD–5 电梯限速器测试仪软件使用说明

（1）开机。首先进入开机主界面（见图 2–1–27），该界面将显示测试仪的所有功能，用户可以按相应的“按钮”选择所需要的功能。

（2）参数设置。在开机主界面按“测量”按钮，进入参数设置界面（见图 2–1–28）进行参数设置。按相应文本框可出现数字键盘，然后根据实际情况设置好相应参数。

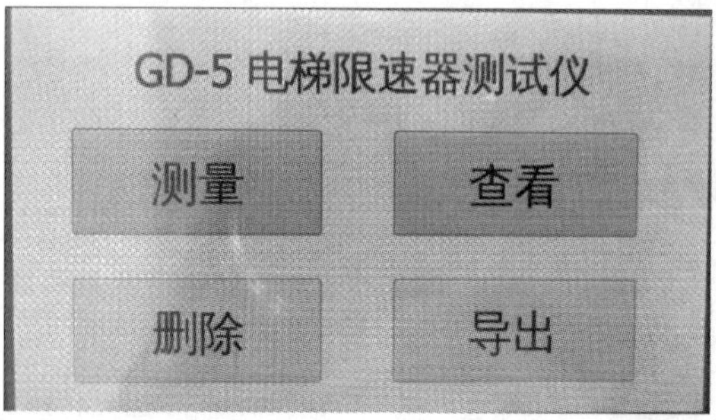

图 2–1–27　开机主界面

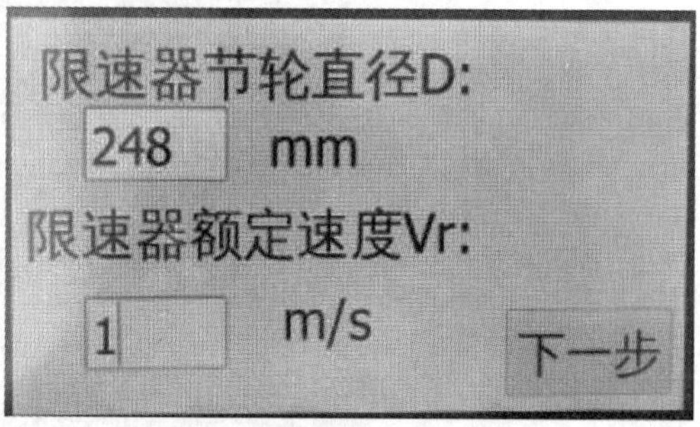

图 2–1–28　参数设置界面

（3）测量

1）在参数设置界面，按“下一步”按钮，进入测量主界面（见图 2–1–29，图中电气速度对应限速器的电气动作速度，机械速度对应限速器的机械动作速度）。在测量主界面中按“测量”按钮，开始测量，进入测量运行界面（见图 2–1–30），屏幕显示“测量进行中”。同时，“打印”按钮和“退出”按钮变为不可用。

2）当正常完成本次测量后，出现测量结果界面（见图 2–1–31）。在测量结果界面中，按“测量”按钮表示进行本组的下一次测量，按“打印”按钮表示打印本组测量结果，按“退出”按钮表示退出本组测量。

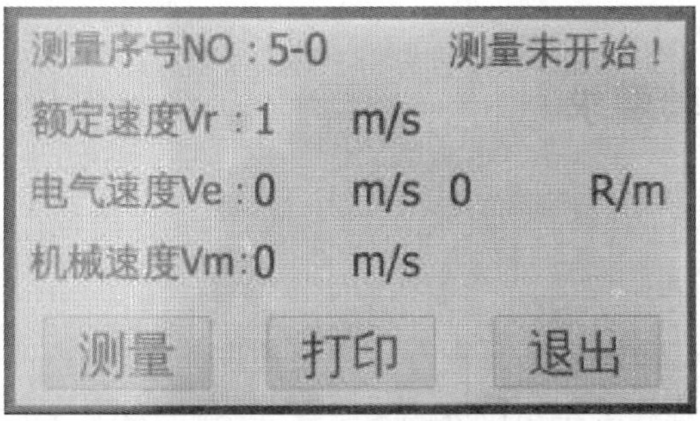

图 2-1-29 测量主界面

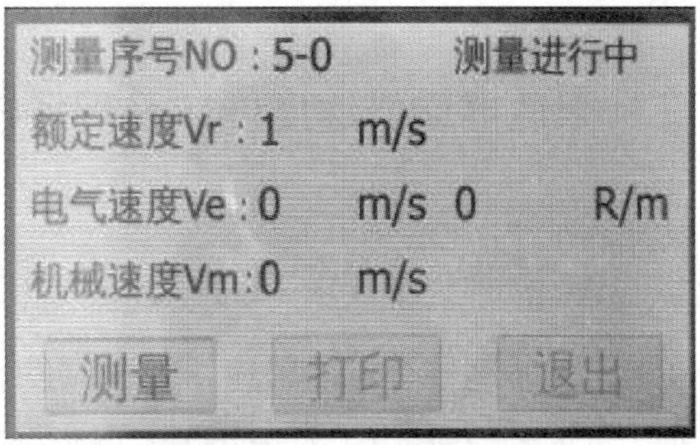

图 2-1-30 测量运行界面

（4）数据查看。返回开机主界面，按“查看”按钮，进入数据查看界面（见图 2-1-32）。在数据查看界面中，按“上翻”按钮或“下翻”按钮可以切换查看的数据，按“打印”按钮可以打印本次查看的数据，按“退出”按钮可以退出查看功能。

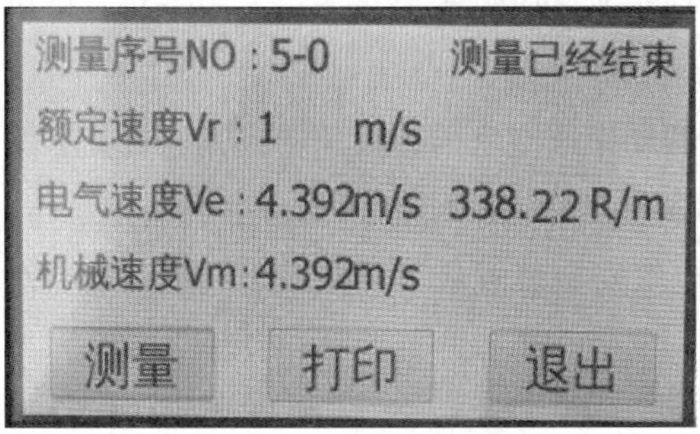

图 2-1-31 测量结果界面

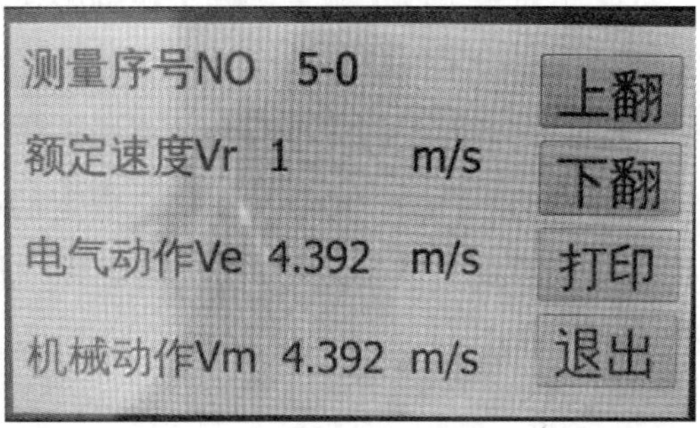

图 2-1-32 数据查看界面

（5）数据删除。在开机主界面按“删除”按钮，会出现删除提示界面（见图 2-1-33）。此时按“是”按钮表示清空数据，按“否”按钮表示退出删除。

（6）数据导出。正确连接好设备和计算机，在计算机上安装专用软件，在软件主界面上点击“串口设置”，设置设备与计算机连接的串口编号，按“导出”按钮，可以将测试数据导出到上位机，此时出现数据导出提示界面（见图 2-1-34）。

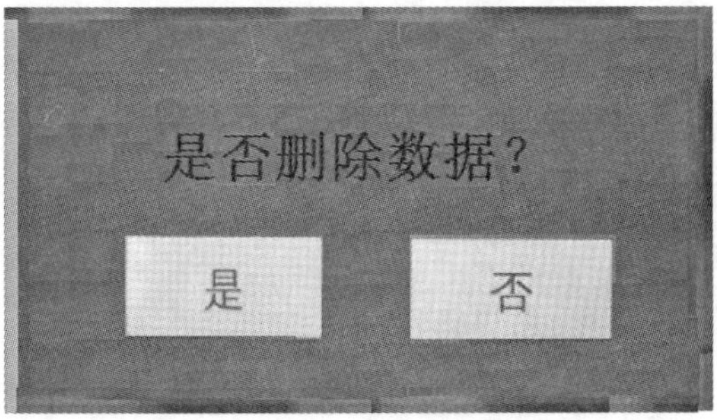

图 2-1-33 删除提示界面

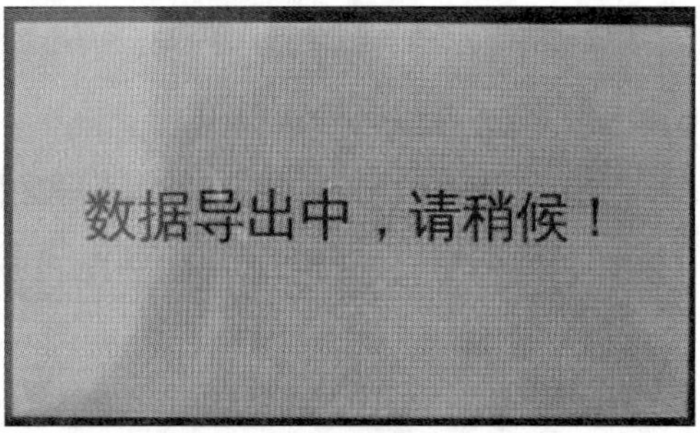

图 2-1-34 数据导出提示界面

二、限速器动作速度要求及现场校验要求

1. 限速器动作速度要求（GB 7588—2003）

（1）轿厢安全钳的限速器动作应发生在轿厢速度至少等于额定速度的 115%，但小于下列各值时：1）对于除了不可脱落滚柱式安全钳以外的瞬时式安全钳为 0.8 m/s；2）对于不可脱落滚柱式瞬时式安全钳为 1 m/s；3）对于额定速度小于或等于 1 m/s 的渐进式安全钳为 1.5 m/s；4）对于额定速度大于 1 m/s 的渐进式安全钳为 $1.25v+0.25/v$（v 是指额定速度）。

注：对于额定速度大于 1 m/s 的电梯，建议选用接近 4）规定的动作速度值。

（2）对重（或平衡重）安全钳的限速器动作速度应大于上一条规定的轿厢安全钳动作速度，但不得超过 10%。

（3）在轿厢上行或下行的速度达到限速器动作速度之前，限速器或其他装置上的一个符合 GB 7588—2003 中 14.1.2 规定的电气安全装置应使电梯驱动主机停止运转。但是对于额定速度不低于 1 m/s 的电梯，此电气安全装置最迟可在限速器达到其动作速度时起作用。

2. 限速器动作速度现场校验要求

限速器动作速度现场校验要求为符合限速器铭牌上的电气动作速度和机械动作速度。

三、限速器动作速度校验方法（以 GD-5 电梯限速器测试仪为例）

1. 现场勘查

（1）检查电梯运行状况。

（2）确认电梯限速器的校验日期和相关记录。

（3）根据用户提出的要求协调停梯事宜。

2. 准备工作

（1）准备设备工具，如电梯限速器测试仪、旋具、扳手、尖嘴钳、圆口大力钳等。

（2）停止电梯服务，设置相关告示及安全防护栏。

（3）确认轿厢内没有乘客，切断门机开关，保持轿门的关闭状态。

（4）将电梯运行到井道中间位置。

（5）查看限速器铭牌，记录限速器型号、电气动作速度和机械动作速度。

（6）拆除限速器罩壳。

3. 校验

（1）松弛限速器钢丝绳。松弛目的是使限速器绳轮能够自由转动，具体方法如下：用一把圆口大力钳夹住非轿厢侧的限速器钢丝绳，使电梯以慢车运行方式点动向上运行，至该侧限速器钢丝绳自然松弛；再用另一把圆口大力钳夹住轿厢侧的限速器钢丝绳，此时该侧限速器钢丝绳处于完全脱离绳槽的状态，限速器绳轮可实现自由转动。

注意，在任何情况下，都不要将手放在抬起的钢丝绳与限速器绳轮之间，防止手被意外挤压。

（2）检查限速器部件状态

1）确认甩块、棘轮、制动片和其他可动部件动作灵活。

2）确认轴、销无严重生锈情况（应润滑良好），如图2-1-35所示。

3）确认限速器各处轴、销、弹簧完整且固定良好。

4）确认限速器绳轮（见图2-1-36）无异常变形和磨损情况。

图2-1-35　确认轴、销无严重生锈情况

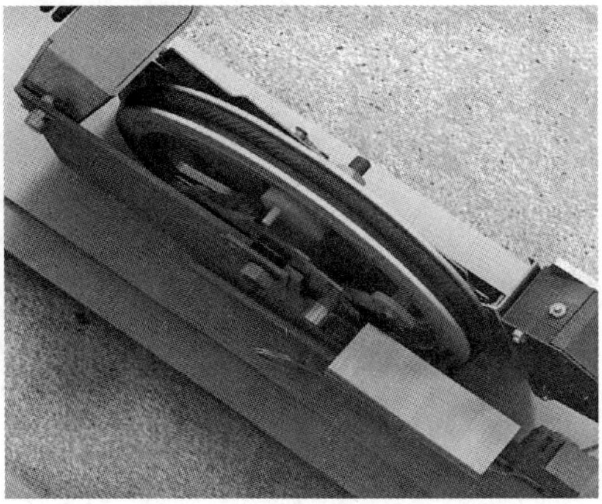

图2-1-36　限速器绳轮

（3）GD-5电梯限速器测试仪的安装与测量

1）测量前必须先切断电梯电源。

2）将驱动电动机、电源线、传感器连接线连在对应的接口上。

3）进入参数设置界面，设置额定速度及节轮直径。

4）安装传感器。先将随机附带的一块小磁钢吸附在限速器轮盘上，再将传感器感应头通过磁力座吸附在限速器上，使其正对小磁钢，如图 2–1–37 所示，调节螺栓使传感器感应头与小磁钢的间隙在 5 mm 内。如果在此间隙内传感器感应头无感应，则将小磁钢反过来。

图 2–1–37　传感器感应头的安装

5）将限速器电气安全开关和电梯的电气安全回路断开，将两个鳄鱼夹分别夹在限速器电气安全开关的两根线上，如图 2–1–38 所示。

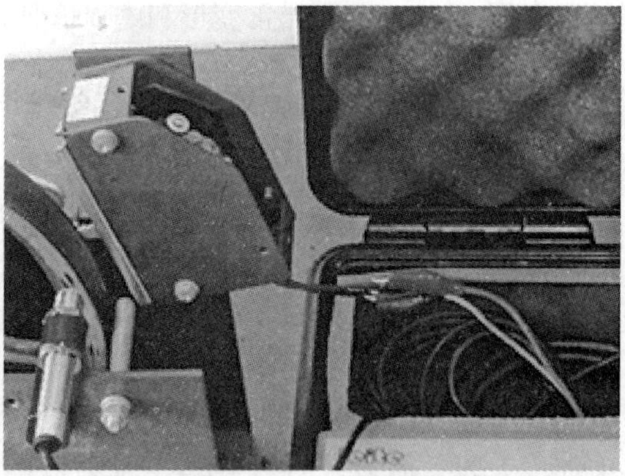

图 2–1–38　连接限速器电气开关

6）将驱动电动机的驱动轮靠在脱离钢丝绳的限速器绳槽上，根据限速器的运行方向正确设置转向开关。进入测量主界面，打开驱动电动机，开始测量，如图 2–1–39 所示。

7）对测量结果进行记录，重复测量三次，取三次测量结果的平均值，将其与限速器铭牌上的电气动作速度和机械动作速度进行比较。

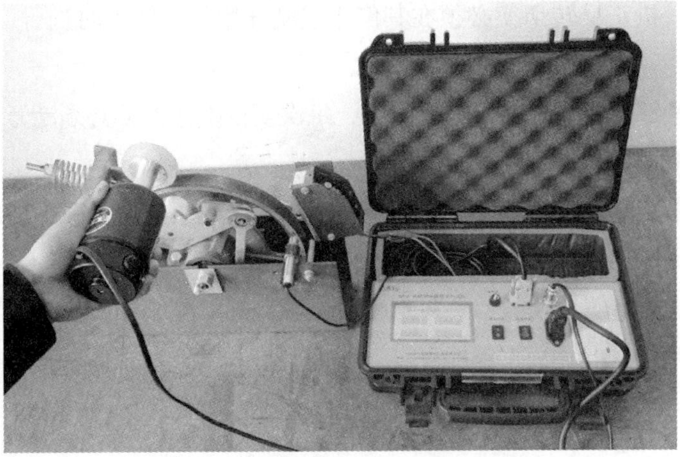

图 2-1-39　开始测量

（4）调整校验不合格的限速器

1）限速器动作速度的调整请依照各型号限速器对应的调整工艺进行，调整后必须按上述步骤再次测量，以验证调整后的限速器动作速度是否合格。

2）如果限速器电气动作速度和机械动作速度严重偏离铭牌范围，且现场无法通过调整解决，应停止该电梯的运行服务，将限速器送专业的维修单位进行处理。

（5）复位限速器及钢丝绳。在完成限速器动作速度校验后，及时将限速器及钢丝绳复位，具体方法如下：拆除夹持在轿厢侧限速器钢丝绳上的圆口大力钳，让电梯以慢车运行方式点动下行，至限速器钢丝绳完全进入绳槽后，拆除夹持在非轿厢侧限速器钢丝绳上的圆口大力钳，装上限速器罩壳。

注意：由于限速器钢丝绳处于松弛状态，操作时可能会将底坑内的限速器张紧轮向上提拉，因此在复位限速器钢丝绳时必须使电梯缓慢点动下行，这样可以避免限速器钢丝绳脱离张紧轮绳槽。

（6）恢复电梯运行。如果限速器校验合格，恢复时应该先让电梯慢车上下运行，再转至快车往返至少两个全程，确认电梯运行无异常，限速器无异常动作。

复位门机开关，使电梯投入正常运行，取走停梯告示及安全防护栏。

（7）将测试仪断电并进行整理。

四、GD-5 电梯限速器测试仪的使用注意事项

1. 必须熟悉相关的安全作业规范。

2. 一旦测试仪出现故障无法解决，请立即终止测量并与制造商联系。

3. 驱动电动机正反转切换必须在其停止或刚开始低速转动时进行，否则会损坏驱动电动机。

4. 每次测量都需要对限速器进行复位，每次复位限速器都必须断开测试仪的电源，以保证操作安全。

5. 严禁在未阅读或阅读后并不完全理解产品使用说明书的情况下启动测试仪。

6. 严禁在测试仪指定的适用范围之外使用。

7. 严禁自行改造测试仪。

学习单元 9　控制系统电气部件故障的排除

一、控制系统电气线路图的识读

电梯控制系统通过输出信号控制电梯各设备工作，通过输入信号检测电梯各设备的工作状态，实现启动、停止、安全保护等功能。某型号电梯的控制线路图如图 2–1–40 所示，主控板通过输出信号和输入信号控制变频器运行，主控板和变频器的端口定义见表 2–1–4。电梯控制系统控制逻辑如图 2–1–41 所示。

表 2–1–4　主控板和变频器的端口定义

主控板端口	变频器端口	端口定义	信号（对应指示灯）
JP10.4	S1	正转	Y10
JP10.5	S2	反转	Y11
JP10.6	S8	基极封锁	Y12
JP10.7	S5	多段速 1	Y13
JP10.8	S6	多段速 2	Y14
JP10.9	S7	多段速 3	Y15
JP10.10	SC	公共端	—
JP2.2	MA	变频器故障	X11
JP2.10	M1	变频器运行	X19
JP3.7	MC、M2、0V	反馈公共端	—

续表

主控板端口	变频器端口	端口定义	信号（对应指示灯）
JP2.7	—	输出接触器检测	X16
JP2.8	—	抱闸接触器检测	X17
JP9.1	—	抱闸接触器 KMB 输出	Y1
JP9.4	—	输出接触器 KMY 输出	Y4
JP9.5	—	输出公共端	—

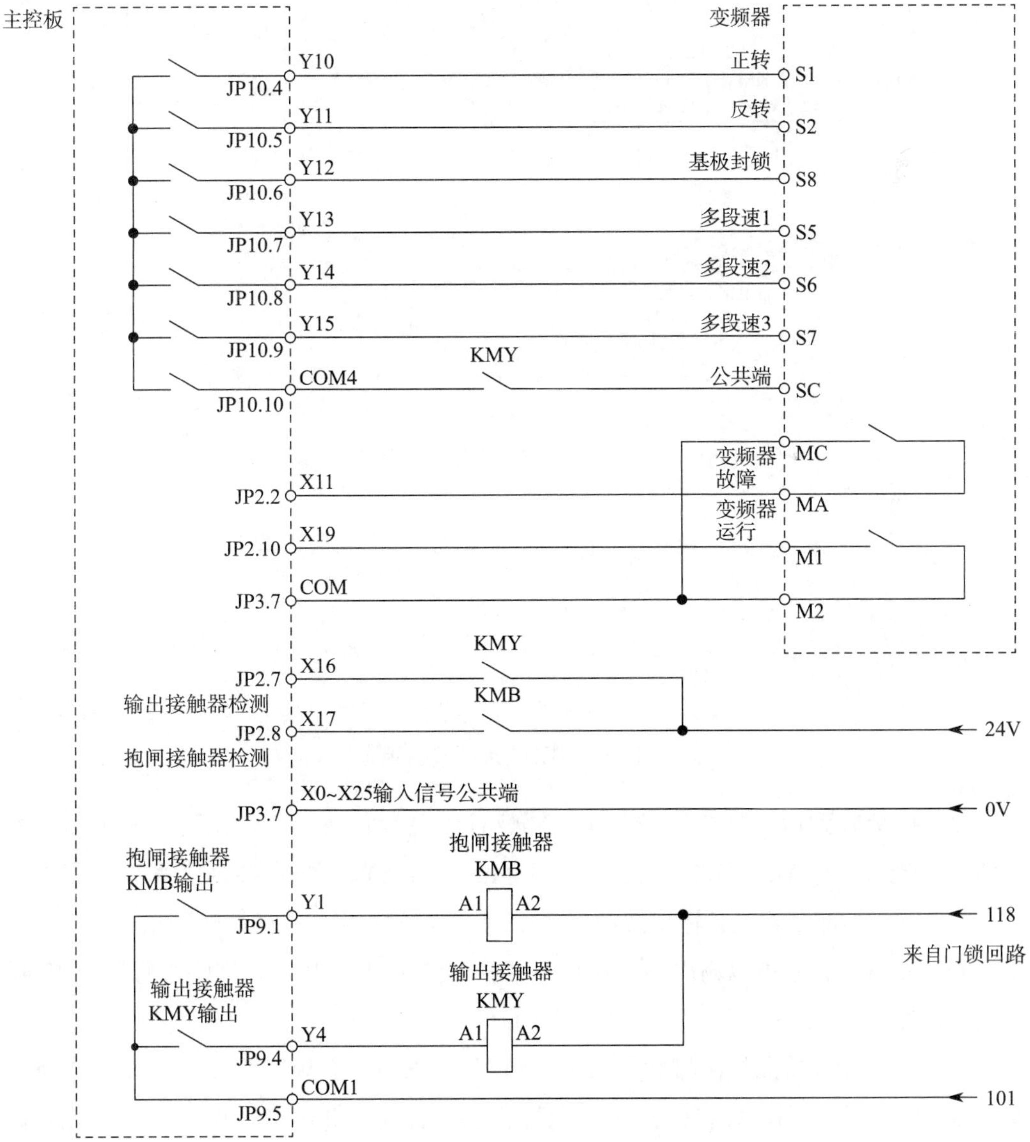

图 2-1-40　某型号电梯的控制线路图

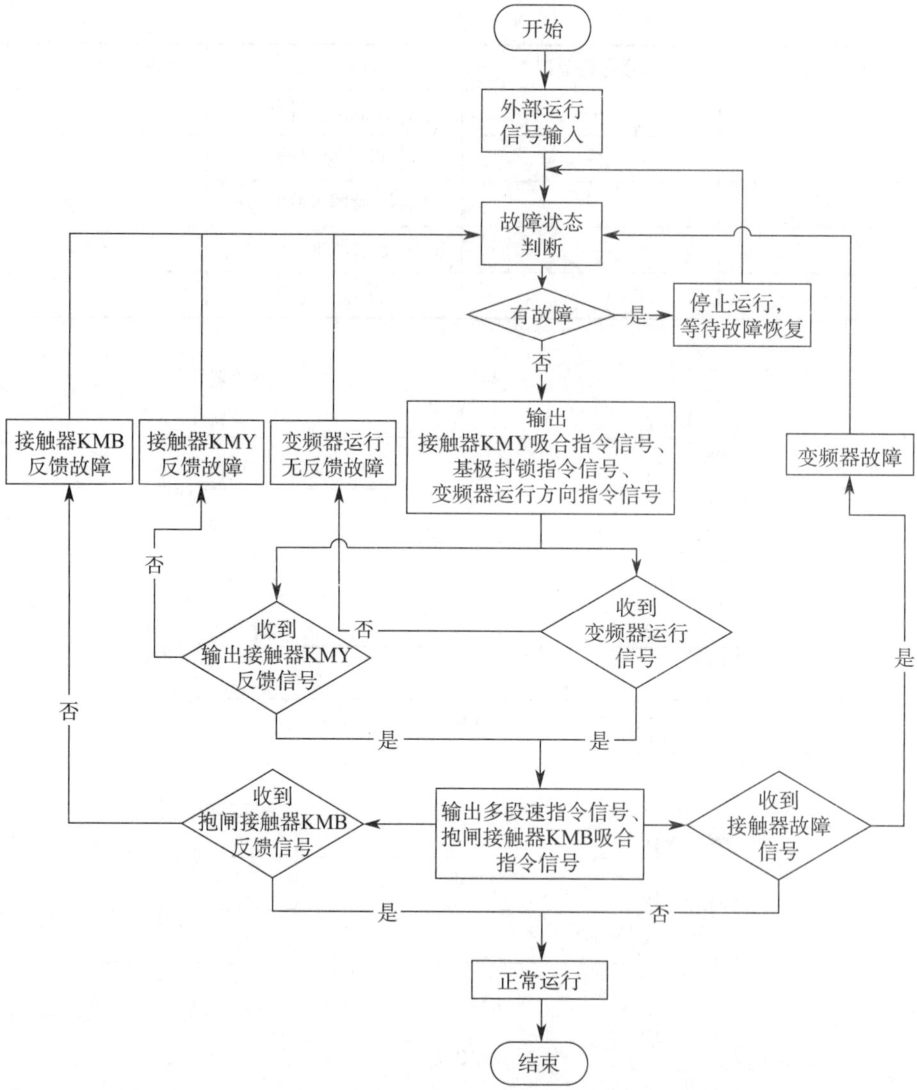

图 2-1-41　电梯控制系统控制逻辑

1. 主控板收到运行指令信号，在无故障且满足运行条件的情况下，输出接触器 KMY 吸合指令信号 Y4、基极封锁指令信号 Y12、变频器运行方向指令信号 Y10 或 Y11。

2. 主控板检测是否收到输出接触器 KMY 反馈信号 X16、变频器运行信号 X19，如果收到这些信号，才可以输出多段速指令信号 Y13、Y14、Y15 和抱闸接触器 KMB 吸合指令信号 Y1。

3. 主控板持续检测抱闸接触器 KMB 反馈信号 X17、变频器故障信号 X11 是否正常，如果均正常，则电梯将保持正常运行状态；否则，电梯将停止运行，等待故障恢复。

二、控制系统电气部件故障的诊断

1. 控制系统电气部件故障诊断关键点

控制系统的原理及控制逻辑较为复杂，进行电气部件故障诊断时，应把握以下关键点。

（1）看懂控制线路原理图。

（2）了解控制系统的运行逻辑。

（3）灵活采用观察法、电压法、电阻法等方法。

2. 控制系统电气部件故障诊断流程

控制系统输出接触器故障诊断流程如图2–1–42所示，控制系统抱闸接触器故障诊断流程如图2–1–43所示，控制系统变频器故障诊断流程如图2–1–44所示。

三、控制系统电气部件故障的修理

控制系统电气部件常见的故障有接触器故障、控制板故障和变频器故障。对于硬件损坏类故障，一般采用更换新件的方法进行修理。

1. 接触器更换方法

（1）切断主电源。

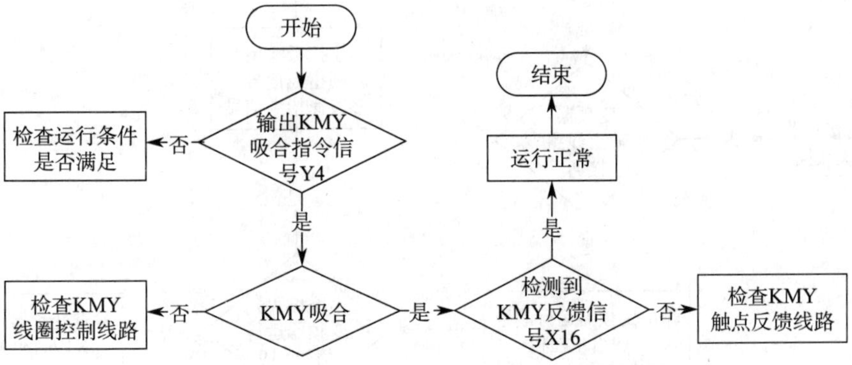

图2–1–42　控制系统输出接触器故障诊断流程

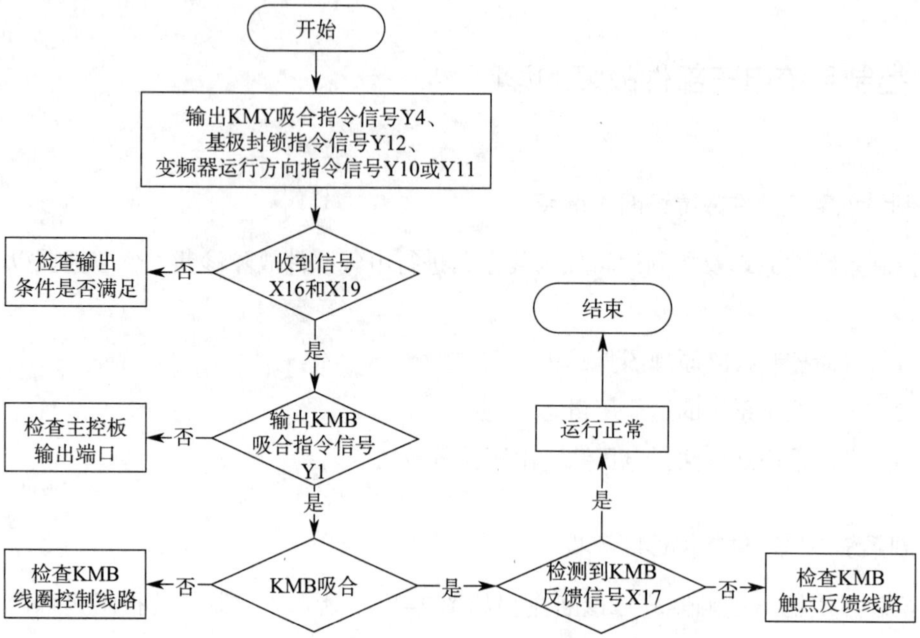

图 2-1-43　控制系统抱闸接触器故障诊断流程

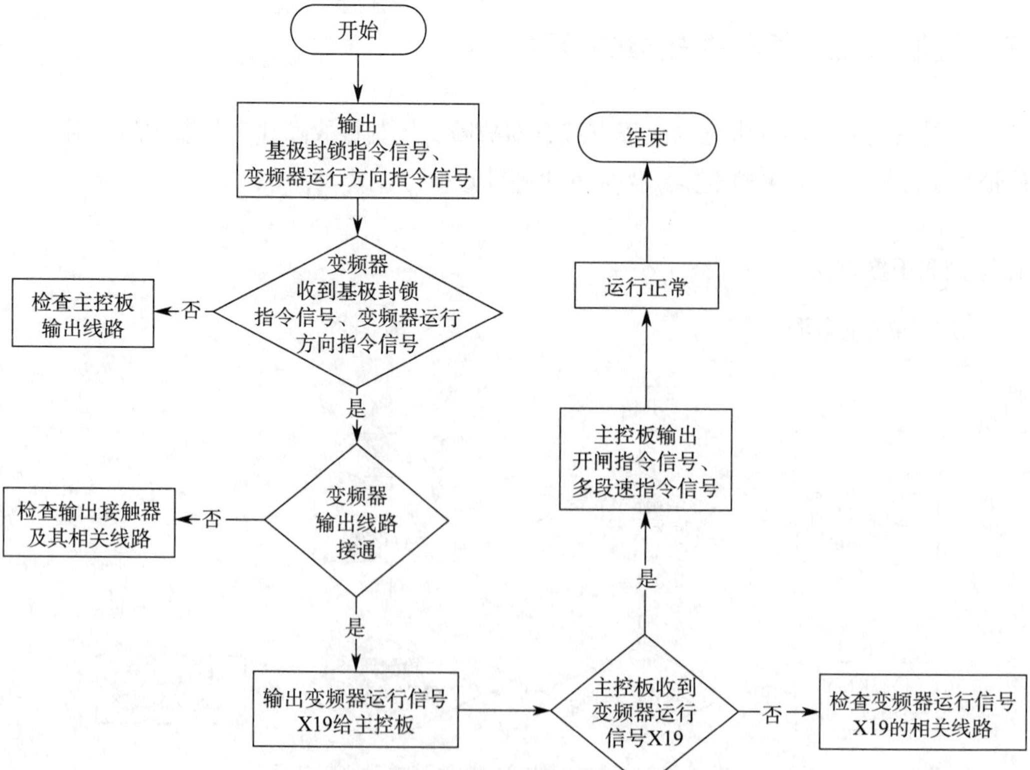

图 2-1-44　控制系统变频器故障诊断流程

（2）检查原接触器与新接触器型号是否一致，特别注意额定工作电压、触点类型等是否一致。

（3）拆下连接线，同时记录原来的接线方式，防止安装时接错线。

（4）拆下原接触器，妥善放置拆下来的固定件，防止丢失。

（5）安装、固定新接触器。

（6）按照记录的接线方式连接线路，进行必要的捆扎、固定。

（7）确认安装、接线无误后，送电测试。

（8）测试正常后，接触器更换完毕。

2. 控制板更换方法

（1）切断主电源。

（2）检查原控制板与新控制板型号是否一致，特别注意安装尺寸、控制板版本号、接插件类型等是否一致。

（3）拆下连接线，同时记录原来的接线方式，防止安装时接错线。

（4）拆下原控制板，妥善放置拆下来的固定件，防止丢失。

（5）安装、固定新控制板。

（6）按照记录的接线方式连接线路，进行必要的捆扎、固定。

（7）确认安装、接线无误后送电。

（8）按照使用说明书对控制板进行必要的调整。

（9）进行测试运行，测试正常后，控制板更换完毕。

3. 变频器更换方法

（1）切断主电源。

（2）检查原变频器与新变频器型号是否一致，特别注意安装尺寸、输入电压、输出功率等是否一致。

（3）等待变频器充分放电，充电指示灯熄灭后才能继续操作，防止触电。

（4）拆下连接线，同时记录原来的接线方式，防止安装时接错线。

（5）拆下原变频器，妥善放置拆下来的固定件，防止丢失。

（6）安装、固定新变频器。

（7）按照记录的接线方式连接线路，进行必要的捆扎、固定。

（8）确认安装、接线无误后送电。

（9）按照使用说明书输入变频器参数，完成电动机调谐。

（10）进行测试运行，测试正常后，变频器更换完毕。

学习单元 10　电梯方向、选层逻辑控制故障的排除

一、电梯方向、选层逻辑控制线路图的识读

某型号电梯的方向、选层逻辑控制线路相关图样包括自动定向原理图（见图 2–1–45）、轿内指令信号的登记与消除原理图（见图 2–1–46）、厅外召唤信号的登记与消除原理图（见图 2–1–47），其部分元器件代码表见表 2–1–5。注意，为方便学习，本学习单元所用图样为老式电梯图样，如继电器符号仍用 J，而未采用 K。

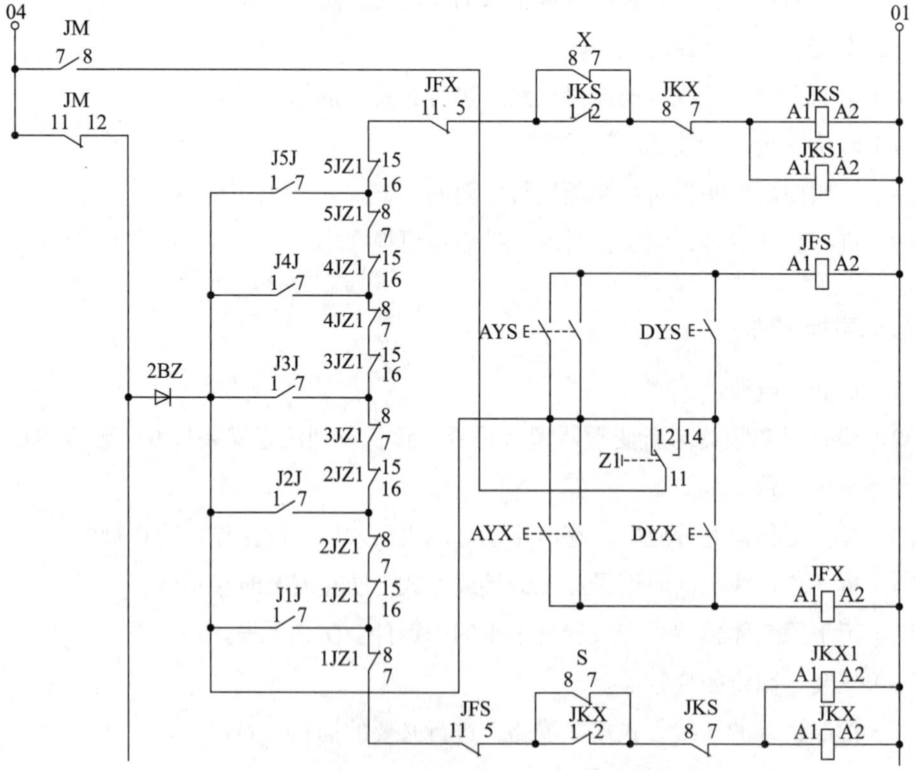

图 2–1–45　自动定向原理图（某型号电梯）

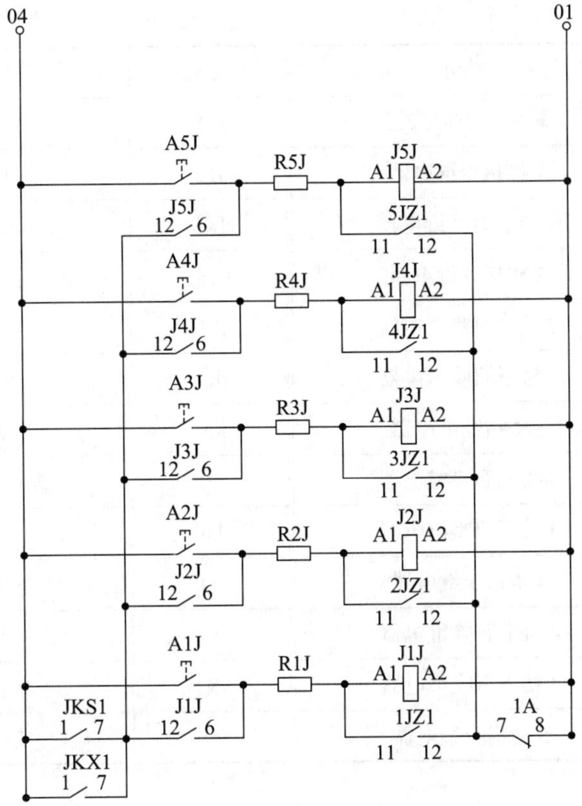

图 2-1-46 轿内指令信号的登记与消除原理图（某型号电梯）

表 2-1-5 部分元器件代码表

代码	说明	代码	说明
1A	加速接触器	A3J	3 楼指令按钮
1JZ1	轿厢位置 1 继电器	A3S	3 楼上召唤按钮
2JZ1	轿厢位置 2 继电器	A3X	3 楼下召唤按钮
3JZ1	轿厢位置 3 继电器	A4J	4 楼指令按钮
4JZ1	轿厢位置 4 继电器	A4S	4 楼上召唤按钮
5JZ1	轿厢位置 5 继电器	A4X	4 楼下召唤按钮
A1J	1 楼指令按钮	A5J	5 楼指令按钮
A1S	1 楼上召唤按钮	A5X	5 楼下召唤按钮
A2J	2 楼指令按钮	DYS	轿顶上方向按钮
A2S	2 楼上召唤按钮	DYX	轿顶下方向按钮
A2X	2 楼下召唤按钮	AYS	轿内上方向按钮

续表

代码	说明	代码	说明
AYX	轿内下方向按钮	J5X	5 楼下召唤继电器
J1J	1 楼指令继电器	JFS	向上继电器
J1S	1 楼上召唤继电器	JKS	上方向继电器
J2J	2 楼指令继电器	JKS1	上方向继电器 1
J2S	2 楼上召唤继电器	JFX	向下继电器
J2X	2 楼下召唤继电器	JKX	下方向继电器
J3J	3 楼指令继电器	JKX1	下方向继电器 1
J3S	3 楼上召唤继电器	JL	轿内蜂鸣器继电器
J3X	3 楼下召唤继电器	JM	检修继电器
J4J	4 楼指令继电器	JQ	驱动启动继电器
J4S	4 楼上召唤继电器	S	上行接触器
J4X	4 楼下召唤继电器	X	下行接触器
J5J	5 楼指令继电器	Z1	轿顶检修开关

1. 电梯的自动定向原理

电梯定向原则有以下三点：轿内召唤指令优先于各楼层召唤指令而定向；电梯要保持最远楼层召唤信号的方向运行；在司机操纵时，当电梯尚未启动运行时，应让司机有强行改变电梯运行方向的可能性。

如图 2–1–45 所示，1JZ1 到 5JZ1 的状态表示轿厢当前的实际位置。假设电梯在 3 层，3JZ1 的触点断开，当 2 楼指令继电器 J2J 的触点 1 和 7 闭合，楼层小于电梯位置楼层时，电源至继电器 JKX、JKX1 的线路导通，继电器 JKX、JKX1 吸合，下行定向。电梯如果处于有司机状态，在未启动的情况下，接触器 S 和 X 的辅助触点闭合，按钮 AYS 和 AYX 可以分别使继电器 JFS、JFX 吸合，切断定向继电器，取消定向。

2. 轿内指令信号的登记与消除原理

轿内指令按钮被按下后，如果电梯不在本层，则轿内指令信号将被登记。当电梯运行至本层后，轿内指令信号将消除。

如图 2–1–46 所示，假设电梯在 3 楼，轿内 2 楼指令按钮 A2J 动作，则 2 楼指令继电器 J2J 吸合，电梯立即下行定向，JKX1 的触点 1 和 7 闭合，J2J 自保持，2 楼信号

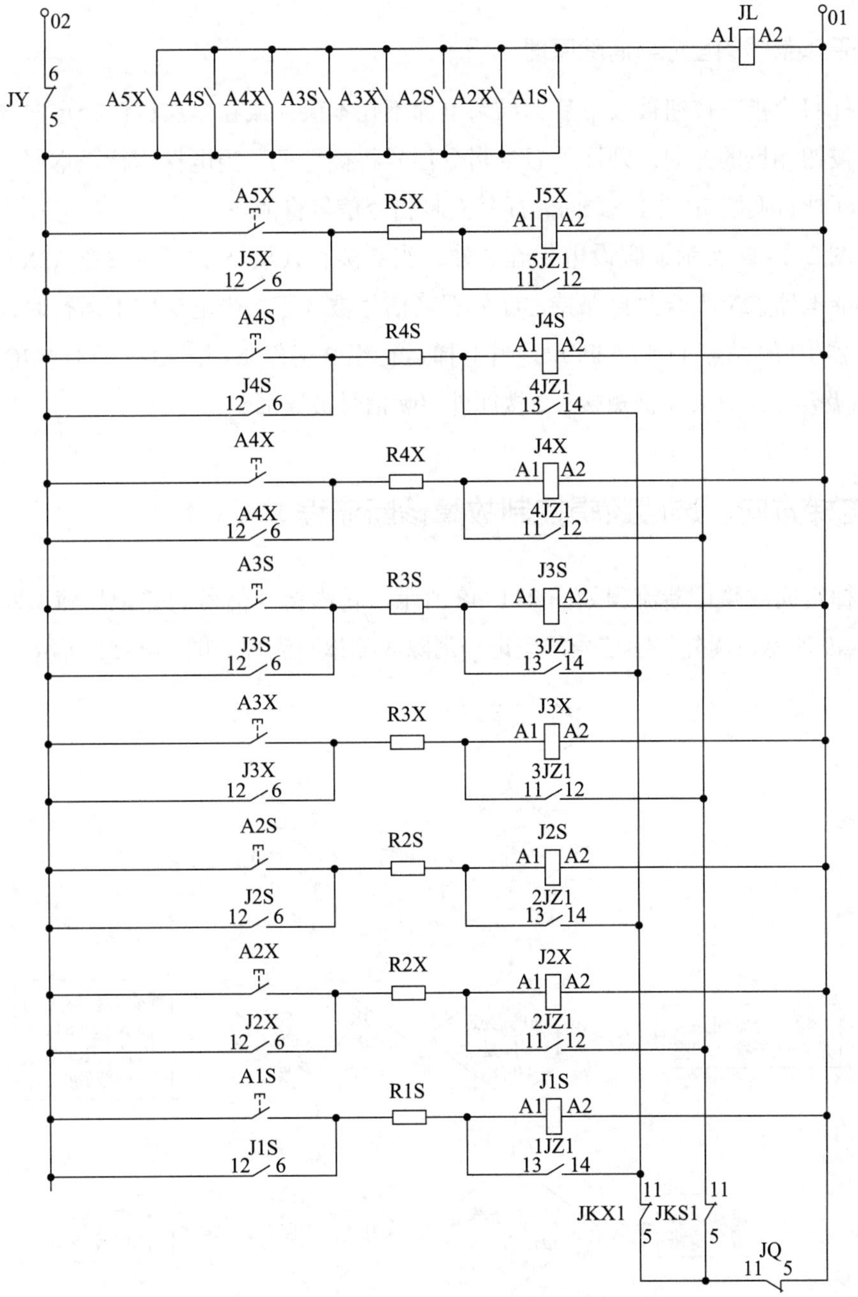

图 2-1-47 厅外召唤信号的登记与消除原理图（某型号电梯）

被登记。电梯向下运行至 2 楼，2JZ1 动作，进入减速状态时 1A 释放，1A 的触点 7 和 8 导通，此时 J2J 继电器被短接，J2J 释放，指令信号消除。

3. 厅外召唤信号的登记与消除原理

厅外召唤指令按钮被按下后，如果电梯不在本层，或在本层但已经定向与厅外召唤指令按钮相反的方向，则厅外召唤指令信号将被登记。当电梯运行至本层，且运行方向与厅外召唤按钮方向一致时，厅外召唤指令信号将消除。

如图 2–1–47 所示，假设电梯在 3 楼，当 2 楼有人按下下召唤按钮 A2X 时，2 楼下召唤继电器 J2X 吸合并自保持，厅外召唤信号被登记。当电梯向下运行时，驱动启动继电器 JQ 的触点 11 和 5 断开，当电梯运行至 2 楼停下时，2JZ1 吸合，JQ 的触点 11 和 5 吸合，此时 J2X 被短接，2 楼厅外召唤信号被取消。

二、电梯方向、选层逻辑控制故障诊断流程

电梯定向故障诊断流程如图 2–1–48 所示，轿内指令信号的登记故障诊断流程如图 2–1–49 所示，厅外召唤信号的登记与消除故障诊断流程如图 2–1–50 所示。

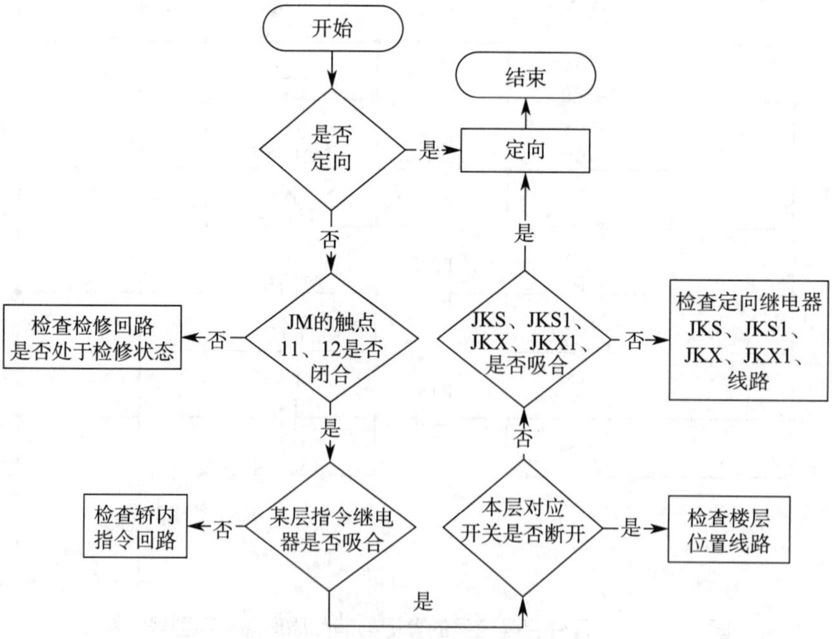

图 2–1–48　电梯定向故障诊断流程

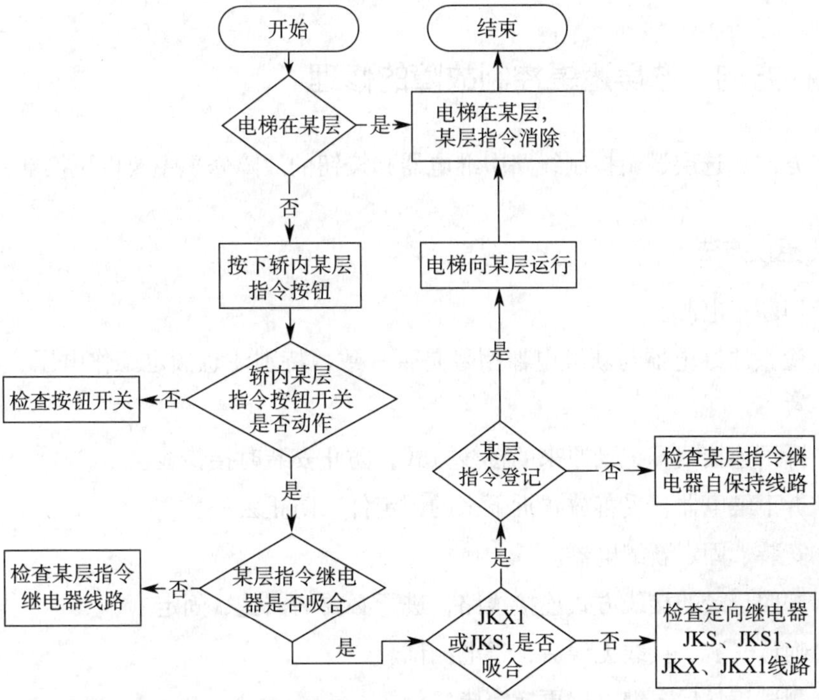

图 2-1-49　轿内指令信号的登记故障诊断流程

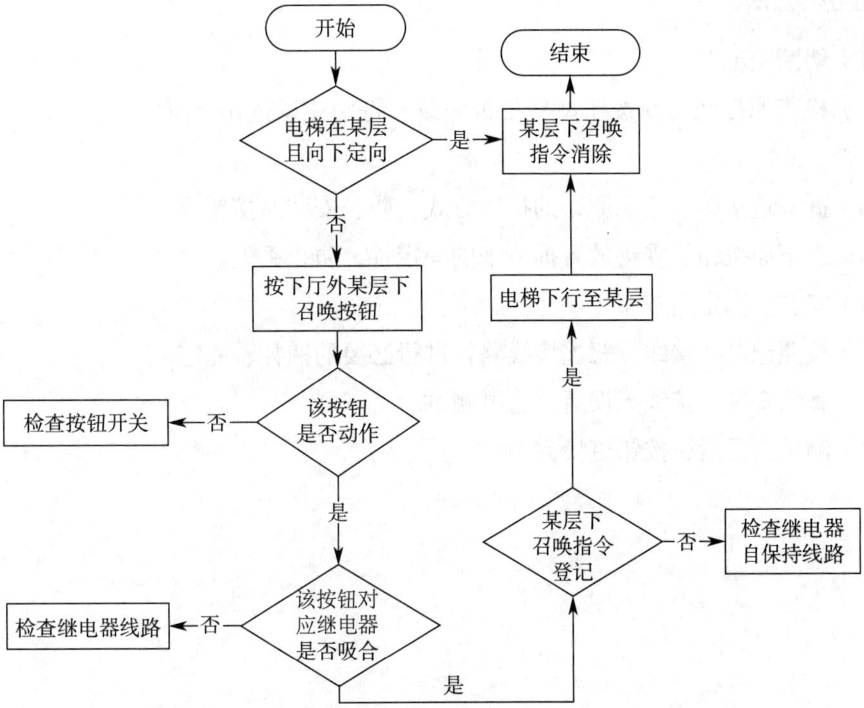

图 2-1-50　厅外召唤信号的登记与消除故障诊断流程

三、电梯方向、选层逻辑控制故障的修理

电梯方向、选层逻辑控制线路中继电器和按钮的故障修理主要以更换部件为主。

1. 继电器更换方法

（1）切断主电源。

（2）检查原继电器与新继电器型号是否一致，特别注意额定工作电压、触点类型等是否一致。

（3）拆下连接线，记录原来的接线方式，防止安装时接错线。

（4）拆下继电器，妥善放置拆下来的固定件，防止丢失。

（5）安装、固定新继电器。

（6）按照记录的接线方式连接线路，进行必要的捆扎、固定。

（7）确认安装、接线无误后，送电测试。

（8）测试正常后，继电器更换完毕。

2. 按钮更换方法

（1）切断主电源。

（2）检查原按钮与新按钮型号是否一致，特别注意按钮字符、端口电压、接插件类型是否一致。

（3）拆下连接线，记录原来的接线方式，防止安装时接错线。

（4）拆下原按钮，妥善放置拆下来的固定件，防止丢失。

（5）安装、固定新按钮。

（6）按照记录的接线方式连接线路，进行必要的捆扎、固定。

（7）确认安装、接线无误后，送电测试。

（8）测试正常后，按钮更换完毕。

课程 2-2 井道设备

学习单元 1 层门门扇联动机构与悬挂装置故障的排除

一、层门门扇联动机构与悬挂装置的结构和原理

1. 层门门扇联动机构的结构和原理

为节省井道空间，电梯门大多采用两个门扇或 4 个门扇。在门的开关过程中，轿门门刀通过层门门球直接带动一个门扇，层门之间的移动是靠联动机构来实现的。常用的联动机构有连杆传动机构和钢丝绳传动机构。

采用连杆传动机构的层门门扇联动机构（见图 2–2–1）常用于双折旁开式开关门。当轿门开门时，轿门门刀带动层门门扇 1 的门球动作，从而带动门扇 1 开门，由于门扇 1 和门扇 2 通过一个四连杆机构连接，因此门扇 2 在连杆传动机构的作用下同时开门。由于连杆传动机构各杆长度不一，因此门扇 1 的开关门速度大于门扇 2，但当门扇 1 开关门到位时，门扇 2 也同时到位。

采用钢丝绳传动机构的层门门扇联动机构（见图 2–2–2）可用于中分式和双折旁开式开关门。当轿门开门时，轿门门刀带动层门门扇 1 开门，由于门扇 1 和门扇 2 通过钢丝绳传动机构连在一起，因此门扇 2 在钢丝绳传动机构的作用下同时开门。由于门扇 1 和门扇 2 分别与钢丝绳传动机构的上边和下边连接，因此门扇 1 与门扇 2 的开关门方向相反。

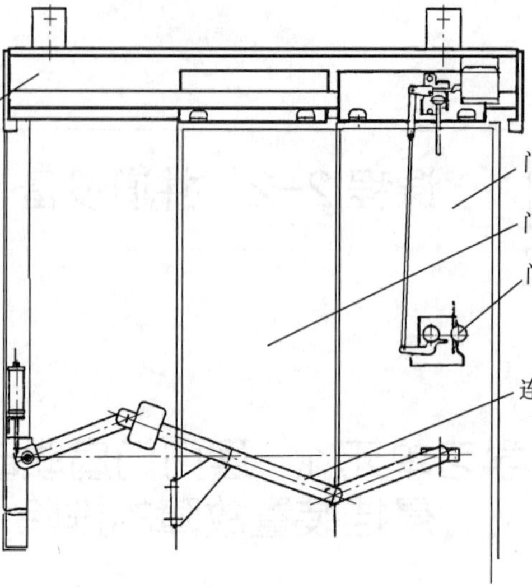

图 2-2-1　采用连杆传动机构的层门门扇联动机构

图 2-2-2　采用钢丝绳传动机构的层门门扇联动机构

2. 层门悬挂装置的结构和原理

层门悬挂装置是用来悬挂层门并开关层门的，由悬挂装置本体、门导轨、门挂板、门锁等组成，如图 2-2-3 所示。

图 2-2-3　层门悬挂装置的结构

门导轨安装在悬挂装置本体上，门滑轮与门挂板连在一起（一般铆接）后装在门导轨上，门扇上部与门挂板通过螺栓连接，门扇下部安装门滑块，门滑块嵌在门滑槽内，如图 2-2-4 所示。

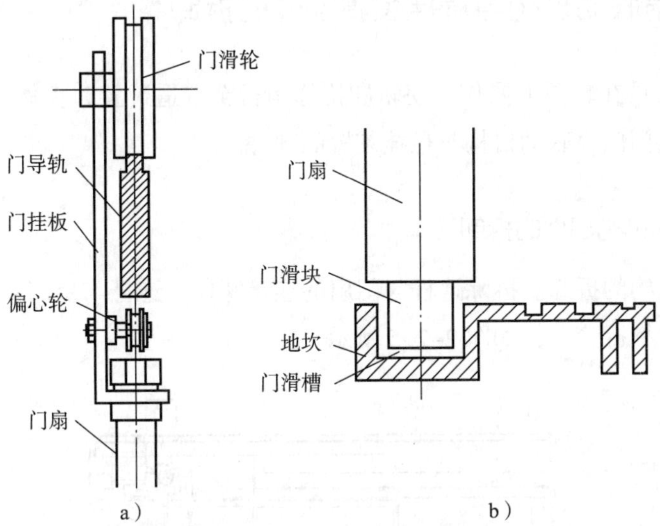

图 2-2-4　层门悬挂装置的结构
a）门扇上部与门挂板连接　b）门扇下部安装门滑块

当门扇上部沿着门导轨水平移动时（即开关门），门扇下部的门滑块在门滑槽内同时水平移动，这样，在正常外力作用下，门扇是不会倒向井道的。

层门悬挂装置上还装有门锁，只有在门锁锁钩啮合后，且啮合长度符合要求的情况下，门锁的电气触点（位于主动门）与被动门的电气触点才能接通，此时电梯方能运行。

当轿厢处在开锁区域以外时，层门无论以何种原因开启，自动关门装置都能确保层门自动关闭。

二、层门门扇联动机构与悬挂装置故障的修理

层门门扇联动机构常见的故障有杆件变形、杆件轴承磨损、传动钢丝绳磨损等。若杆件变形或杆件轴承磨损，则必须更换相应的杆件组件。若传动钢丝绳磨损，也需要更换传动钢丝绳。

层门悬挂装置常见故障有门滑轮磨损、门滑轮轴承磨损、门导轨磨损、偏心轮磨损等。若门滑轮磨损、门滑轮轴承磨损，则一般直接更换门挂板组件。因为门滑轮铆

接在门挂板上，而门滑轮轴承安装在门滑轮轴上，二者在现场均不易拆卸，所以一般直接更换门挂板组件。若门导轨或偏心轮磨损，则需要更换门导轨或偏心轮。

三、层门门扇联动机构与悬挂装置部件的拆卸

通常作业人员在轿顶上操作，使轿厢检修运行至合适位置，在做好层门安全防护后，开始拆卸层门门扇联动机构与悬挂装置的部件。

1. 层门门扇联动机构部件的拆卸

（1）连杆机构的拆卸。拆除连杆与门扇的连接螺栓、连杆与层门立柱的连接螺栓，连杆组件就能完整拆除了，如图 2–2–5 所示。

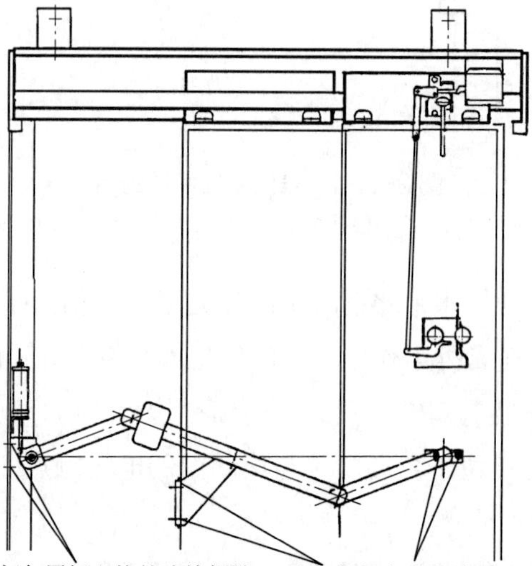

图 2–2–5　连杆机构的拆卸

（2）传动钢丝绳的拆卸。拆除传动钢丝绳两端的固定螺母，卸下整个传动钢丝绳，如图 2–2–6 所示。

2. 层门悬挂装置部件的拆卸

（1）门挂板与偏心轮的拆卸。先拆除门挂板与门扇的连接螺栓，将门扇搬离；再拆除门挂板上的偏心轮固定螺母，取下偏心轮；最后将门挂板拆除。

（2）门导轨的拆卸。拆除门导轨与悬挂装置本体的固定螺栓，门导轨即可拆下。

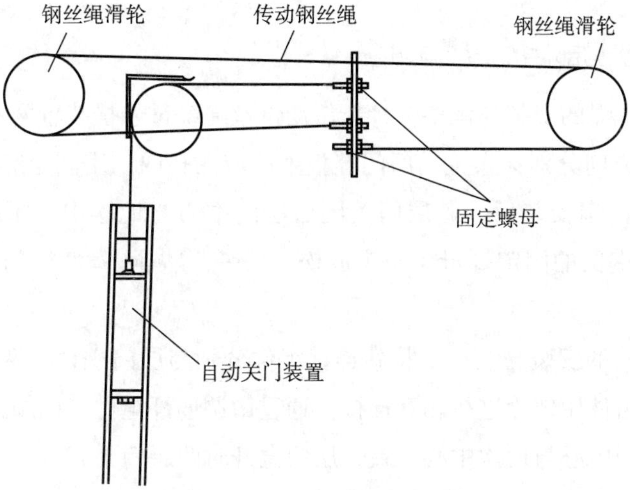

图 2–2–6　传动钢丝绳的拆卸

四、层门悬挂装置与门扇联动机构部件的安装与调整

1. 层门悬挂装置部件的安装与调整

（1）门导轨的安装。在拆除传动钢丝绳（或连杆机构）、门挂板、旧门导轨等后，将新门导轨用固定螺栓固定在悬挂装置本体的指定位置上。

（2）门挂板的安装。在新门导轨安装后，将新门挂板直接套在门导轨上。

（3）偏心轮的安装与调整。将新偏心轮套入弹簧垫圈，再插入门挂板的偏心轮安装孔内，再套入平垫圈、弹簧垫圈，用固定螺母略紧固偏心轮轴，如图 2–2–7 所示。将偏心轮与门导轨的间隙调整到 0.1 ~ 0.3 mm，紧固固定螺母。

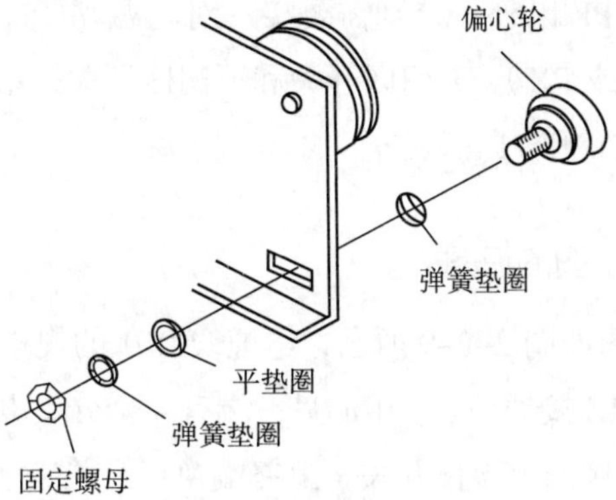

图 2–2–7　偏心轮的安装

2. 层门门扇联动机构部件的安装与调整

（1）传动钢丝绳的安装与调整。将新传动钢丝绳绕过悬挂装置两头的钢丝绳滑轮，将其端头从不同方向分别穿入主动门门挂板上相应的孔内，用固定螺母固定传动钢丝绳端头。当层门门扇安装后，若层门关闭后层门中心与地坎中心不一致，则可通过调节传动钢丝绳端头的固定螺母（一头放松，另一头收紧），使层门中心与地坎中心一致。

（2）连杆机构的安装与调整。将新连杆组件分别与层门立柱、两个门扇用螺栓连接，最后将连杆组件用螺栓进行相互连接。通过微调连杆组件与门扇连接螺栓的位置，使层门关闭时层门中心与地坎中心一致，层门全开时两层门平齐。

学习单元 2　井道位置信息装置故障的排除

一、井道位置信息装置电气接线图的识读

1. 平层信息装置电气接线图的识图

平层和门区开关电气接线图如图 2–2–8 所示，电缆线 M08 的规格为 RVV 6×0.75+1×2，它连接轿顶检修箱与平层和门区开关。上平层开关和下平层开关的接线方式相同，除了有接地线 PE 以外，分别需要接一对电源端子（+24 V 和 COM）和一个平层输出信号端子（PS 或 PX）。上门区开关和下门区开关一端接 +24 V 电源端子，另一端分别接输出信号线 70 和 71。

2. 端站信息装置电气接线图的识图

端站开关电气接线图如图 2–2–9 所示，电缆线 R01 的规格为 RVV 19×0.75+1×2，它的一端连 HA、HB、HE 接插件。R01 的另一端有 4 个分支电缆，分别是 H01、H02、H03、H04，它们分别连接到上限位开关、上终端换速开关、下终端换速开关、下限位开关。

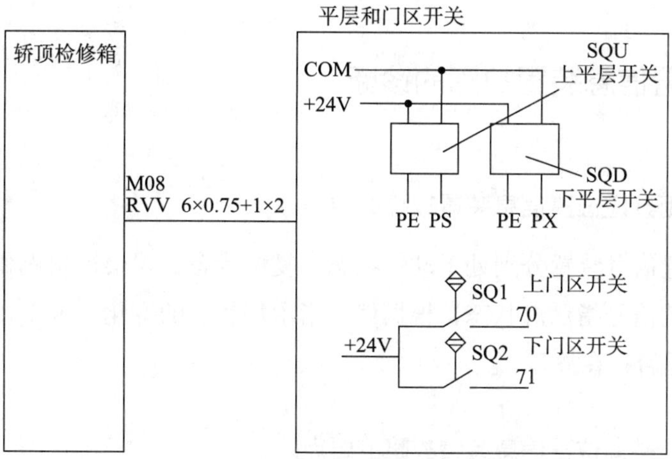

图 2-2-8 平层和门区开关电气接线图

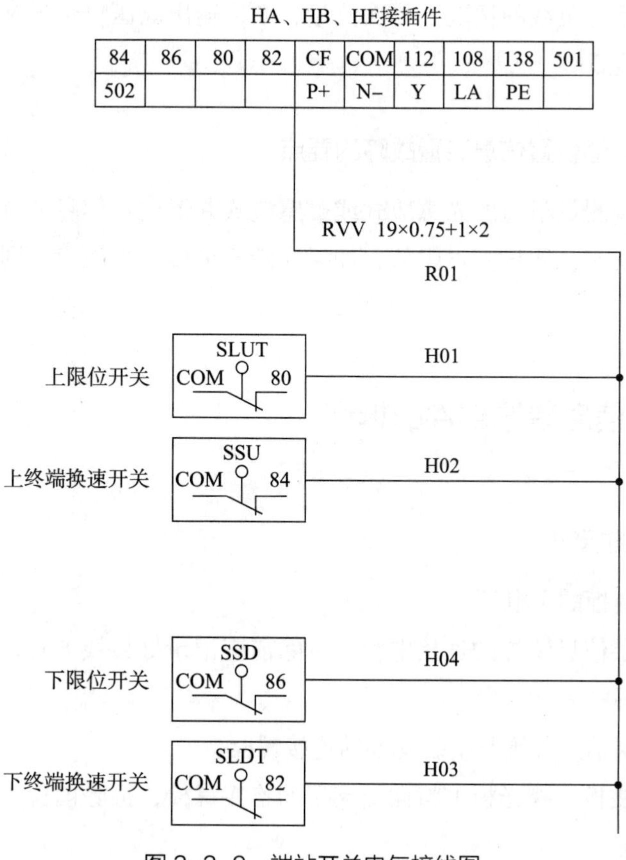

图 2-2-9 端站开关电气接线图

二、井道位置信息装置故障的诊断

1. 用观察法诊断井道位置信息装置故障的要点

令井道位置信息装置分别处于动作状态、复位状态，观察控制板和井道位置信息装置本身设置的信号指示灯状态，根据信号指示灯状态的变化，可以直观地判断井道位置信息装置是否存在故障。

2. 用电压法诊断井道位置信息装置故障的要点

令井道位置信息装置分别处于动作状态、复位状态，测量其输出电压。如果输出电压异常，要在断开负载的情况下再次测量，如果输出电压仍然异常，则说明井道位置信息装置存在故障。

3. 用电阻法诊断井道位置信息装置故障的要点

对于可以直接测量阻值的光感应式或磁感应式井道位置信息装置，令其分别处于动作状态、复位状态，测量其电阻值，如果通断不灵敏、不稳定，则说明井道位置信息装置存在故障。

三、井道位置信息装置部件的拆卸

1. 平层信息装置的拆卸

（1）切断控制柜的主电源。

（2）拆除平层信息装置的连接电缆，拆除前应记录好接线方式，并在安装位置上做好标记。

（3）拆除平层信息装置与安装支架的连接螺栓。

（4）拆除隔磁板（隔光板）与插板支架的连接螺栓，拆除前应在安装位置上做好标记。

（5）取下隔磁板（隔光板）。

2. 端站信息装置的拆卸

端站信息装置一般安装在井道上下端站附近的专用开关支架上，拆卸步骤如下。

（1）切断控制柜的主电源。

（2）拆除支架背面的罩壳。

（3）拆除连接电缆，拆除前应记录好接线方式，并在安装位置上做好标记。

（4）拆除端站信息装置与专用开关支架的连接螺栓，取下端站信息装置。

四、井道位置信息装置部件的安装与调整

1. 平层信息装置的安装与调整

（1）平层信息装置的安装

1）切断控制柜的主电源。

2）按照拆卸时标记的位置，将新平层信息装置固定在安装支架上。

3）按照拆卸时记录的接线方式，接上连接电缆，单个平层信息装置就安装好了。

4）按照拆卸前标记的位置，将新隔磁板（隔光板）安装在插板支架上。

（2）平层感应器和隔磁板（隔光板）的调整

1）调整要求。平层感应器和隔磁板（隔光板）要安装可靠、稳定。隔磁板（隔光板）的垂直度偏差应不大于 1/1 000，隔磁板（隔光板）与平层感应器两侧的间隙应基本一致。

2）调整方法。轿厢检修运行至某一层的平层位置，以轿顶传感器为基准，适当拧松隔磁板（隔光板）与插板支架的连接螺栓，然后移动隔磁板（隔光板）或插板支架的位置，使隔磁板（隔光板）的位置符合随机资料要求。位置调整完成后，拧紧隔磁板（隔光板）与插板支架的连接螺栓。注意，应调整所有楼层隔磁板（隔光板），让它们的安装轨迹在同一直线上，使电梯运行时隔磁板（隔光板）能正常、等距地通过轿顶传感器。

隔磁板（隔光板）的安装位置对轿厢的平层质量有很大影响，因此要通过逐站的校核、调整，使各站平层精度达到 5 mm 之内。

2. 端站信息装置的安装与调整

（1）端站信息装置的安装

1）切断控制柜的主电源。

2）按照拆卸时的标记位置，将新端站信息装置固定在专用开关支架上。

3）按照拆卸时记录的接线方式接上连接电缆。

（2）端站信息装置的调整

1）给控制柜的主电源送电。

2）人为动作端站信息装置，检查其是否正常，确认一切正常后才能进行下一步操作。

3）以检修点动的方式操作轿厢向端站信息装置的方向运行，检查端站信息装置动作时，其安装位置是否满足安装使用维护说明书的要求。

如果不满足安装使用维护说明书的要求，应记录下此时端站信息装置的位置，然后移动端站信息装置或微调其安装位置，调好后锁紧各连接螺栓。调整端站信息装置的位置时，应检查连接电缆的活动长度是否合适，如果不合适，应根据需要适当移动连接电缆。

4）调整完成后，重复 3），直至端站信息装置被调整到合适的位置。

学习单元 3　内外呼信号设备故障的排除

一、内外呼信号设备的结构和原理

每个内外呼信号设备都可看作一个具有控制功能的通信板。

在当前主流的电梯控制系统结构中，内外呼信号设备通过串行通信总线与电梯主控板相连，如图 2–2–10 所示。电梯控制系统实时进行各控制单元间的信息交换和数据处理，按集中管理、分散控制原则来实施整个控制系统的功能操作与过程控制。

每个内外呼信号设备都可以设置独立的“地址”，在信号传输过程中可以相互识别。

内外呼信号设备的端口一般包括串行通信口、信号输入口、信号输出口，如图 2–2–11 所示。

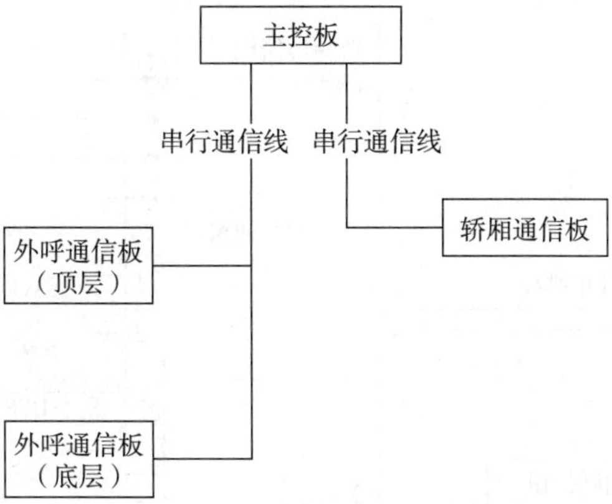

图 2-2-10　电梯控制系统结构图

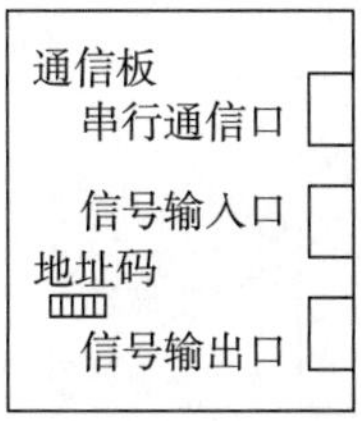

图 2-2-11　内外呼信号设备的端口

二、内外呼信号设备电气接线图的识读

1. 内呼信号设备电气接线图的识读

内呼信号设备电气接线图如图 2-2-12 所示，该内呼信号设备由轿厢通信板和轿厢指令板组成。

（1）轿厢通信板上设置有串行通信口，该端口通过双绞屏蔽线与电梯主控板连接。

（2）司机换向按钮、司机 / 自动开关、独立运行开关、直驶按钮、消防员开关、关门按钮、开门按钮直接连到轿厢通信板上。

（3）轿厢指令板与轿厢通信板通过连接排线连接。

（4）轿厢内的内呼按钮与轿厢指令板连接。

（5）开门指令、关门指令及各楼层指令均通过 4 个端口传输，其中两个是按钮信号输入端口，另外两个是对应的信号灯输出端口。

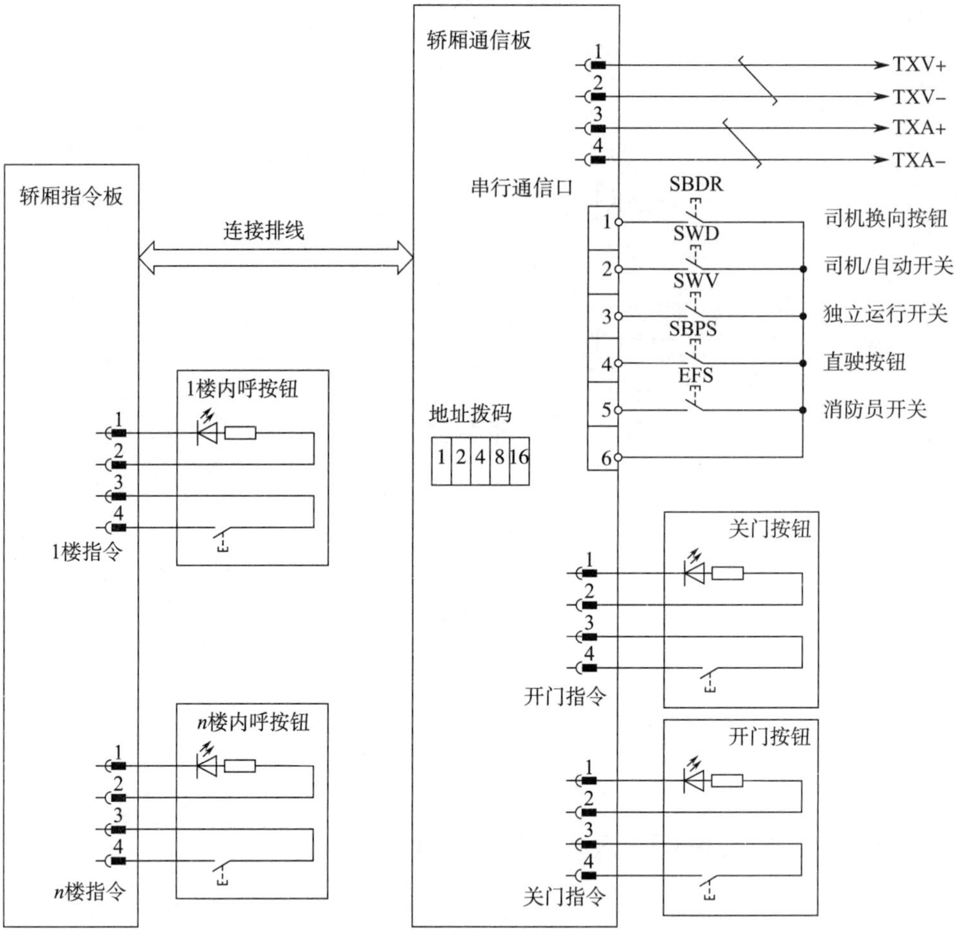

图 2-2-12　内呼信号设备电气接线图

2. 外呼信号设备电气接线图的识读

外呼信号设备电气接线图如图 2-2-13 所示，该外呼信号设备是一个外呼通信板。

（1）外呼通信板上设置有串行通信口，该端口通过双绞屏蔽线与电梯主控板连接。

（2）上呼梯按钮、下呼梯按钮、锁梯开关、消防开关直接连到外呼通信板上。

（3）外呼通信板上的地址拨码可以设置外呼通信板的“唯一地址”，通过该“唯一地址”，电梯主控板可以识别该外呼通信板所处的楼层位置。

（4）上呼梯指令和下呼梯指令均通过 4 个端口传输，其中两个是按钮信号输入端口，另外两个是对应的信号灯输出端口。

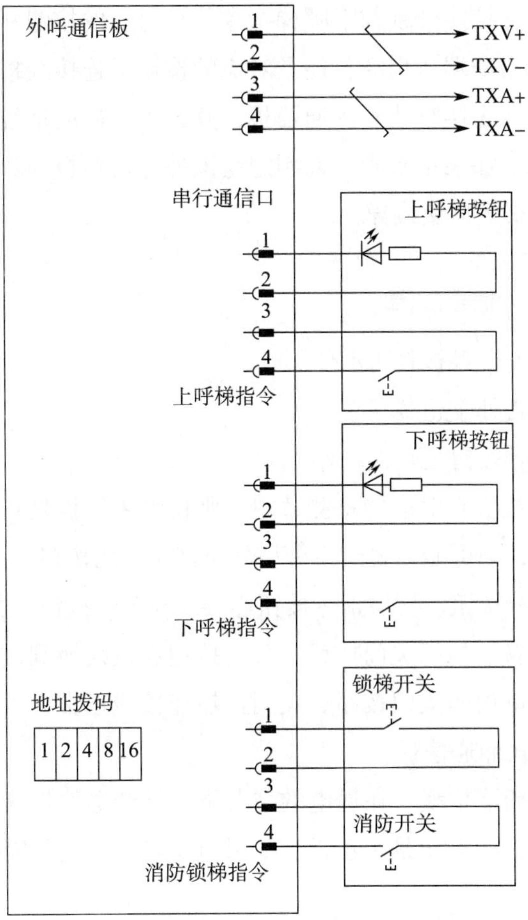

图 2-2-13　外呼信号设备电气接线图

三、内外呼信号设备故障的诊断

1. 电梯不响应某一外呼通信板的上呼梯指令信号故障

（1）使用观察法缩小故障范围。例如，检查外呼通信板是否破损。通过电梯操作器检查电梯是否处于司机状态、直驶状态或某种故障状态，这些状态可能会导致电梯控制系统不响应上呼梯指令信号。

（2）检查外呼通信板的地址是否正确。如果该外呼通信板的地址设置成了顶层外呼通信板的地址，那么电梯控制系统可能就无法响应上呼梯指令信号。如果地址设置重复，也会导致上呼梯指令信号无法被响应。

（3）检查下呼梯指令信号是否正常。如果下呼梯指令信号正常，可以把上呼梯指令信号对应的按钮和连接线分别与下呼梯指令信号对应的按钮和连接线对换，测试是外呼通信板的上呼梯指令端口损坏，还是对应的按钮或连接线损坏。如果下呼梯指令信号也不正常，则需要更换整块外呼通信板，并设置正确的地址，然后手动测试上呼梯指令信号是否正常，如果正常则可以判定是该外呼通信板损坏，否则可能是主控板或主控板与外呼通信板的连接线异常。

2. 电梯不响应关门指令信号故障

（1）检查光幕或安全触板是否动作。

（2）检查电梯是否处于超载状态。

（3）检查本层外呼按钮是否误动作。

（4）如果电梯主控板有对应的检测菜单，则检测主控板是否可以收到关门指令信号。如果收不到信号，则可能是关门指令信号及其对应的按钮、连接线异常。

（5）如果楼层指令按钮、楼层指令按钮连接线与关门按钮、关门按钮连接线一致，则可以把它们进行对换。如果关门按钮、关门按钮连接线换到楼层指令按钮上后，该楼层按钮正常响应，则说明关门按钮、关门按钮连接线正常，可能是关门按钮端口损坏，可以尝试更换该轿厢通信板。

（6）拆下关门按钮连接线，在通电的情况下，结合电气接线图，用万用表电压挡测量关门指令输入端口的电压是否正常。如果电压异常，则可能是关门指令输入端口异常。

四、内外呼信号设备部件的拆卸

1. 切断相关线路电源，避免带电操作。

2. 打开内外呼信号设备的箱体，拆下内外呼信号设备的连接线。注意，务必提前记录原来的接线方式，防止安装时接错线。

3. 观察内外呼信号设备的固定方式，选择匹配的工具并采用对应的拆卸方式拆卸。

4. 妥善放置拆下来的固定件，防止丢失。

五、内外呼信号设备部件的安装

1. 切断相关线路电源，避免带电操作。

2. 查看待更换的内外呼信号设备的型号、外观、安装方式、接线方式等是否与原来的一致，确认一致后才可以进行安装。

3. 选用合适的工具，把内外呼信号设备小心地安装到对应的位置，并固定好，此时务必确认内外呼信号设备内部电子元器件没有碰到其他金属。

4. 接着按照记录的接线方式恢复设备线路。

5. 进行通电测试，通过按钮选层观察选层功能是否正常，按钮亮光是否正常。

6. 确认内外呼信号设备正常工作后，断开电源，关好内外呼信号设备的箱体门。注意，关箱体门前应对连接线进行必要的捆扎、固定，关箱体门时不能对线路和设备造成挤压。

7. 关箱体门后，还要再次进行通电测试，确认一切正常后，安装才算完成。

学习单元 4　极限开关位置的检查与调整

一、极限开关位置的要求

对于凸轮式极限开关来说，在任何情况下，凸轮边缘与撞弓边缘的间距都应不小于 5 mm。在极限开关动作时，凸轮应与撞弓可靠接触。

极限开关应设置在尽可能接近端站时起作用而无误动作危险的位置，且极限开关应在轿厢或对重接触缓冲器之前起作用，并在缓冲器被压缩期间保持动作状态。不同品牌、不同型号的电梯对极限开关动作距离的具体要求不一样，检查及调整时需要按照制造商的安装使用维护说明书操作。

二、极限开关位置的检查与调整方法

1. 极限开关位置的检查方法

（1）人为动作极限开关，检查极限开关是否可以有效切断安全回路。

（2）取消端站限位功能。因为电梯具有端站限位功能，不能直接操作轿厢使其运行检验极限开关，所以需要先取消端站限位功能。有些电梯需要通过设置参数来取消，有些电梯需要通过短接的方法来取消，应按照制造商的安装使用维护说明书操作。

（3）在轿顶以检修点动的方式操作轿厢向极限开关的方向运行，直到极限开关动作，检查极限开关的动作距离是否满足安装使用维护说明书的要求。在极限开关的动作距离不方便直接测量的时候，可以选择合适的参照物，进行间接测量。例如，可以测量端站层门地坎和轿厢地坎的间距，以得到极限开关的动作距离。

（4）检查极限开关动作时凸轮边缘与撞弓边缘的间距。

2. 极限开关位置的调整方法

（1）检查极限开关位置的同时，记录需要调整的尺寸，并在原安装位置做适当的标记供参考。

（2）将轿厢停至方便操作的位置，切断控制柜的主电源。

（3）根据记录的需要调整的尺寸，调整极限开关的位置，锁紧各紧固螺栓。移动极限开关时，如果有需要，应同时移动极限开关的连接线，但不可拉拽连接线。

（4）接通电源，按照极限开关位置的检查方法重新检查，如果仍不符合要求，重复以上操作，直至极限开关被调整到合适的位置。

课程 2-3　轿厢对重设备诊断修理

学习单元 1　轿门门扇联动机构故障的排除

一、轿门系统的组成

门扇联动机构、门机机械装置和悬挂装置构成了轿门系统，三部分共同作用使轿门门扇完成开关门动作。轿门门扇联动机构分为连杆型门扇联动机构和齿形带型门扇联动机构。轿门门机机械装置型号不同，结构不同。轿门悬挂装置主要由门挂板和门导轨组成。

二、轿门系统的开关门原理

1. 采用连杆型门扇联动机构（见图2-3-1）的轿门系统

门电动机通过三角带与减速带轮连接，减速带轮轴上安装小链轮，小链轮通过链条带动大链轮转动，门电动机在指令信号作用下进行正反旋转，进而带动大链轮进行正反转动。大链轮上安装了两套连杆机构，分别由连杆1、3、5与连杆2、4、6组成。其中连杆1、2固定在大链轮上，连杆3、4在连杆1、2的作用下，带动连杆5、6同时向相反方向移动，连杆5、6固定在门挂板上，门挂板因此沿着门导轨水平移动，轿门门扇安装在门挂板上，因此连杆5、6的运动直接动带动轿门的开关。

图2-3-1　连杆型门扇联动机构

2. 采用齿形带型门扇联动机构（见图2-3-2）的轿门系统

门电动机上装有齿形带轮，门机架另一端同样安装一齿形带轮，齿形带轮之间装有齿形带，门电动机转动，齿形带移动。两个门挂板分别由安装臂固定在齿形带的上边和下边，门扇安装在门挂板上，门挂板同时挂在门导轨上。当门电动机根据信号指令正反旋转时，齿形带的上边和下边分别按相反的方向水平移动，从而两个门扇的运动轨迹方向相反，即完成轿门的开关门。

图 2-3-2　齿形带型门扇联动机构

三、轿门门扇联动机构故障的修理

连杆型门扇联动机构的故障主要有连杆变形、连杆内轴承损坏，修理对策是更换连杆组件。

齿形带型门扇联动机构的故障主要有齿形带断裂或磨损严重、齿形带轮轴承磨损，修理对策是更换齿形带及齿形带轮。

四、轿门门扇联动机构部件的拆卸

1. 连杆型门扇联动机构部件的拆卸

拆除连杆 1 与大链轮的连接螺栓，拆除连杆 5 与门挂板的连接螺栓，整个连杆机构就能拆下。同理，拆除连杆 2 与大链轮的连接螺栓，拆除连杆 6 与门挂板的连接螺栓，另一个连杆机构也就能拆下。

2. 齿形带型门扇联动机构部件的拆卸

把门扇拆下，把门挂板与齿形带之间起固定作用的安装臂拆下，将固定螺栓和张紧螺栓（见图 2–3–3）旋松，此时齿形带松弛；再将门电动机与门机架的固定螺栓拆除，将门电动机拆下（注意，不要扯断门电动机的电缆线），同时拆除齿形带；拆除齿形带轮的固定螺栓，把齿形带轮拆下。

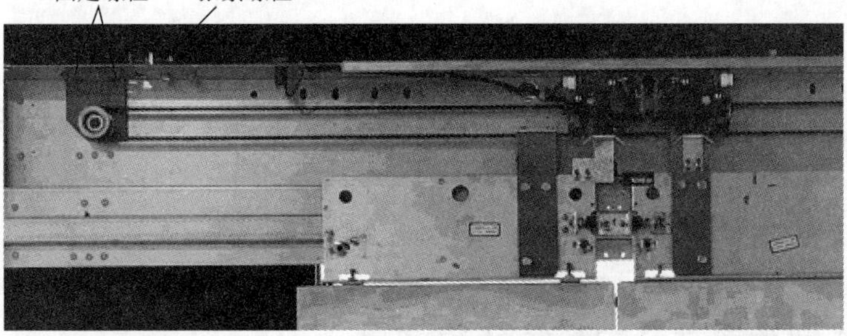

图 2-3-3　齿形带型门扇联动机构的固定螺栓和张紧螺栓

五、轿门门扇联动机构部件的安装与调整

1. 连杆型门扇联动机构部件的安装与调整

将连杆 1 用连接螺栓与大链轮临时固定，将连杆 5 用连接螺栓与门挂板临时固定，一个连杆机构就初步安装完成。同理，将连杆 2 用连接螺栓与大链轮临时固定，将连杆 6 用连接螺栓与门挂板临时固定，另一个连杆机构就初步安装完成。通过调节连杆 1、连杆 2 与大链轮、连接螺栓的位置，使轿门中心与轿厢地坎中心一致，旋紧所有的连接螺栓。

2. 齿形带型门扇联动机构部件的安装与调整

将门电动机侧齿形带轮套在门电动机的轴上，用固定螺栓临时固定，将另一侧齿形带轮用固定螺栓临时固定在门机架的指定位置；将齿形带的一头先套在门电动机侧的齿形带轮上，并将门电动机与门机架用螺栓固定，再将齿形带的另一头套在另一侧齿形带轮上，旋紧张紧螺栓，齿形带张紧（张紧要求根据随机资料确定），旋紧齿形带轮的固定螺栓。

学习单元 2　门机机械装置故障的排除

一、门机机械装置开关门故障的修理

各个门机的型号、结构不尽相同，因此开关门故障也不同。以连杆型门机机械装置为例，其开关门故障主要有三角带伸长、磨损以及减速带轮损坏，修理方法是更换相关部件。

二、门机机械装置开关门部件的更换

各个门机的型号、结构不尽相同，因此更换部件的方法也不同。以连杆型门机机械装置为例，其三角带、减速带轮的拆卸步骤具体如下：将门电动机的张紧螺栓旋松，使三角带松弛；观察减速带轮的结构，通常需要先将与其干涉的部件拆下，如连杆组件、大小链轮间的链条等，再取下三角带；最后用三角拉模将减速带轮拉出。

上述部件的安装与调整步骤具体如下：将新减速带轮轴孔对准门电动机轴，且轴孔上的键槽对准电动机轴上的键，用圆头锤轻轻地将减速带轮敲进去；将三角带套在轮槽里，将其他部件如链条、连杆组件等装上；调整门电动机的张紧螺栓，使三角带符合随机资料的张紧要求。

学习单元 3　轿门悬挂装置故障的排除

一、轿门悬挂装置的结构和原理

轿门悬挂装置主要由门挂板和门导轨组成。门导轨安装在门机架上（或直接由门机架折边加工而成），门挂板安装在门导轨上，在门机机械装置和门扇联动机构的作用下，门挂板沿着门导轨水平移动，带动轿门门扇开关。

二、轿门悬挂装置故障的修理

轿门悬挂装置的故障主要有门挂板滑轮及其轴承磨损、门导轨磨损，这类故障往往会引起轿门开关门不顺或有异响，修理对策是更换门挂板或门导轨。

三、轿门悬挂装置部件的更换

轿门悬挂装置部件的拆卸步骤如下：拆下轿门门扇；拆下门挂板与连杆的连接螺栓或门挂板与安装臂的连接螺栓；拆下安装在门挂板上的其他部件；取下门挂板；拆下门导轨与门机架的固定螺栓，拆下门导轨。

轿门悬挂装置部件的安装与调整步骤如下：将新门导轨用固定螺栓临时固定在门机架的指定位置，校正水平度后，旋紧固定螺栓；将新门挂板（含滑轮及其轴承）挂在门导轨上；将连杆与门挂板用连接螺栓稍连接，或将安装臂与门挂板用连接螺栓稍连接；安装轿门门扇；调整连杆或齿形带与门挂板的连接位置，使轿门中心与地坎中心一致；紧固各连接螺栓和固定螺栓。

学习单元4　门刀的安装、检查与调整

一、门刀的安装要求

1. 轿门门刀与层门地坎的间隙要求为 5 ~ 10 mm，如图 2–3–4 所示。

2. 轿门门刀与层门门锁滚轮的咬合量应不小于 8 mm（主层站应大于 10 mm），如图 2–3–4 所示。

3. 层门、轿门全关闭时，轿门门刀与层门门锁滚轮的左右间隙宜均匀且不小于 6 mm，如图 2–3–4 所示。

4. 层门门刀与轿门门锁滚轮的间隙应符合随机资料规定的尺寸要求。

5. 轿门固定门刀的垂直度误差应不大于 1 mm，如图 2–3–4 所示。

6. 轿门门刀应能平滑地带动层门开和关。

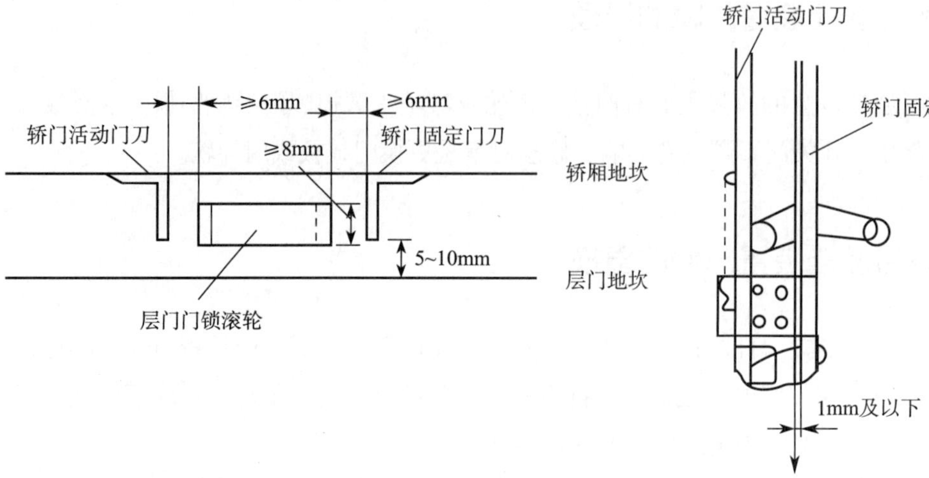

图 2–3–4　门刀的安装要求

二、门刀的检查与调整

1. 维修人员进入轿顶，使电梯检修运行至平层位置，门未打开，测量各层门门锁滚轮与轿门门刀的间隙是否不小于 6 mm，若不符合要求，通过图 2–3–5 所示的轿门门刀与层门门球间距调整螺栓进行调整。

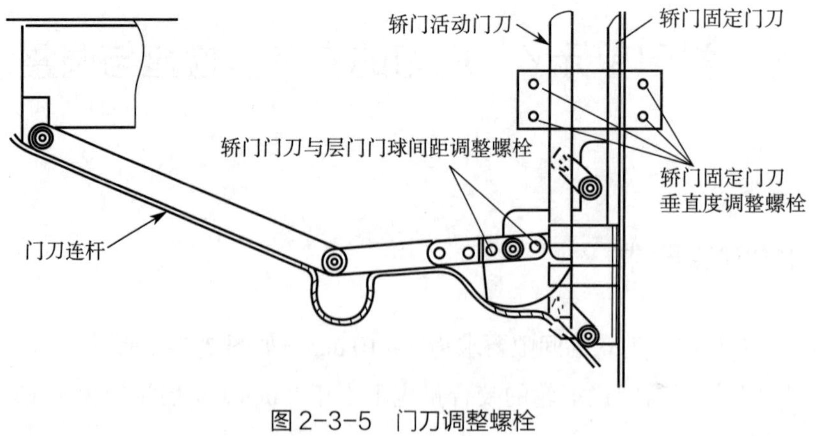

图 2–3–5　门刀调整螺栓

2. 当电梯检修运行至门刀在层门地坎位置时，维修人员打开层门来到层站，测量轿门门刀与层门地坎的间隙是否为 5 ~ 10 mm。

当轿门门刀与层门地坎的间隙不符合要求时，可通过加减轿门门刀背面与轿门之间的垫片，使其符合要求。

3. 当电梯检修运行至平层位置时，开、关门，检查轿门门刀能否平滑地带动层门开和关。

当轿门门刀不能平滑地带动层门开和关时，可清洁轿门、层门地坎处的垃圾，调整开关门力矩。

4. 当电梯检修运行至轿门门刀脱离层门门球位置后，打开层门，测量轿门固定门刀的垂直度偏差是否不大于 1 mm。

当轿门固定门刀的垂直度不符合要求时，调整相应的螺栓，如图 2–3–5 所示，使其符合要求。

学习单元 5 轿门门锁装置的安装、检查与调整

一、轿门门锁装置的安装要求

1. 机械装置的安装要求

（1）轿门机械锁的锁钩啮合长度应不小于 7 mm。

（2）打开轿门机械锁再松开，轿门机械锁依靠自身重力会落下，且能锁住固定锁钩。

2. 电气装置的安装要求

（1）当锁钩啮合长度小于 7 mm 时，验证轿门锁紧情况的电气装置触点应断开；当锁钩啮合长度大于等于 7 mm 时，验证轿门锁紧情况的电气装置触点应接通。

（2）当轿门闭合后，验证轿门闭合情况的电气装置触点应接通，反之应断开。

二、轿门门锁装置的检查与调整

1. 使电梯检修运行至能在层站检查、调整轿门门锁装置的合适位置，一位维修人

员打开层门进入层站，另一位维修人员在轿顶配合开关轿门。

2. 当轿门机械锁的锁钩啮合长度达不到 7 mm 时，可降低活动锁钩的位置，使锁钩啮合长度大于等于 7 mm。

当锁钩啮合长度小于 7 mm 时，若验证轿门锁紧情况的电气装置触点仍然接通，则需要调整电气装置触点的位置，使锁钩啮合长度大于等于 7 mm 时，电气装置触点才接通。

3. 当打开轿门机械锁再松开时，若轿门机械锁依靠自身重力不会落下或未完全落下，则应清洁、润滑机械锁的销轴，若之后轿门机械锁还不能完全落下，则需要更换整个轿门机械锁。

4. 当轿门闭合后，若验证轿门闭合情况的电气装置触点未接通，则需要调整电气装置触点的位置，使其接通。

课程 2-4　自动扶梯设备诊断修理

学习单元 1　自动扶梯电气安全回路故障的排除

一、自动扶梯电气安全回路图的识读

1. 自动扶梯电气安全回路的原理

一般情况下，自动扶梯电气安全回路由多个安全开关串联组成。当任意一个安全开关或多个安全开关动作时，自动扶梯电气安全回路将立刻直接或间接切断驱动主机和制动器的供电，防止驱动主机启动或使自动扶梯停止运行，从而达到保护人员及设备安全的目的。

2. 自动扶梯电气安全回路的组成

自动扶梯电气安全回路主要由电源、保护装置、安全开关、安全回路信号采集点等组成，如图 2-4-1 所示。

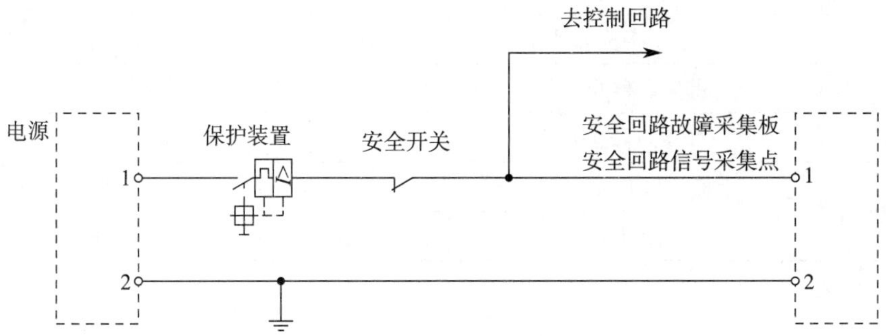

图 2-4-1　自动扶梯电气安全回路的组成

（1）电源。变压器是比较常见的自动扶梯电气安全回路电源，它把外部电源转换为自动扶梯电气安全回路所需的工作电源。

（2）保护装置。当自动扶梯电路中出现短路、接地等危险情况后，保护装置可以自动切断电气安全回路。常见的自动扶梯电气安全回路保护装置有断路器等。

（3）安全开关。自动扶梯电气安全回路里的安全开关有很多，它们串联在电气安全回路中，当任意一个安全开关或多个安全开关断开时，电气安全回路将立刻被断开。

（4）安全回路信号采集点。自动扶梯的安全回路故障采集板通过一个或多个安全回路信号采集点监测自动扶梯电气安全回路的状态。

3. 自动扶梯电气安全回路图的识读要点

下面以某型号自动扶梯为例，介绍自动扶梯电气安全回路图的识读方法。首先，找到其自动扶梯电气安全回路原理图（见图 2-4-2）和自动扶梯元器件代码表（见表 2-4-1）。

表 2-4-1　自动扶梯元器件代码表

代号	名称	代号	名称
T1	变压器	S5DA	下梳齿板开关（左）
Q1	断路器	S5DB	下梳齿板开关（右）
U1	安全回路故障采集板	S6UA	上出入口开关（左）
S1	相序保护器	S6UB	上出入口开关（右）

续表

代号	名称	代号	名称
S2	安全板触点	S6DA	下出入口开关（左）
S3	驱动链开关	S6DB	下出入口开关（右）
X1	上部控制柜检修插座	S8A	上梯级下陷开关
X2	下部控制柜检修插座	S8B	下梯级下陷开关
S4A	上部紧急停止开关	S9A	梯级链开关（左）
S4B	下部紧急停止开关	S9B	梯级链开关（右）
S5UA	上梳齿板开关（左）	S10A	上部控制柜停止开关
S5UB	上梳齿板开关（右）	S10B	下部控制柜停止开关

注：表中左右是指开关的实际安装位置。

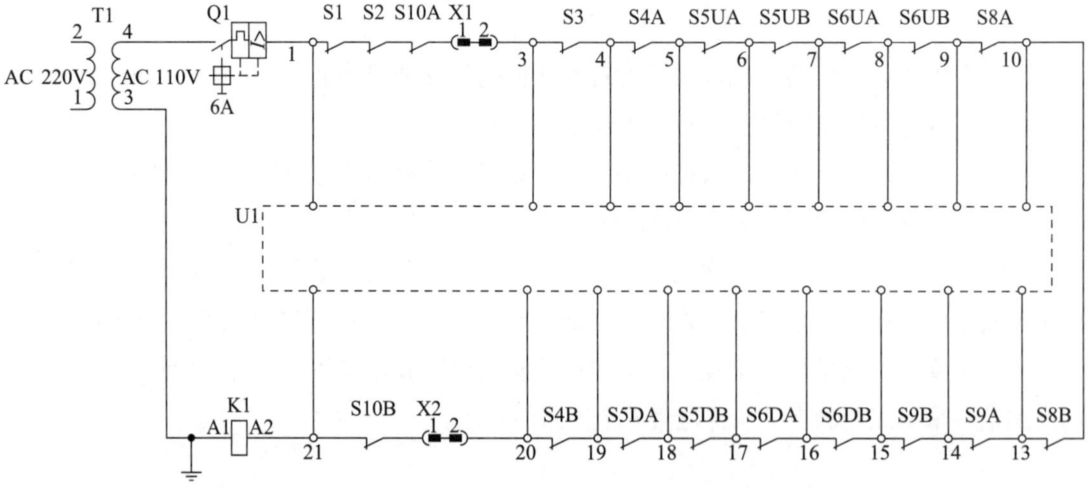

图 2-4-2　自动扶梯电气安全回路原理图

结合以上图表，对自动扶梯电气安全回路的组成部分分析如下。

（1）电源。如图 2-4-2 所示，自动扶梯电气安全回路由交流变压器 T1 供电，输入侧电压为 AC 220 V，输出侧电压为 AC 110 V，且输出侧 3 号脚接地。

（2）保护装置。如图 2-4-2 所示，保护装置的额定电流为 6 A，当需要对其进行更换时，应选择同规格的保护装置。

（3）安全开关。如图 2-4-2 所示，所有安全开关串联在一起，当任意一个或多个安全开关断开时，接触器 K1 释放，切断驱动主机电源和制动器电源。

（4）安全回路信号采集点。本型号自动扶梯通过安全回路故障采集板 U1 采集多个安全回路信号采集点的状态，这样的好处是当自动扶梯电气安全回路中某个安全开关动作时，安全回路故障采集板 U1 可以直接检测到是哪个安全开关动作，从而提示维修人员，为维修提供便利。

二、自动扶梯电气安全回路故障的诊断

1. 观察法

在进行电气安全回路故障诊断时，可以先通过感官来辅助判断，如通过听声音、闻味道、触摸外壳、观察颜色、与目击者交流等方法来缩小故障范围，提高故障诊断的效率。特别是设置安全回路故障采集板的自动扶梯，其故障显示系统可以直接提示故障位置，有助于维修人员直接锁定故障点。

2. 短接法

短接法对断路类故障的排查非常有效。如果怀疑电气安全回路某两个点之间存在断路的情况，可以用一根短接线短接这两个点，查看电气安全回路是否导通。如果导通，就表示这两点之间的线路、触点或开关出现了断路的情况。注意，在使用短接法时，不可以短接保护装置，否则可能造成安全事故。

3. 电压法

（1）方法概述。在通电的情况下，用万用表的电压挡测量电气安全回路某两点之间或某点与基准点（如接地点）之间的电压，把测量结果与正常值进行比较，判断故障情况。使用电压法诊断电气安全回路故障时，需要带电测量，因此需要注意安全，防止维修人员触电，同时也要注意测量时选用的万用表挡位。

（2）实例分析。下面以图 2-4-3 所示的自动扶梯电气安全回路中某一安全开关意外断开为例，介绍用电压法进行故障诊断的步骤。

1）断开 Q1，选择万用表量程合适的电压挡，分别测量变压器 T1 的 1 号、2 号脚和 3 号、4 号脚，确认电源电压是否正常。如果电源电压异常，则说明电源部分存在故障。

2）确认电源电压正常以后，闭合 Q1 开关，给电路通电，将万用表的一个表笔固定在 T1 的 3 号脚上，用另一个表笔分别测量各数字编号的端子。

3）测量时会发现，3 号端子处的电压是正常的，而 4 号端子处的电压不正常，那么就可以判定是 3 号、4 号端子之间的线路或 S3 开关存在故障。

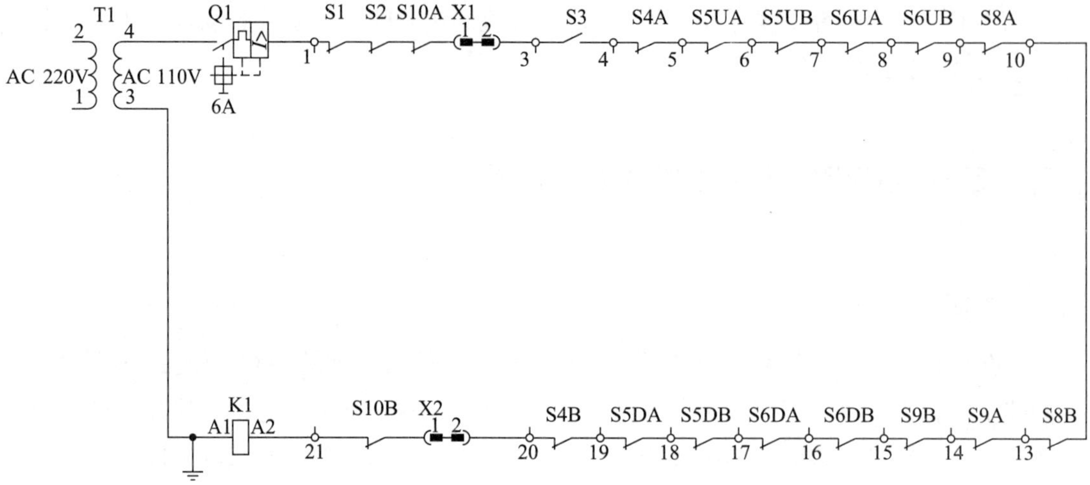

图 2-4-3　自动扶梯电气安全回路中某一安全开关意外断开

4）切断电路电源，检查 3 号、4 号端子之间的线路和 S3 开关，确认故障点。

4. 电阻法

（1）方法概述。在断电且断开电气安全回路保护开关的情况下，用万用表的电阻挡测量电气安全回路某两点之间或某点与基准点（如接地点）之间的阻值，根据阻值判断故障情况。如果测量出的阻值非常小，则说明两点之间是导通的；如果测量出的阻值无穷大，则可判定两点之间断路。测量电阻时，切忌带电测量。

（2）实例分析。下面同样以图 2-4-3 所示的自动扶梯电气安全回路中某一安全开关意外断开为例，介绍用电阻法进行故障诊断的步骤。

1）断开 Q1，切断电源。

2）确认电源被切断后，选择电阻挡或通断挡，将万用表的一个表笔固定在 1 号端子上，用另一个表笔分别测量各数字编号的端子。在正常情况下，同一条导线上端子之间的阻值往往非常小。

3）测量时会发现，3 号端子的阻值是正常的，而 4 号端子阻值无穷大，此时可以判定是 3 号、4 号端子之间存在故障，此时应检查 3 号、4 号端子之间的线路和 S3 开关，确认故障点。

三、接线端子的紧固

进行自动扶梯安全开关的安装或维护保养时，都需要对接线端子进行紧固。如果接线端子松动，可能会造成电路电流增大、断开故障等。在自动扶梯运行过程中，不可避免存在振动，长时间的振动会造成接线端子松动，因此《电梯维护保养规则》（TSG T5002—2017）把自动扶梯电器部件接线端子的紧固设定为半月维护保养项目。对接线端子进行紧固时应注意以下几点。

1. 螺钉及紧固工具应干净，紧固前应清理掉灰尘、油污和金属细屑。

2. 接线端子与电线或电线端头应匹配，保证压接时有足够的接触面积。

3. 避免把绝缘层压入接线端子。

4. 拧紧力度应适当，如果拧紧力度不合适会造成螺钉松动或螺钉损坏，对于标注有紧固力矩的螺钉，应按照要求紧固。

5. 对于设计有垫圈的螺钉，应确保垫圈完好、不缺失。

四、安全开关的拆卸、安装及调整

自动扶梯安全开关种类和型号较多，工作原理不尽相同，进行拆卸、安装及调整时，应遵循制造商的安装使用维护说明书的要求。

1. 安全开关的拆卸、安装及调整步骤

（1）应在上、下两端的开口区域架设并固定安全防护栏，并设置“例行保养，禁止通行”的警示牌，禁止非工作人员通行。

（2）因为安全开关安装在自动扶梯内部，操作之前需要根据具体情况进行准备工作，如拆卸必要的前沿板、梯级、围裙板等。

（3）当有足够的空间进行安全开关的拆卸、安装及调整工作后，按下检修操作装置上的停止按钮，并切断主电源，在必要的情况下设置警示标志并上锁，防止工作中自动扶梯意外启动。

（4）根据安全开关的外壳固定方式及电路接线方式，选择对应的拆卸、安装及调整方法，以及合适的工具。

（5）对安全开关的安装位置及接线方式进行必要的记录及标记。

（6）按照自动扶梯制造商的安装使用维护说明书进行拆卸、安装及调整工作。

（7）操作完成后，检查确认安装及接线牢固且准确，进行通电测试。

（8）确认安全开关正常工作后，把拆卸的前沿板、梯级、围裙板等部件装回去。

（9）确认前沿板、梯级、围裙板等部件安装无误后，进行测试运行。

（10）确认自动扶梯运行正常，恢复自动扶梯的使用。

2. 安全开关的调整要点

自动扶梯的安装使用维护说明书一般会提供各安全开关的调整标准，调整时应遵循，同时应注意以下几点。

（1）梯级链开关的调整要点。调整时应保证梯级链过度伸长或断裂时，该开关可以有效动作。

（2）出入口开关的调整要点。调整时应保证当有物体夹入扶手带出入口时，该开关可以有效动作。

（3）梯级下陷开关的调整要点。调整时应保证当梯级下陷、变形或断裂时，该开关可以有效动作。

（4）梳齿板开关的调整要点。调整时应保证当梯级携带异物进入梳齿，有可能对梳齿造成破坏时，该开关可以有效动作。

学习单元 2　自动扶梯梯路异物卡阻故障的排除

一、自动扶梯的导轨系统

自动扶梯的梯级沿着桁架上按一定要求设置的多根导轨运行，以形成能按一定状态运动的阶梯，这种由导轨与相关部件构成的系统称为自动扶梯的导轨系统。各导轨是通过导轨支架并用特制螺栓固定到桁架上的。导轨既要满足梯路设计的刚度要求，也要满足一定的尺寸与精度要求，同时还要满足平直、光滑、耐磨的工作表面要求。导轨系统分为导轨主系统和导轨副系统。

1. 导轨主系统

（1）中间直线段导轨部分。中间直线段导轨是自动扶梯的主要工作区段，也是梯路中最长的部分。中间直线段导轨大多选用冷轧钢型材制成，通过导轨支架固定在桁架内。中间直线段多层导轨局部结构如图 2-4-4 所示。

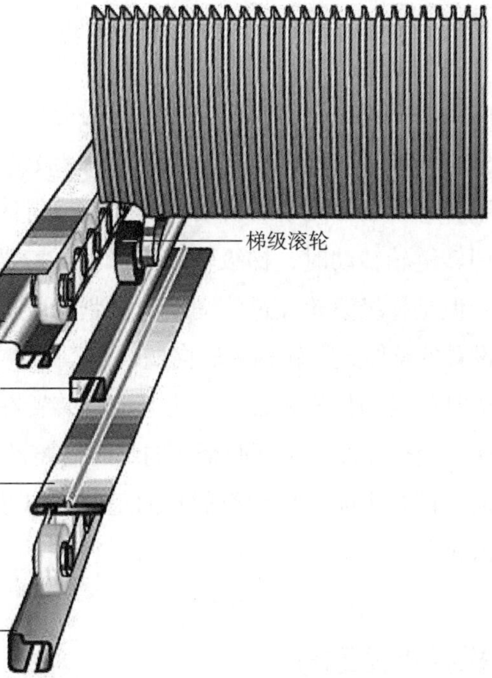

图 2-4-4　中间直线段多层导轨局部结构

1）梯级链导轨和梯级链返回导轨。梯级链导轨和梯级链返回导轨通常采用镀锌钢板的 U 形型材制成。U 形型材使梯级链在垂直和水平方向上导向精确。U 形型材的上沿应能够防止梯级链脱离，同时梯级链应较好地镶嵌在 U 形型材中，以避免在运行中受外部因素影响。

梯级链返回导轨设计有一个用于水平导向的凸边，以控制梯级链在返回行程中的横向位移。

2）梯级滚轮导轨和梯级滚轮返回导轨。梯级滚轮导轨和梯级滚轮返回导轨通常也由镀锌钢板制成。梯级滚轮（左右各一个）就在梯级滚轮导轨和梯级滚轮返回导轨上运行，与梯级轴滚轮（左右各一个）形成梯级的四轮支撑。

（2）上部曲线段导轨。上部曲线段导轨是指上部水平段与倾斜段之间的过渡段导轨。在这一段导轨里，梯级的运动由水平运动逐步向倾斜运动转变。在上部曲线段导轨区域内，各导轨、反轨（梯级轴滚轮上方的导轨）间的几何关系比较复杂。为了准确地控制各导轨、反轨的尺寸和形状，通常将同一侧的导轨、反轨固定在导轨的同一侧板上，构成一组组件，该组件先在专用的工装上组装，再整体装入自动扶梯的桁架内。

2. 导轨副系统

（1）下部曲线段导轨。下部曲线段导轨的构造与上部曲线段导轨相似，且回转部位一般设计成分段可伸缩移动的形式，以便调节梯级链的松紧度。

（2）转向壁。对于端部驱动的自动扶梯来说，当梯级链通过驱动端的梯级链轮和张紧端的梯级回转链轮转动时，梯级轴滚轮已不再需要导轨及反轨，所以该处是导轨及反轨的终端，但是梯级滚轮经过驱动端与张紧端时仍需要转向导轨，这种为梯级滚轮终端转向而设置的整体式导轨称为转向壁。

对于中间驱动的自动扶梯来说，因为其驱动装置在中部，所以在驱动端与张紧端都没有链轮，梯级滚轮经过上、下两个转向端时需要设转向壁，而梯级轴滚轮经过上、下两个转向端时，同样也需要作用类似转向壁的转向导轨，这两个转向导轨通常各由两段弧形导轨组成。

二、自动扶梯梯级振动标准

自动扶梯运行时应无明显的振动感，其振动标准由各制造商制定，某制造商制定的自动扶梯运行振动标准见表 2–4–2。

表 2–4–2　自动扶梯运行振动标准

检查部位	自动扶梯额定速度	
	0.5 m/s	0.65 m/s
	振动峰值	
前沿板上	0.5 cm/s^2	0.6 cm/s^2
梯级导轨上（在梯级上测量）	0.5 cm/s^2	0.6 cm/s^2
驱动装置上	0.8 cm/s^2	0.9 cm/s^2

三、自动扶梯梯级的拆卸步骤和注意事项

1. 拆卸步骤

（1）将梯级防跳轨的可开合段两侧的围裙板防夹装置、内盖板或压条拆下。

（2）将梯级扳手插入梯级的安装孔（必须从倾斜的方向插入），如图 2–4–5 所示；

将梯级扳手插入梯级卡环螺栓的沉孔中，旋松卡环螺栓。

（3）用梯级扳手钩住梯级，将梯级拉出。若梯级无法顺利拉出，请不要强行硬拉，以免损坏梯级或围裙板。这时需要先将梯级恢复到原来状态，重新按照上述步骤操作，将梯级拉出，如图 2–4–6 所示。

（4）拉出梯级之后将梯级扳手取出，将梯级放在适宜的位置。

（5）重复上述（2）～（4）的步骤，拆卸下一个梯级，所有拆下的梯级要注意堆放与保管。

（6）如果配置了机械式梯级缺失监测装置，待拆除梯级后，若需要自动扶梯检修运行，则要将内侧板处机械式梯级缺失监测装置的手柄竖起，以避免该安全装置动作。自动扶梯检修运行结束后，再将该装置的手柄复位。

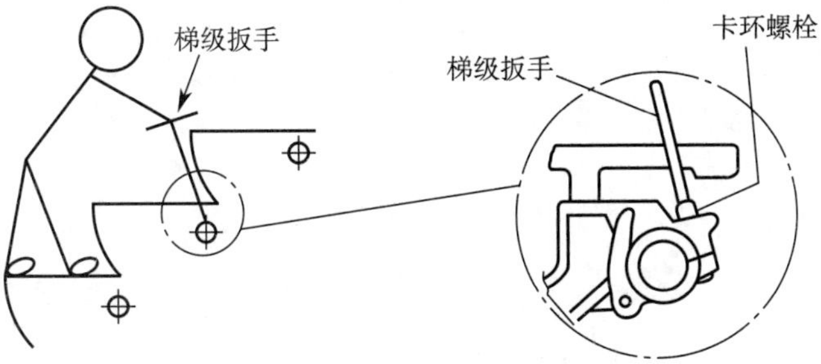

图 2–4–5　将梯级扳手插入梯级的安装孔

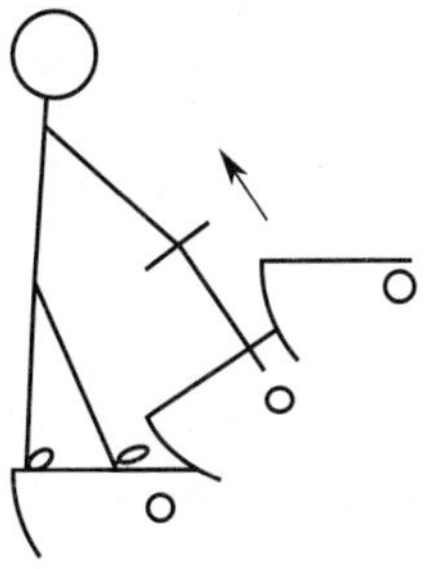
图 2–4–6　将梯级拉出

2. 注意要点

（1）拆卸梯级前必须先切断总电源并挂“严禁合闸”的警示牌。

（2）自动扶梯运行前应确认桁架内无人。

（3）不要丢失安装螺栓和垫圈。

（4）拆卸及搬运梯级时，注意不能碰到玻璃护壁板。

（5）由于梯级轴有旋转的危险，因此作业人员不能站立在已拆卸梯级的轴上。

（6）作业时要尽量避免工具和零部件掉入桁架内。

四、自动扶梯梯路检查及异物去除

拆除部分梯级后，作业人员站在已拆除梯级下方的梯级上检查梯路，若发现有异物，应用铲子去除，然后使自动扶梯向上运行一段后停止，再检查一段，直至作业人员到达上端部。在检查过程中，作业人员必须注意安全。

五、自动扶梯梯级的安装

1. 安装梯级时，作业人员应站在已拆下内盖板的位置上进行。

2. 在检修运行状态下，使空缺梯级处运行至已拆下内盖板的位置上。

3. 具体步骤参照模块 1 课程 1–4 学习单元 3 的相关内容。

模块 3

维护保养

- 课程 3-1　机房设备维护保养
- 课程 3-2　井道设备维护保养
- 课程 3-3　轿厢对重设备维护保养
- 课程 3-4　自动扶梯设备维护保养

课程 3-1　机房设备维护保养

学习单元 1　限速器及其张紧轮的维护保养

一、限速器及其张紧轮的维护保养要求

1. 限速器各销轴部位应每半月维护保养一次，基本要求是润滑适度、转动灵活、电气开关正常。

2. 限速器绳槽、限速器钢丝绳应每季度维护保养一次，基本要求是清洁、无严重油腻现象。

3. 限速器电气安全装置应每季度维护保养一次，基本要求是工作正常。

4. 限速器钢丝绳应每半年维护保养一次，基本要求是磨损量、断丝数不超过制造商要求。

5. 限速器－安全钳联动试验应每年进行一次，基本要求是正常工作。

6. 限速器动作速度校验应每两年进行一次，基本要求是校验结果符合限速器规定的动作速度。

二、限速器及其张紧轮的检查步骤

1. 使电梯停运，通过控制柜操作电梯进入紧急电动运行状态，拆卸限速器外壳保护罩。

2. 清洁限速器，保证其外表和夹绳器、摩擦绳轮无油污。

3. 清洁限速器内部积存的污垢，检查测速弹簧与调节螺杆上的铅封是否正常。

4. 检查限速器铭牌和检验标签，保证限速器运行方向标志清晰。

5. 检查限速器张紧轮与限速器摩擦绳轮是否过度磨损。

6. 检查测速弹簧，调节螺杆上的螺母至紧固。

7. 检查超速打板的固定螺栓是否松动或发生位移，保证打板能碰到开关触点。

8. 手动触发限速器，检查双向限速器上行、下行的动作速度是否一致。注意，电气动作速度应快于机械动作速度。

9. 对限速器轮轴（采用轴承形式）按产品要求加注润滑油（不要向密封轴承装置中挤入润滑油，在出轴端滴淋少许润滑油即可），其旋转、转动部位应保持良好的润滑效果。

10. 在机房控制柜撤销紧急电动运行模式，维保人员站在轿顶，使电梯进入检修运行模式，从上向下逐段检查、清洁限速器钢丝绳，保证其无油污及杂质，并检查绳与绳套连接的可靠性。

11. 检查限速器 – 安全钳联动机构、限速器 – 夹绳器联动机构的可靠性，试验联合动作是否可靠。

12. 检查限速器张紧轮，润滑轴承，保证其转动灵活。

13. 检查限速器张紧轮断绳开关的动作距离，通过调整张紧轮的位置或收缩钢丝绳，使断绳开关动作正常。

14. 紧固限速器外壳保护罩。

15. 在对限速器进行维护保养后，对电梯进行试运行，待一切正常后电梯才能投入使用。

学习单元2　曳引钢丝绳端接装置的维护保养

一、曳引钢丝绳端接装置的维护保养要求

曳引钢丝绳端接装置（即绳头的连接部分）应每半年维护保养一次，基本要求是各零部件无锈蚀，紧固螺母不松动，缓冲弹簧无永久性变形和裂纹，开口销完好。

二、曳引钢丝绳端接装置的检查

检查曳引钢丝绳端接装置时，对于1：1绕法的绳头组合，可在轿厢架与对重架上

进行检查；对于2∶1绕法的绳头组合，可在机房内进行检查。

一般进行目测检查，也可用小锤轻轻敲击被查部位，进一步判明装置状况。若敲击有哑壳声，表明已有裂纹存在，应更换。

学习单元3　制动器监测装置的维护保养

一、制动器监测装置的维护保养要求

制动器监测装置应每半年维护保养一次，基本要求如下。

1. 制动器监测装置应能正常工作，在制动器松开和制动时，制动器监测装置的动作应可靠。

2. 制动器松开和制动时，制动器监测装置不可以超过极限位置。

3. 制动器监测装置外观应完整、清洁，无灰尘和油污，无破损。

4. 制动器监测装置及其连接线应紧固、不松动。

二、制动器监测装置的检查方法

1. 切断控制柜电源。

2. 对制动器监测装置进行清洁。

3. 对制动器监测装置及其连接线进行紧固。

4. 使电梯慢车点动运行，当制动器松闸和制动时，检查制动器监测装置能否可靠地检测到制动器的动作。

5. 在制动器处于松闸、制动状态时，用钢直尺或塞尺测量制动器监测装置与制动器作用臂的间距。

6. 根据安装使用维护说明书要求，判断动作距离是否合适。

7. 对制动器监测装置进行调整。

8. 调整完毕送电，测试电梯各项功能是否正常，填写维保单。

注意，若有多个制动器监测装置，应分别对其进行检查，确保每个装置都正常、可靠。

三、制动器监测装置的调整重点

调整制动器监测装置时应注意安全，如果采用手动松闸的方式调整制动器监测装置，每次只能使一个制动器松闸。

如图 3–1–1a 所示，应保证在制动器完全松闸前，制动器监测装置能可靠动作，待制动器完全松闸后，制动器监测装置的动作位置与制动器作用臂的间距应调整至留有一定余量，以防止制动器监测装置误动作，具体数值应参照安装使用维护说明书，或根据制动器实际运动行程确定。如图 3–1–1b 所示，应保证在制动器完全制动前，制动器监测装置同样能可靠动作，且制动器完全制动后，制动器监测装置推杆的压缩量不可以超过极限行程，制动器监测装置的极限行程位置与制动器作用臂的间距应调整至留有一定余量，以防止制动器监测装置因“越位”而受损，具体数值应参照安装使用维护说明书，或根据制动器实际运动行程决定。

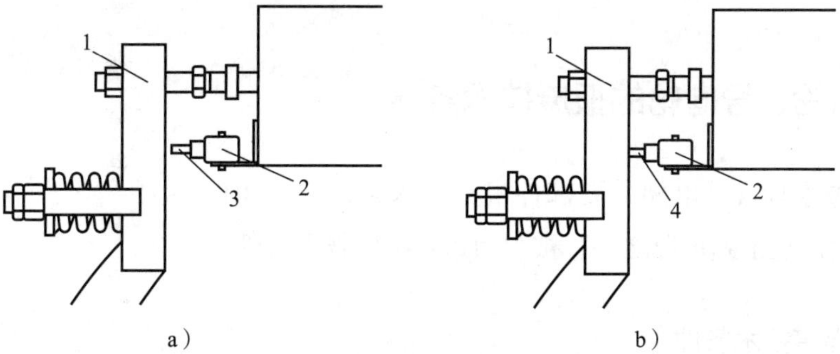

图 3–1–1　制动器松闸、制动的位置示意

a）制动器松闸　b）制动器制动

1—制动器作用臂　2—制动器监测装置　3—制动器监测装置的动作位置　4—制动器监测装置的极限行程位置

学习单元 4　控制柜仪表和显示装置的维护保养

一、控制柜仪表和显示装置的维护保养要求

控制柜仪表和显示装置应每半年维护保养一次，基本要求如下：各仪表显示正确，

外观完整无破损，表面清洁、无灰尘和油污，各连接线紧固、整齐，线号齐全清晰。

二、控制柜仪表和显示装置的维护保养内容

1. 检查控制柜仪表和显示装置的清洁程度，一般用防静电毛刷、吸尘器进行清洁。

2. 检查控制柜仪表和显示装置及其连接线的紧固情况，必要时进行紧固。

3. 检查控制柜仪表和显示装置的显示是否正确，如果显示不正确应根据控制柜仪表和显示装置的类型，按照安装使用维护说明书的要求进行调整。

学习单元 5　曳引轮、导向轮的绳槽磨损检查

一、曳引轮、导向轮的报废技术条件

根据国家标准《电梯主要部件报废技术条件》（GB/T 31821—2015）规定，曳引轮、导向轮出现下列情况之一，被视为达到报废技术条件。

1. 曳引轮报废技术条件

（1）绳槽磨损造成曳引力不符合以下要求

1）轿厢装载 125% 额定载荷情况下应保持平层状态不打滑。

2）必须保证在任何紧急制动状态下，不管轿厢内是空载还是满载，其减速度的值不能超过缓冲器作用时减速度的值。

（2）绳槽有缺损或不正常磨损。

（3）出现裂纹。

2. 导向轮报废技术条件

（1）绳槽严重磨损。

（2）绳槽有缺损或不正常磨损。

（3）轮毂与轴承、轴与轴承出现明显滑移、间隙或位移。

（4）出现裂纹。

（5）非金属材料轮出现严重变形或老化龟裂。

二、曳引轮、导向轮的绳槽磨损检查方法

1. 目测检查曳引轮、导向轮各绳槽嵌入深度和磨损状况。
2. 用尺检查绳槽磨损下陷程度。
3. 用尺检查曳引钢丝绳与曳引轮绳槽槽底的间隙。
4. 进行制动力试验。

三、曳引轮、导向轮的绳槽磨损程度判断

当曳引轮、导向轮达到以下情况时，曳引轮、导向轮必须更换。

1. 当各绳槽磨损下陷程度不一致，不一致情况超过曳引钢丝绳直径的 1/10 时。
2. 当绳槽表面严重凹凸不平，出现麻花状而影响使用时。
3. 当曳引钢丝绳与曳引轮绳槽槽底的间隙不大于 1 mm 时。
4. 当制动力试验不符合要求时。
5. 当出现满足报废技术条件的情况时。

如果曳引轮、导向轮尚未达到以上情况，则需要密切观察。如果曳引轮、导向轮的相关检测数据及外表状况良好，则每半年应进行一次检查。

学习单元6　曳引钢丝绳检查

一、曳引钢丝绳的断丝、磨损极限值标准

根据国家标准 GB/T 31821—2015 规定，曳引钢丝绳出现下列情况之一，被视为达到报废技术条件。

1. 断丝

曳引钢丝绳外层绳股在一个捻距内的断丝总数大于表 3–1–1 的规定。

表 3–1–1　不同类型曳引钢丝绳在一个捻距内的最多断丝数

断丝的形式	曳引钢丝绳类型		
	6×19	8×19	9×19
	在一个捻距内的最多断丝数		
均布在外层绳股上	24	30	34
集中在一根或两根外层绳股上	8	10	11
一根外层绳股上相邻的断丝	4	4	4
股谷（缝）断丝	1	1	1

注：上述断丝数的参考长度为一个捻距，约为 6*d*（*d* 表示钢丝绳的公称直径）。

2. 绳径减小

因磨损、拉伸、绳芯损坏或腐蚀等原因导致曳引钢丝绳直径小于或等于公称直径的 90%。

3. 变形或损伤

曳引钢丝绳出现笼状畸变、绳股挤出、扭结、部分压扁或弯折。

4. 锈蚀

曳引钢丝绳严重锈蚀，铁锈填满绳股间隙。

二、曳引钢丝绳的检查方法

1. 目测曳引钢丝绳外层绳股的断丝数。

2. 用钢丝绳探伤仪探测曳引钢丝绳股谷（缝）断丝数。

3. 用游标卡尺或千分卡尺测量曳引钢丝绳直径。测量时，以相距至少 1 m 的两点为测量对象，在每点相互垂直方向上测量两次，取 4 次测量值的平均值，即为曳引钢丝绳的实测直径。

4. 目测或者用放大镜对曳引钢丝绳全长进行检查，或者分段抽查变形、损伤和锈蚀情况。

如果曳引钢丝绳达到报废技术条件，则必须更换。如果曳引钢丝绳尚未达到报废技术条件，则需要密切观察。如果曳引钢丝绳的检测数据及外表状况良好，则每半年应进行一次检查。

学习单元7　电动机与减速箱联轴器螺栓的维护保养

一、电动机与减速箱联轴器介绍

联轴器又称联轴节，是指用来将不同机构的主动轴和从动轴牢固地联接起来使其一同旋转，并传递动能和扭矩的机械部件。联轴器通常成对使用，分别用紧配合件等联接，并紧固在轴的端部。

一般电梯电动机侧的轴上安装一个联轴器，减速箱侧轴上安装另一个联轴器，且减速箱侧的联轴器同时作为制动轮。由于联轴器的作用，电动机便带动减速箱一同旋转。

二、电动机与减速箱联轴器螺栓的保养要求

电动机与减速箱联轴器螺栓需要每半年保养一次，基本要求是连接无松动，弹性元件外观良好，无老化现象。

三、电动机与减速箱联轴器螺栓的检查与紧固

检查电动机与减速箱联轴器的螺栓紧固状况，并紧固松动的连接螺栓，连接螺栓的紧固力矩根据随机资料确定。若连接螺栓为包橡胶螺栓，则还需要检查橡胶状况，应确保其无开裂、老化等现象。

学习单元 8　减速箱润滑保养

一、减速箱润滑保养要求

减速箱应每季度润滑保养一次，基本要求是油量适宜，除蜗杆伸出端外均无渗漏。可根据随机资料要求及电梯的使用频率定期更换规定油品的润滑油。

二、减速箱润滑油的检查内容

1. 检查减速箱在运转时是否平稳，无振动情况。

2. 通过窥镜检查油位是否正常，箱盖、窥镜、轴承盖等与箱体连接处是否紧密、不漏油。

3. 检查蜗杆伸出端渗油速度，应不超过 150 cm^2/h。

4. 检查油箱内油液抛甩是否正常，各油孔是否畅通。

5. 检查蜗轮轴上的轴承是否润滑良好，有无杂音。

6. 检查润滑油油质，提取减速箱内润滑油后滴少量于白纸上，用肉眼观察，如果发现存在过量铜屑、杂质，应立即更换润滑油。对于新安装的电梯，在半年内应经常检查润滑油油质。

7. 检测轴承的温升情况。温升应不高于 60 ℃，最高油温应不高于 85 ℃。

8. 检查减速箱底盘的连接螺栓是否紧固无松动。

学习单元9　电梯平衡系数的测量与判断

一、钳形电流表的使用方法

钳形电流表是利用电流互感原理制作的电流测量设备。测量时不需要把设备串入被测电路，只需打开电流测量钳口，将被测线路卡入即可，使用非常方便。某种数字式钳形电流表如图3-1-2所示。

用该数字式钳形电流表对导线进行测量的方法如图3-1-3所示，测量步骤具体如下。

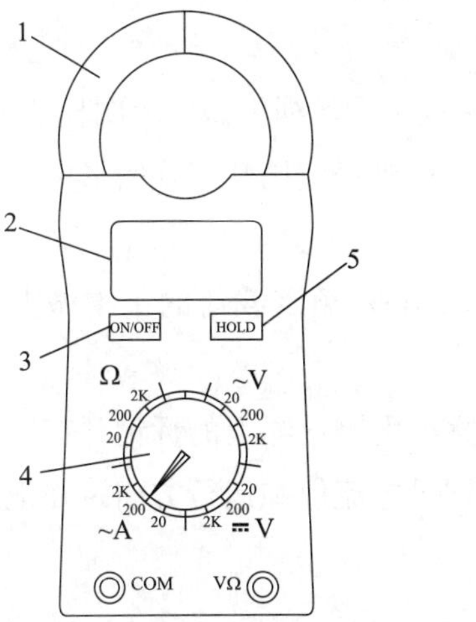

图3-1-2　某种数字式钳形电流表
1—电流测量钳口　2—数字显示屏
3—电源按钮　4—旋转开关　5—数据保持按钮

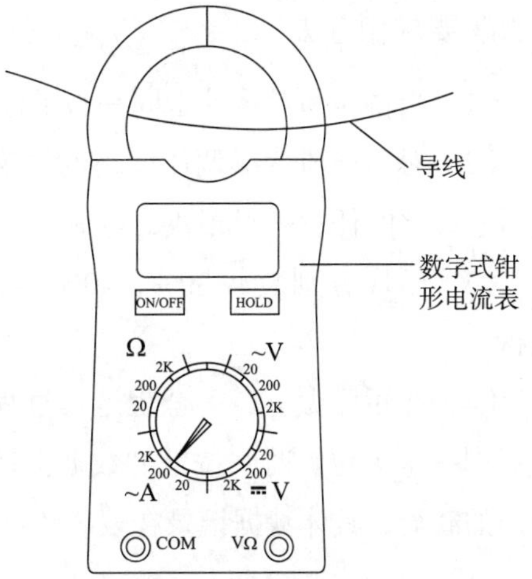

图3-1-3　用数字式钳形电流表对导线进行测量的方法

1. 选择交流电流挡。

2. 根据被测导线电流的大小选择量程，若不清楚被测导线电流的范围，应先用最高量程测量，然后根据测量结果换用合适的电流量程，以获得更精确的测量值。切换量程时应先切断导线所在线路电源，或取下数字式钳形电流表。

3. 将被测导线放入电流测量钳口中央，不可以将该钳口挂在被测导线上。

4. 读取数字显示屏上的数值和单位，如果需要读取某一时刻的准确数值，可按下“数据保持按钮”（HOLD），锁定数字显示屏，便于读值。

5. 测量完毕，关闭电源按钮。

二、电流法测量电梯平衡系数的要求和方法

1. 电梯平衡系数

电梯平衡系数 K 的公式为：

$$K=(W_1-W)/Q$$

式中 W_1——对重重量，kg；

W——轿厢重量，kg；

Q——电梯额定载荷，kg。

2. 测量要求和方法

（1）当轿厢和对重处于同一水平位置时，在曳引钢丝绳上做一个明显的标记。

（2）对于交流变频调压调速的电梯来说，可在机房使用数字式钳形电流表测量调速器进线端的任意一根相线的电流。

（3）轿厢分别装载 30%、40%、45%、50%、60% 额定载荷的重物做上、下全程运行。

（4）在轿厢做上、下全程运行过程中，观察曳引钢丝绳上的标记，在轿厢和对重处于同一水平位置时，按下“数据保持按钮”记录电流值和运行方向，并记录当前轿厢内的载荷，具体数据记录在表 3–1–2 中。

表 3–1–2 电梯平衡系数测量记录表

电气驱动方式	额定载荷的百分比	30%	40%	45%	50%	60%
	实际载荷 /kg					
交流驱动	上行电流 /A					
	下行电流 /A					

三、电流－载荷曲线图的制作方法

1. 如图 3–1–4 所示的电流－载荷曲线图，横坐标表示额定载荷的百分比，纵坐标表示电流。将电梯平衡系数测量记录表中记录的测量值，在电流－载荷曲线图上以点的形式画出。

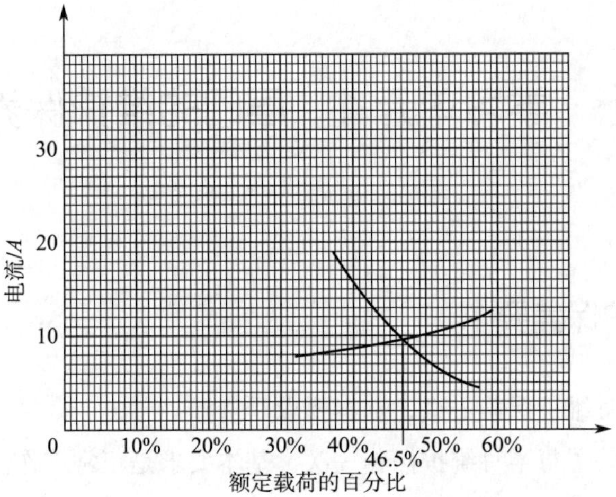

图 3–1–4 电流－载荷曲线图

2. 把所有的上行电流点连接在一起，形成上行电流曲线。

3. 把所有的下行电流点连接在一起，形成下行电流曲线。

4. 找到两个电流曲线的交点，标出该点在横坐标上的投影。

四、电梯平衡系数的判断方法

电梯平衡系数应为 0.4 ~ 0.5。在电流－载荷曲线图中，上行电流曲线与下行电流曲线的交点在横坐标上的投影值就是电梯平衡系数。如果交点在横坐标上的投影值为 40% ~ 50%，则表示电梯平衡系数符合要求；如果交点在横坐标上的投影值小于 40%，则表示对重的重量小了，应该在对重上添加对重块；如果交点在横坐标上的投影值大于 50%，则表示对重的重量大了，应该减少对重上对重块的数量。

课程 3-2　井道设备维护保养

学习单元 1　层门的维护保养

一、层门的维护保养要求

层门地坎每半月维护保养一次，基本要求是清洁。

层门自动关门装置每半月维护保养一次，基本要求是正常工作。

层门门锁自动复位相关装置每半月维护保养一次，基本要求是用层门钥匙打开手动开锁装置使其释放后，层门门锁能自动复位。

层门门锁电气触点每半月维护保养一次，基本要求是清洁、触点接触良好、接线可靠。

层门锁紧元件啮合长度每半月检查一次，基本要求是不小于 7 mm。

层门系统的传动钢丝绳每季度维护保养一次，按照制造商要求进行清洁和调整。

层门导靴每季度维护保养一次，基本要求是磨损量不超过制造商要求。

层门门扇每半年维护保养一次，基本要求是门扇相关间隙符合标准值。

层门装置和层门地坎每年维护保养一次，基本要求是无影响正常使用的变形，各安装螺栓紧固。

二、层门部分部件的维护保养内容

轿厢检修运行，维保人员站在轿顶上，由上至下逐层逐门进行检查，但是最底层层门的大部分维护保养工作可由维保人员在轿厢内打开轿门后进行（轿厢与层门相对位置合适）。

1. 层门地坎的维护保养内容

（1）用清洁布及专用的清扫铲子清洁地坎槽的表面及滑槽。

（2）检查门滑块，其插入深度应足够大，且在地坎槽内不会因层门与地坎不平行而与滑槽强行摩擦。如果存在强行摩擦，则需要拆下一个门滑块，检查层门门扇是否轻微变形，若是则需要用手将其扳直，再重新装上门滑块。同时检查门滑块的磨损程度，若大于随机资料的规定，则需要更换。

2. 层门门锁自动复位相关装置的维护保养内容

（1）检查、清洁、润滑厅外紧急手动开锁装置。

（2）用三角钥匙进行手动开锁，确认紧急手动开锁装置转动灵活、无卡阻现象。

（3）手动打开层门门锁，确认层门门锁能自动复位、有效锁紧。

3. 层门系统传动钢丝绳的维护保养内容

（1）检查传动钢丝绳的张紧力是否符合要求。张紧力过大会导致传动钢丝绳断丝或缩短传动钢丝绳的使用寿命，张紧力过小会造成传动钢丝绳打滑而传动不良。层门传动钢丝绳的张紧力要求如图 3-2-1 所示（或根据随机资料确定）。

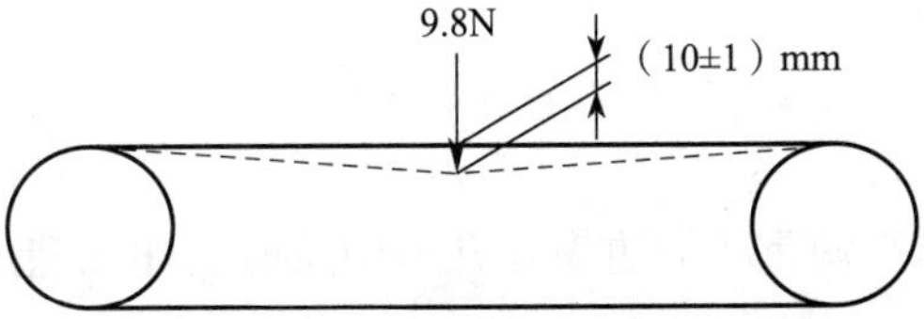

图 3-2-1　层门传动钢丝绳的张紧力要求

（2）检查传动钢丝绳是否有断裂、磨损、缠绕的情况。可用清洁布擦拭传动钢丝绳表面，如有损坏，清洁布往往会被损坏的传动钢丝绳挂住。注意，不要徒手直接接触传动钢丝绳，否则手可能被破损的传动钢丝绳扎伤。在门全开、全闭时，传动钢丝绳与滑轮接触的部位易发生磨损；如果传动钢丝绳打结，则打结处也易磨损。

（3）检查绳头与连接扣的连接是否正确

1）检查传动钢丝绳端部的连接螺栓是否紧固。

2）检查传动钢丝绳端部开口销的安装是否正确。

3）检查当门全开、全闭时，开口销是否会碰撞层门装置的部件。

4）检查张紧螺栓是否变形，如果张紧螺栓已变形应及时更换，否则它会因疲劳应力而迅速损坏。

4. 层门装置的维护保养内容

（1）先清洁外罩、盖板，再清洁门导轨，使其干净、光滑、无锈蚀。如果有锈蚀或污垢，则先用细砂纸或小钢丝刷擦干净，再用蘸润滑油的回丝布擦拭，最后用干回丝布擦干。

（2）检查门挂板下端的偏心轮，其与门导轨下部的间隙应小于 0.5 mm，若不符合要求则需要进行调整。

（3）清洁、检查层门滚轮，如果滚轮外缘有污垢，则应先将其除去再检查。如果滚轮外缘磨损过大或不圆，则需要更换。

（4）检查轿门门刀在经过层门门锁滚轮时是否因为偏离中心而使单边间隙太小，造成碰擦或急停故障，若有碰擦或急停故障则应进行调整。

学习单元 2　补偿链（缆）和补偿绳的维护保养

为了减少因轿厢与平衡重（对重）在井道中位置变化而造成的曳引钢丝绳两侧的重量差，使电梯无论在什么位置，曳引钢丝绳自身的重量都不会对曳引能力产生影响，就需要设置重量补偿装置。在电梯行业中，对于提升高度超过 30 m 的电梯，通常考虑增设重量补偿装置。重量补偿装置一般有补偿链（缆）和补偿绳。

一、补偿链（缆）和补偿绳的维护保养要求

补偿链（缆）和补偿绳与轿厢、对重接合处每半年维护保养一次，基本要求是固定、无松动。

二、补偿链（缆）和补偿绳的维护保养内容

1. 补偿链（缆）的维护保养内容

（1）电梯检修运行，维保人员在底坑检查补偿链（缆）在运行中的状态，其不应与其他运动部件有任何碰撞或摩擦，补偿链（缆）应处于自然悬挂状态，且无任何扭力。

（2）测量补偿链（缆）的最低点与底坑地面的距离是否为 100 ~ 200 mm（或是否符合随机资料的要求），弯曲半径是否符合随机资料的要求。若不符合要求，则需要通过调整补偿链（缆）与对重或轿厢的接合处，使其符合要求。

（3）检查补偿链（缆）与轿厢、对重接合处是否可靠固定，以及二次保护是否牢固。若补偿链（缆）的端接固定部件松动，则应立即紧固。

（4）对于采用穿绳式补偿链的电梯，如果发现其运行时有较大噪声，则应检查补偿链中的消音绳是否折断。若已折断，则需要进行局部穿绳修复。

（5）检查补偿缆的外包橡胶是否磨损、开裂，若已磨损、开裂，则需要更换。

（6）检查补偿缆在导向装置中的运行情况，导向装置应转动灵活，无磨损、开裂等情况，可视情况对其轴承进行润滑。

2. 补偿绳的维护保养内容

（1）电梯检修运行，维保人员在底坑检查补偿绳在运行中的状态，其不应与其他运动部件有任何碰撞或摩擦，补偿绳应处于自然悬挂状态，且无任何扭力。

（2）检查补偿绳与轿厢、对重接合处是否可靠固定，有无松动情况，若有松动情况，则应立即紧固。

（3）检查补偿绳是否生锈、变形，其磨损量是否在允许范围内。

（4）检查补偿绳张紧装置的有效行程。当补偿绳伸长，使下限位开关动作时，必须对其进行截绳处理。

（5）检查补偿绳张紧装置的张紧轮是否运转灵活，有无异响，可视情况对其轴承进行润滑。

（6）检查补偿绳张紧装置上下浮动有无阻碍，可视情况对导轨进行润滑。

（7）分别检查阻尼油柱和阻尼弹簧，可视情况进行润滑、调整。

（8）检查张紧轮的防护装置是否安装牢固，若不牢固则应紧固相关螺栓。

（9）检查补偿绳张紧装置最大、最小张紧位置的电气开关是否在有效位置处。

学习单元 3　随行电缆的维护保养

一、随行电缆的维护保养要求

随行电缆每年维护保养一次，基本要求是无损伤。

二、随行电缆的维护保养内容

目前，各种电梯产品所用的随行电缆一般都是扁电缆，具体的维护保养内容如下。

1. 检查运行中的随行电缆有无扭转、扭曲等现象，是否呈波浪状，可视情况进行调整。

2. 检查随行电缆是否因与井道内横梁、轿厢、导轨支架或其他部件接触而受损。

3. 检查随行电缆的电缆保护导向槽、防护铁丝网是否安装牢固。

4. 有数根随行电缆时，检查其相互之间的活动间隙范围是否满足 40 ~ 70 mm 的要求（或随机资料的要求），以及随行电缆的弯曲直径是否在 350 ~ 600 mm（或随机资料的规定范围），视情况进行调整。

5. 检查随行电缆底部与底坑地面的距离是否保持在 100 ~ 200 mm（或随机资料的规定范围）；当轿厢完全压缩缓冲器后，检查随行电缆是否与底坑地面和轿厢边框接触，若有接触，则需要收紧或放松轿底固定架上的随行电缆。

6. 检查在井道顶部和中部、轿厢底部，随行电缆是否可靠固定在支架上，以及支架是否清洁，视情况进行调整、清洁。

7. 检查随行电缆外壳破损、开裂的情况和芯线断裂的情况，必要时使用备用芯线，若备用芯线不够，则需要更换随行电缆。

8. 检查随行电缆内的加强钢丝绳，若钢丝绳断裂，则需要进行更换。

学习单元 4　曳引钢丝绳公称直径的测量及判断

一、游标卡尺

1. 游标卡尺的用途

游标卡尺是工业上常用的测量长度的工具，可直接用来测量精度较高的工件，如测量工件的宽度、外径、内径以及深度，如图 3–2–2 所示。

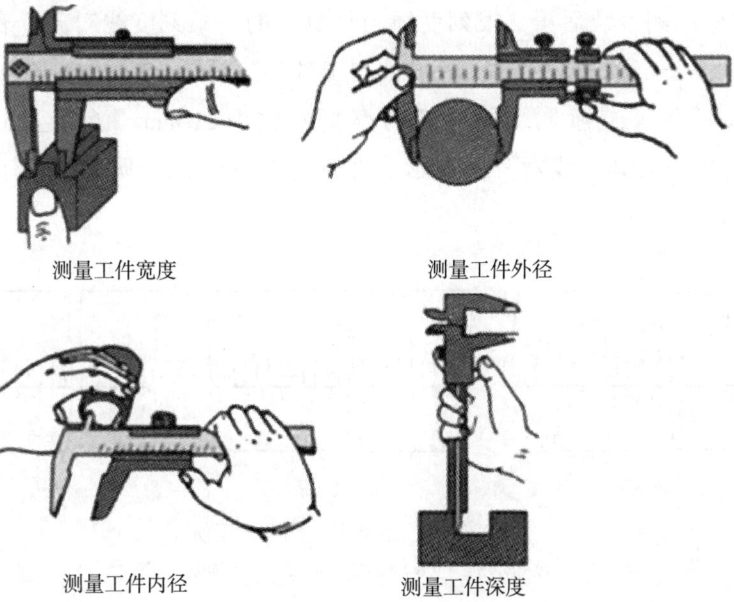

图 3–2–2　游标卡尺的应用

2. 游标卡尺的结构

游标卡尺由尺身和附在尺身上能滑动的游标两部分构成（见图 3–2–3）。如果按游标的分度值来分，游标卡尺分为 0.1 mm、0.05 mm、0.02 mm 三种规格。

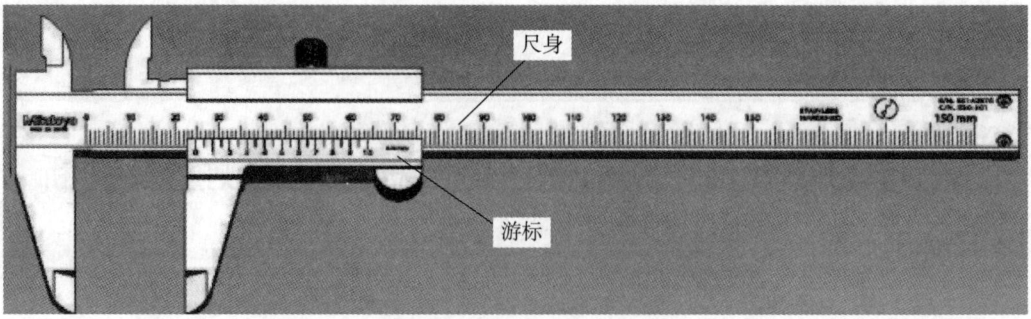

图 3-2-3　游标卡尺的结构

3. 游标卡尺的读数

以分度值 0.02 mm 的精密游标卡尺为例，如图 3-2-4a 所示，游标零线所对应的整毫米数为 9 mm（游标零线前尺身上最近刻度线表示的尺寸），游标零线后 1 对应的刻度线与尺身上的一条刻度线对齐，表示小数部分为 0.1 mm，所以被测工件的尺寸为 9 mm+0.1 mm=9.1 mm；如图 3-2-4b 所示，游标零线所对应的整毫米数为 27 mm，游标上 9 对应的刻度线后第 2 根刻度线与尺身上的一条刻度线对齐，表示小数部分为 0.9 mm+0.02 mm×2=0.94 mm，所以被测工件的尺寸为 27 mm+0.94 mm=27.94 mm；如图 3-2-4c 所示，游标零线所对应的整毫米数为 21 mm，游标上 5 对应的刻度线与尺身上的一条刻度线对齐，表示小数部分为 0.5 mm，所以被测工件的尺寸为 21 mm+0.5 mm=21.5 mm。

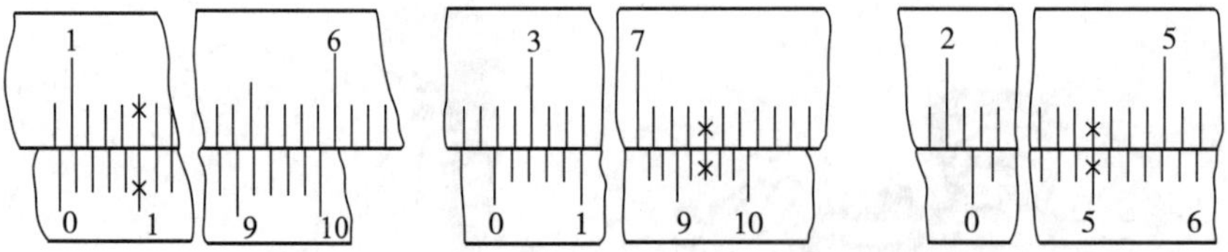

a)　　b)　　c)

图 3-2-4　游标卡尺的读数示例

a）读数示例一　b）读数示例二　c）读数示例三

4. 游标卡尺的使用方法

（1）将量爪合拢，查看游标和尺身的零线是否对齐。如果对齐就可以进行测量，如果没有对齐则要记录零误差。游标的零线在尺身零线右侧时称为正零误差，游标的零线在尺身零线左侧时称为负零误差。

（2）测量时右手握住尺身，大拇指移动游标；左手将待测工件放在量爪之间。当待测工件与量爪紧紧相贴时，即可读数，如图 3-2-5 所示。

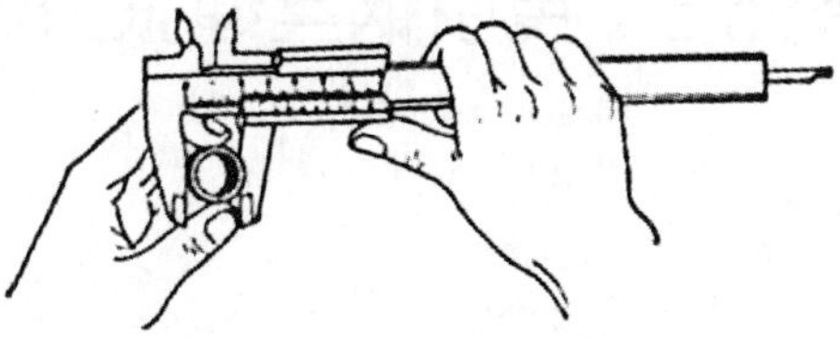

图 3-2-5 游标卡尺的使用方法示意

5. 游标卡尺的使用注意事项

（1）使用前应先擦干净量爪的测量面，再合拢量爪；检查游标零线与尺身零线是否对齐，若未对齐，应根据零误差修正测量时的读数。

（2）测量工件时，量爪测量面必须与工件的表面平行或垂直，不得歪斜，且合拢量爪时用力不能过大，以免量爪变形或磨损而影响测量精度。

（3）读数时视线要垂直于尺面，否则读数不准确。

（4）测量内径尺寸时应轻轻摆动待测工件，以便找出最大值。

（5）使用完游标卡尺后，应仔细地将其擦干净，并抹上防护油平放在盒内，以防生锈或弯曲。

二、曳引钢丝绳公称直径的磨损极限值要求

曳引钢丝绳因磨损、拉伸、绳芯损坏或腐蚀等原因导致直径小于或等于公称直径的 90% 时，就达到了磨损极限值。

三、曳引钢丝绳直径的测量与判断方法

一般用游标卡尺测量曳引钢丝绳的直径，具体测量方法见模块 3 课程 3-1 学习单元 6 的相关内容。若曳引钢丝绳的实测直径小于或等于其公称直径的 90%，则已经不符合使用要求，需要更换；若曳引钢丝绳的实测直径大于其公称直径的 90%，则需要密切关注，加强维护保养。

学习单元 5　曳引钢丝绳张力测量及调整

一、拉力计（测力计）的使用方法

1. 在使用拉力计（测力计）之前，先检查其电量是否充足，若电量不足，应先充电（充电时也可以使用）。

2. 打开电源开关，拉力计（测力计）显示的扭矩值应为零，若不为零，则需要按清零键将扭矩值清零。

3. 测量前需要设置好上下限值、最小存储值、最小峰值保持值、自动峰值时间、自动关机时间。

（1）上限值的设定。操作人员可根据需要自由设定上限值，当测量值达到上限值时会有自动声光提示，注意上限值不能大于满量程值。

（2）下限值的设定。操作人员可根据需要自由设定下限值，当测量值达到下限值时会有自动声光提示，注意下限值不得高于设定的上限值。

（3）最小存储值的设定。操作人员根据存储需要设定最小存储值，小于该值的数据将不会被储存。

（4）最小峰值保持值的设定。操作人员根据自动峰值测量需要自由设定最小峰值保持值，小于该值的数据则不会被保存。

（5）自动峰值时间的设定。操作人员根据自动峰值测量状态下的峰值保持时间的需要自由设定（1 ~ 99 s）。

（6）自动关机时间的设定。在无操作状态下，自动关机时间可自由设定（0 ~ 9 min，当设置为 0 则表示解除自动关机）。

4. 根据产品测量需求选择适宜的头部螺钉，并确认是否使用加长杆配合测量。

5. 区分是测量推力还是拉力，并确认好装配后的头部螺钉是否便于测量。

6. 将推力头或拉力头对准产品受力处（需要测量部位）进行测量，若操作过程中未对准正确位置，则需要重新进行测量，切勿用力过猛导致人员受伤或设备损坏。

7. 拿开拉力计（测力计），读出测量值。

8. 结束测量，将拉力计（测力计）放在仪器盒内进行妥善保管。

二、曳引钢丝绳张力的测量方法

在电梯运行后，将轿厢停在 2/3 井道高度的位置，用拉力计（测力计）测量对重侧每根曳引钢丝绳的张力（用测量工具将曳引钢丝绳逐一水平拉动至相同距离），读出各曳引钢丝绳的张力数据 F_i。

三、曳引钢丝绳张力偏差的计算方法和要求

$$\text{曳引钢丝绳张力平均值 } F_{\text{平均值}} = (F_1+F_2+\cdots+F_n)/n$$

$$\text{张力偏差} = (F_i-F_{\text{平均值}})/F_{\text{平均值}} \times 100\%$$

上式中，F_1、F_2、…、F_n 代表各单根曳引钢丝绳的张力（共 n 个），F_i 代表第 i 根曳引钢丝绳的张力。曳引钢丝绳的张力偏差应不大于 ±5%。

四、曳引钢丝绳张力的调整方法

若某根曳引钢丝绳的张力偏差不符合要求，则需要放松或收紧其绳套上的螺母，以使其张力偏差符合要求。

课程 3-3　轿厢对重设备维护保养

学习单元 1　导靴的维护保养

一、导靴的种类和形式

导靴分为滑动导靴和滚轮导靴。

1. 滑动导靴

滑动导靴是指设置在轿厢架和对重装置上，由靴衬在导轨上滑动，使轿厢和对重装置沿导轨运行的导向装置。靴衬是滑动导靴的滑动摩擦零件。滑动导靴又分为刚性滑动导靴和弹性滑动导靴。

（1）刚性滑动导靴。刚性滑动导靴常用于运行速度不大于 0.63 m/s 的低速载货电梯的轿厢或对重上，其靴衬是固定的，没有弹性。

（2）弹性滑动导靴。弹性滑动导靴一般在运行速度不大于 2.5 m/s 的电梯上使用。弹性滑动导靴是由靴座、靴衬、压缩弹簧、调节组件等组成的，其靴衬以适当的压力与导轨表面接触，能吸收轿厢运行时由导轨产生的部分冲击与振动。

2. 滚轮导靴

滚轮导靴是指设置在轿厢架和对重装置上，由滚轮在导轨上滚动，使轿厢和对重装置沿导轨运行的导向装置。滚轮导靴常用在运行速度大于 2.5 m/s 的高速电梯上。滚轮导靴由滚轮（包括侧面滚轮和正面滚轮）、导靴座、滚轮摆臂、压紧弹簧、调压螺母、静止螺杆等组成，如图 3-3-1 所示。滚轮导靴以滚轮的滚动代替滑动导靴的 3 个工作面，共有 3 对（6 个）滚轮在滚轮摆臂与压紧弹簧的作用下紧贴在导轨的 3 个工作面上，能较好地吸收轿厢运行时由导轨产生的部分冲击与振动。当轿厢运行时，滚轮在导轨上滚动，减小了运行摩擦力，使轿厢能平稳地运行，同时节约能源、减小噪声。使用滚轮导靴的导轨不需要润滑，因此无油污染，但需要保证导轨的工作面清洁。

图 3-3-1　滚轮导靴的结构

二、导靴的维护保养要求

滑动导靴和滚轮导靴都应每季度维护保养一次，基本要求是清洁，以及磨损量不超过制造商要求。

三、导靴的维护保养内容

1. 滑动导靴的维护保养内容

（1）刚性滑动导靴的维护保养内容

1）检查刚性滑动导靴与导轨的间隙。当对重长时间运行后，靴衬磨损，该间隙会变大，导致电梯运行时会晃动。这时可略调松固定螺栓，将刚性滑动导靴往导轨方向调整，当左右两侧刚性滑动导靴与导轨的间隙合计为 0.5 ~ 1 mm 时，紧固固定螺栓即可。

2）清洁刚性滑动导靴。

3）在刚性滑动导靴上方的油杯内添加适量的润滑油，润滑导轨，降低靴衬与导轨的摩擦系数。

（2）弹性滑动导靴的维护保养内容

1）检查轿顶弹性滑动导靴在上梁的紧固情况，保证其对导轨的压紧力。

2）为了补偿导轨侧工作面的直线度误差，导靴与导轨侧工作面之间要留有 1 ~ 2 mm 的间隙。

3）检查滑动导靴靴衬工作面的磨损情况，磨损过于严重而引起松动时会影响电梯运行的平稳性，应调整。一般侧向工作面磨损量应不超过 1 mm，顶端工作面磨损量应不超过 2 mm，否则应更换靴衬。

4）清洁弹性滑动导靴。

5）在弹性滑动导靴上方的油杯内添加适量的润滑油，润滑导轨，降低靴衬与导轨的摩擦系数。

2. 滚轮导靴的维护保养内容

（1）检查各部件是否紧固。

（2）当轿厢处于平衡状态时，用手盘动滚轮，确认每个滚轮都能转动（说明滚轮没有受到非正常偏载力）。

（3）检查滚轮导靴与导轨之间的间隙是否满足随机资料的要求。当一侧侧面滚轮轻微磨损后，如果滚轮导靴与导轨的间隙超过随机资料的规定尺寸，则需要转动滚轮摆臂，调整滚轮导靴与导轨的间隙。

（4）通过调整调压螺母，调节各个滚轮导靴对导轨的压紧力，其压紧力应近似相等。当压紧力不均衡时，易出现滚轮外周的磨损不均现象，所以应及时调节，并对滚轮外周的磨损处进行修整。

（5）当安全钳动作后，应及时修整导轨侧向工作面上由于安全钳钳块夹紧、拖拉导致的擦伤及变形，使滚轮导靴在平整的工作面上进行活动。

（6）清洁滚轮导靴。

四、导靴部件的更换

下面主要介绍滑动导靴靴衬、滚轮导靴滚轮的更换，注意必须用同型号的靴衬、滚轮进行更换。

1. 滑动导靴靴衬磨损过于严重会影响电梯运行的平稳性，故应及时更换。如图 3–3–2 所示，更换时先拆下滑动导靴座上的固定螺栓，将整个滑动导靴拆下，然后拆下靴衬上安装板和靴衬下安装板的固定螺栓，拆下两个安装板，取出旧靴衬，放上新靴衬，再把靴衬两个安装板用固定螺栓固定在导靴上，最后把换好靴衬的导靴装回，并适当调整。

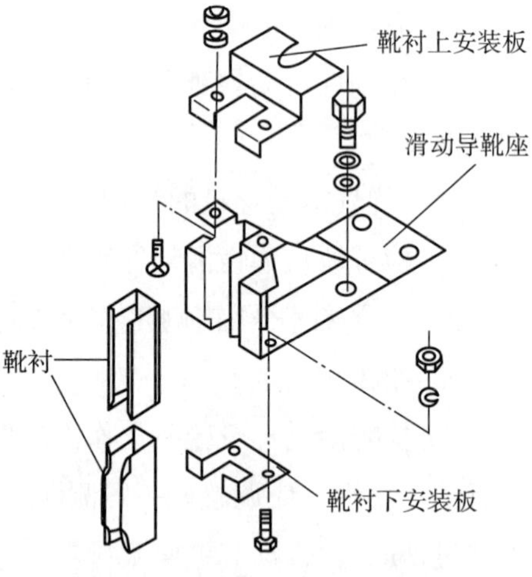

图 3–3–2　滑动导靴靴衬更换示意

2. 当滚轮导靴出现疲劳开裂、机械外伤、膨胀变形、过压脱圈、脱胶或积垢无法去除等情况时，需更换滚轮。更换滚轮时，必须将整个滚轮导靴拆下，并用专用工具拆下滚轮，再安装新滚轮。对于某些滚轮不太好拆的导靴来说，一般直接更换整个滚轮导靴。

学习单元2　门机机械装置的维护保养

部分门机机械装置的维护保养前文已介绍过，如轿门门扇联动机构的相关内容，本学习单元主要介绍门挂板及门导轨，V形带、传动链、同步带的维护保养。

一、门机机械装置的维护保养要求

门机机械装置每季度维护保养一次的部件有轿门系统中的门挂板、门导轨、V形带、传动链、同步带，应按制造商要求进行清洁、调整。

二、门挂板及门导轨的维护保养

1. 门挂板的尺寸要求（见图3-3-3）

门挂板与门滑轮的间隙应在3～5 mm，或满足随机资料规定的尺寸要求；偏心轮与门导轨的间隙应在0.1～0.3 mm。

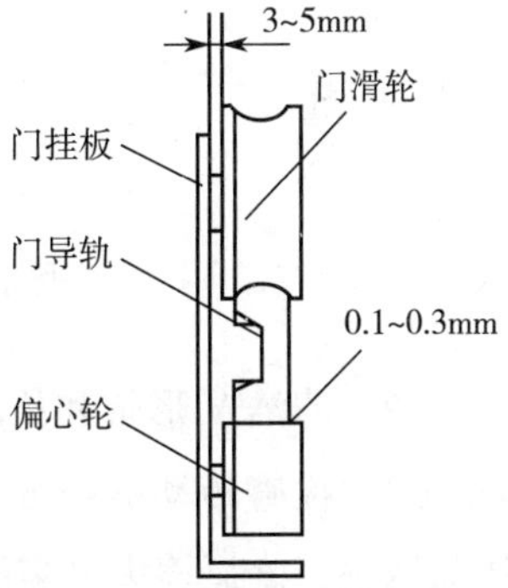

图3-3-3　门挂板的尺寸要求

2. 门挂板及门导轨的维护保养内容

（1）清洁门挂板、门滑轮。

（2）检查确认门挂板上的固定螺栓已紧固，门挂板未变形（若变形应更换）。

（3）检查确认门挂板上的门滑轮无松动、磨损、脱落、损坏等情况，其轴转动时无异响、磨损等情况，若有以上异常情况应及时更换。

（4）检查偏心轮的磨损情况，若有明显磨损应及时更换。

（5）清洁、润滑门导轨，在门导轨上薄薄地涂一层润滑油，擦去过多的润滑油，以免滴到乘客身上。

（6）检查确认门导轨的磨损情况，若有明显磨损应及时更换。

（7）检查确认门导轨的固定螺栓已紧固。

三、V 形带、传动链、同步带的维护保养

1. V 形带和传动链的维护保养

（1）检查 V 形带和传动链的松紧状态。施加随机资料规定的张紧力 F_1、F_2，检查 V 形带、传动链的位移变化 L_1、L_2 是否符合相关要求，如图 3–3–4 所示。若不符合要求，可通过张紧装置将门电动机和大链轮略左移或右移，使 V 形带、传动链的松紧状态符合要求。

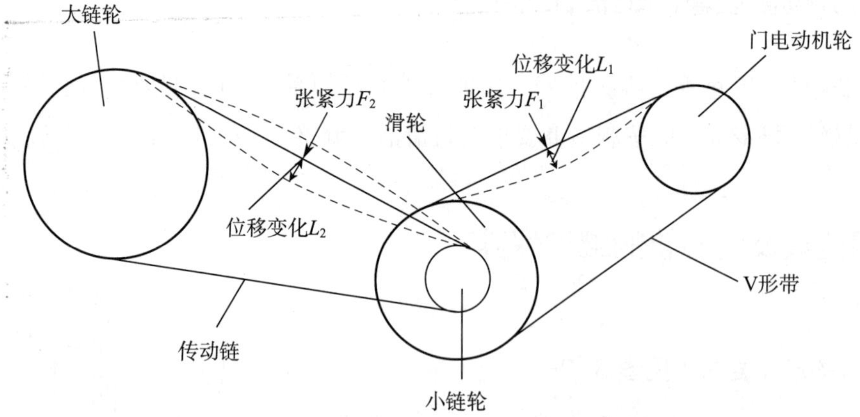

图 3–3–4　V 形带、传动链的张紧力检查示意

（2）清洁 V 形带和传动链。

（3）检查传动链是否锈蚀，可加注润滑油清除锈迹，之后擦去过多的润滑油。

（4）在传动链的齿片（即润滑部位，见图 3–3–5）上轻轻地滴加随机资料规定的润滑油。

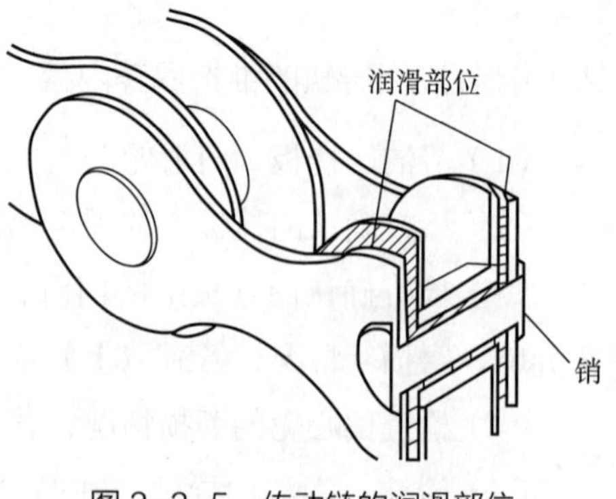

图 3–3–5　传动链的润滑部位

2. 同步带的维护保养

（1）检查同步带是否磨损、断裂，有无其他损坏情况，视情况更换。

（2）在门全闭时，检查同步带在随机资料规定的张紧力 F_1、F_2 的作用下，位移

L_1、L_2是否符合相关要求，如图 3-3-6 所示，若不符合相关要求，则通过张紧力调整螺栓来调整，如图 3-3-7 所示。

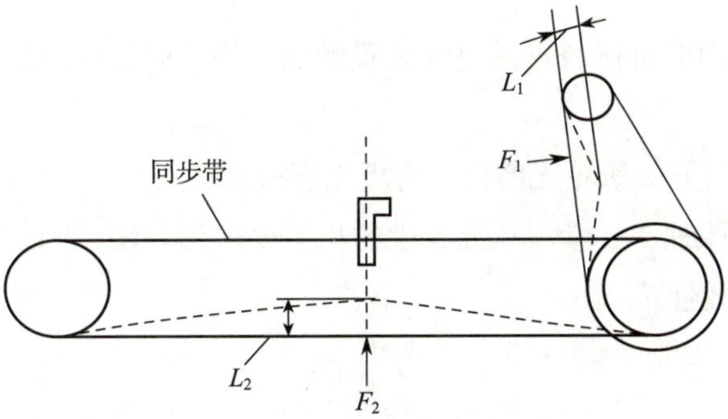

图 3-3-6 同步带的张紧力检查示意

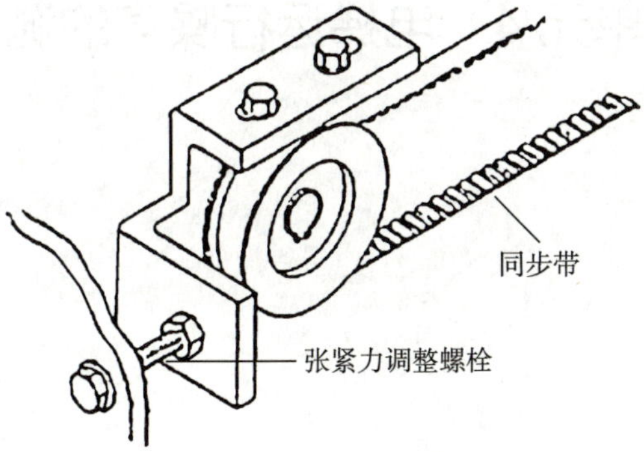

图 3-3-7 同步带的张紧力调整部件

学习单元 3 轿门门锁装置的维护保养

一、轿门门锁装置的维护保养要求

轿门门锁机械装置每半月维护保养一次，基本要求是清洁、转动灵活，各项安装尺寸符合随机资料要求。

轿门门锁电气装置每半月维护保养一次，基本要求是清洁、触点接触良好、接线可靠、工作正常。

二、轿门门锁装置的检查与调整

1. 清洁轿门门锁的机械装置及电气装置触点，注意验证轿门闭合情况的电气装置触点的清洁。

2. 检查确认电气开关滚轮无磨损，打板无磨损。

3. 根据模块 2 课程 2–3 学习单元 5 中的相关要求和方法，确认锁钩啮合长度的尺寸和电气装置的有效性。

学习单元 4 电梯运行噪声的测量与判断

一、声级计概述

1. 声级计各功能部分

下面以图 3–3–8 所示的声级计为例进行介绍。该声级计频率加权选择开关可选择两个挡位，其中频率加权 A 为人耳所感觉噪声量，频率加权 C 为机械噪声特性。该声级计时间加权选择开关可选择两个挡位，在 FAST（快速）挡，声级计使用 125 ms 的时间加权常数，在大多数情况下均选择此挡；在 SLOW（慢速）挡，声级计使用 1 s 的时间加权常数，此常数可使变动单位稳定。注意，所选择的时间加权常数通常视测量时的规定而定，如果未规定时间加权常数，则使用 FAST 挡。该声级计的液晶显示屏说明如图 3–3–9 所示。

2. 声级计的校正方法

在进行声级计的校正时，请使用产品使用说明书要求的标准音源。

（1）状态设定。频率加权选择 A 挡，时间加权选择 FAST 挡，挡位切换开关选择 60 ~ 110 分贝挡，关闭最大读值锁定功能。

（2）将电容麦克风小心地插入标准音源 0.5 in（1 in=2.54 cm）的孔内。

（3）打开标准音源的电源开关，旋转校正旋钮，使液晶显示屏读数为 94.0。

3. 使用前的准备工作

（1）用十字螺钉旋具拧下固定声级计背面电池盖的螺钉，在电池座上装 4 节 1.5 V 电池。当电池电力老化时，液晶显示屏会出现闪烁的图形“[-+]”，表示电池电量不足，此时必须更换新电池。

（2）盖回电池盖，用十字螺钉旋具拧紧螺钉。

（3）若使用 DC 电源转换器，则必须将 DC 电源转换器的输出插头插入声级计侧面的 DC 6 V 插孔。

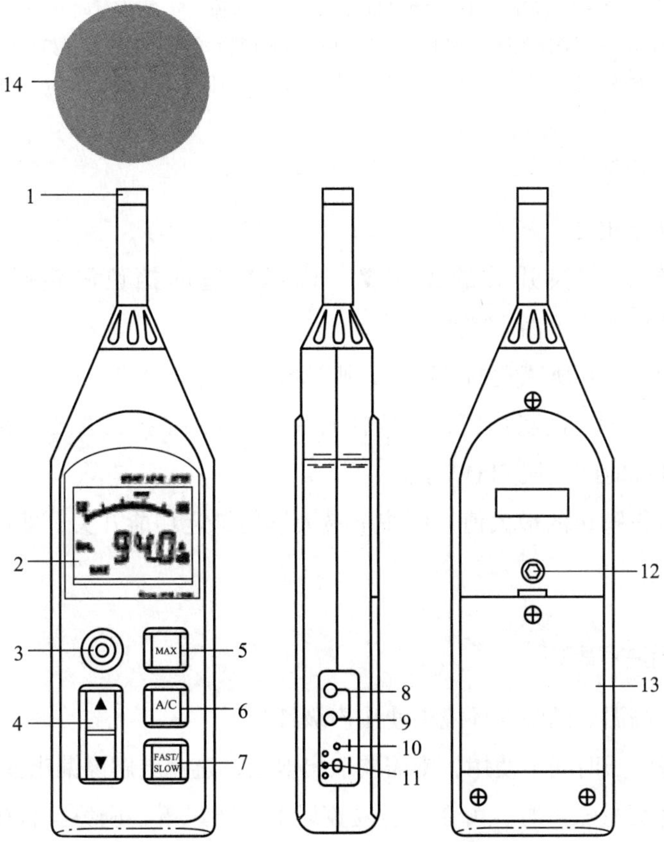

图 3-3-8　某型号声级计各功能部分

1—电容麦克风　2—显示面板　3—电源开关　4—挡位切换开关　5—最大读值锁定功能开关（MAX）
6—频率加权（A/C）选择开关　7—时间加权（FAST/SLOW）选择开关　8—AC 类比信号输出插孔
9—DC 类比信号输出插孔　10—校正旋钮　11—外接电源 DC 6 V 输入插孔
12—三脚架固定螺钉孔　13—电池盖　14—海绵球

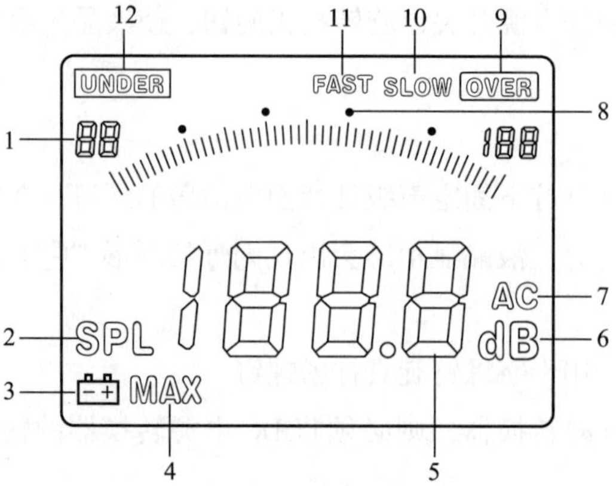

图 3-3-9　某型号声级计液晶显示屏说明

1—测量范围显示　2—即时声压　3—电池电量符号　4—最大值　5—噪声量读值　6—噪声单位分贝
7—A 加权和 C 加权　8—类比刻度（1 dB/1 刻度）　9—OVER 警示符号（读值超过该挡位的最大测量值）
10—慢速　11—快速　12—UNDER 警示符号（读值低于该挡位的最小测量值）

4. 声级计的使用方法

（1）按下电源开关。

（2）按下挡位切换开关的▲或▼，选择合适的挡位测量噪声，以不出现“UNDER”或“OVER”的字样为准。

（3）若要测量人耳所感觉的噪声值，则选择频率加权 A 挡。

（4）若要读取即时的噪声值，则选择时间加权 FAST 挡；若要获得当时的噪声平均分贝值，则选择时间加权 SLOW 挡。

（5）若要取得噪声的最大值，可按下最大读值锁定功能开关，即可读到最大噪声的分贝值。

5. 声级计的使用注意事项

（1）请勿在高温、潮湿的环境中使用声级计。

（2）若声级计长时间不使用，则需要取出电池，避免电解液漏出损伤声级计。

（3）在室外测量噪声时，可在电容麦克风上装防风罩，避免其直接被风吹到而测量无关杂音的分贝值。

二、电梯运行噪声标准

电梯机械设备和电气设备在工作时不应有异常振动或撞击声响，电梯运行噪声应符合表 3-3-1 的规定。

表 3-3-1　电梯运行噪声标准

额定速度 v/m·s^{-1}	$v \leqslant 2.5$	$2.5 < v \leqslant 6$
额定速度运行时机房内平均噪声值 /dB（A）	≤80	≤85
运行中轿厢内最大噪声值 /dB（A）	≤55	≤60
开关门过程中最大噪声值 /dB（A）	≤65	

注：无机房电梯的“机房内平均噪声值”是指距离曳引机 1 m 处所测得的平均噪声值。

在测量噪声时，要考虑周围噪声的影响，需要对所测噪声进行修正，表 3-3-2 为噪声修正标准。

表 3-3-2　噪声修正标准　　dB（A）

声源工作时测得的声级与背景噪声声级之差	应减去的修正值
3	3
4	2
5	2
6	1
7	1
8	1
9	0.5
10	0.5
>10	0

注：背景噪声是指测量声源不存在时周围环境的噪声。

三、电梯运行噪声的测量方法

1. 机房

电梯以额定速度运行，取 5 个测量点，即距驱动主机前、后、左、右各 1 m 处的（H+1）/2 高度上的 4 个点（H 为驱动主机的顶面高度，m），以及驱动主机正上方 1 m 处的 1 个点。如果现场测量时受到建筑物结构或者设备布置的限制，那么可以减少测量点。取每个测量点测得的噪声值的平均值。

2. 轿内

关闭风扇、空调等轿内附属设备，将声级计放在轿厢地板中央半径为 0.1 m 范围内的圆形上方 1.5 m ± 0.1 m 高度处，电容麦克风应沿水平方向直接对着轿厢主门，取电梯上行和下行运行过程中（一个全行程）以额定速度运行时的最大噪声值。

3. 开关门

将声级计分别置于轿厢内门宽中心线、层站内门宽中心线上，距轿门（轿厢内）或层门（层站内）0.24 m、地面 1.5 m ± 0.1 m 高度处，电容麦克风应水平对着轿门、层门测量，取开关门过程中的最大噪声值。

四、电梯运行噪声的判断方法

当在电梯机房、轿内、开关门处测得的噪声值经过修正，不符合表 3–3–1 的要求时，应视为超标。

课程 3–4 自动扶梯设备维护保养

学习单元 1 扶手带系统的维护保养

一、扶手带系统的结构

扶手带系统主要包括玻璃保持器、扶手带、扶手转角栏杆、扶手导轨、扶手带托辊、导向件、扶手驱动摩擦轮、托辊组件、金属压轮、双轴承导向件等零部件，如图 3–4–1 所示。

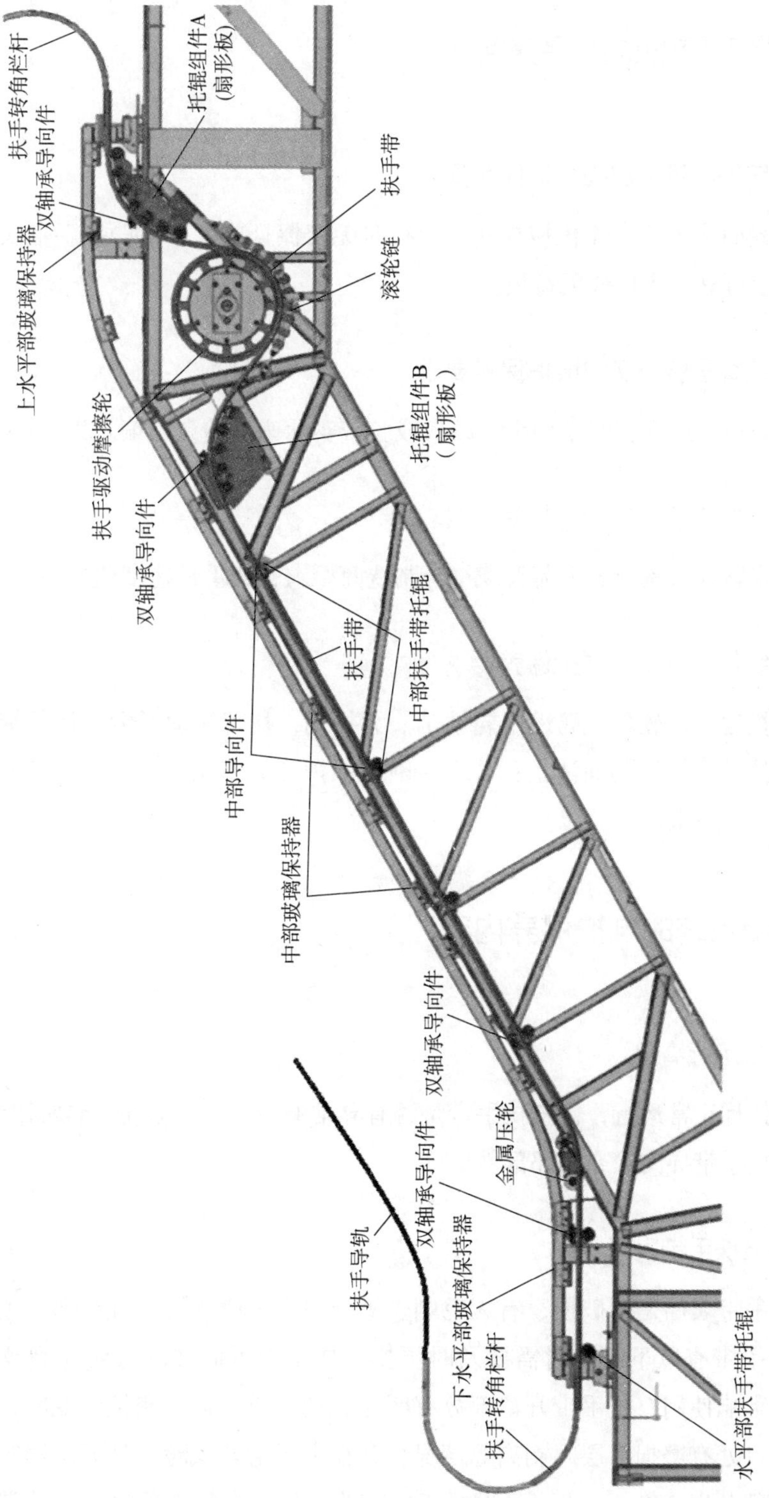

图 3-4-1　扶手带系统的结构

二、扶手带系统的维护保养要求

1. 扶手带系统每半月一次的维护保养要求

扶手带表面无毛刺、无机械损伤，运行时无摩擦且速度正常，扶手带入口处保护开关动作灵活可靠，入口处无垃圾。

2. 扶手带系统每季度一次的维护保养要求

扶手带的运行速度相对于梯级、踏板或胶带实际速度的允许偏差为 0 ~ +2%。

3. 扶手带系统每半年一次的维护保养要求

扶手带张紧度张紧弹簧负荷长度符合制造商要求，扶手带速度监控系统工作正常。

4. 扶手带系统每年一次的维护保养要求

扶手带托辊、滑轮群、防静电轮清洁、无损伤，托辊转动平滑；扶手带内侧凸缘处无损伤，扶手导轨滑动面清洁；扶手带断带保护开关功能正常；扶手带导向块和导向轮清洁，工作正常。

三、扶手带系统的维护保养内容

1. 检查扶手带运行情况

使自动扶梯正常运行，检查扶手带是否有异常响声、异常振动、异常窜动等情况，如有则调整扶手带导向轮或相邻部件。

2. 检查、清洁扶手带表面

检查扶手带表面是否破损，有无毛刺、机械损伤；检查扶手带耳部外表面是否异常磨损。扶手带有以下情况时需要及时更换：扶手带表面橡胶有明显裂纹、失去光泽、变色而影响使用；扶手带开口部分有明显裂纹，或变宽、变长、变厚，或露出了钢芯，或开口处有磨损、层间剥离等情况，存在夹手指的风险，已无法继续使用；将扶手带开口部分以 300 mm 为半径进行正向弯曲，局部有鼓起现象；扶手带使用时间超过 10 年。

用清洁布清洁扶手带表面。注意，不能用任何清洁剂擦洗聚氨酯材料制成的扶手带。另外，严禁用汽油、香蕉水清洁扶手带，否则扶手带表面的光泽会消失，起装饰作用的橡胶也会受影响。

3. 检查扶手带与梯级的同步性

检查扶手带与梯级的同步性，具体要求前文已述。每次维护保养时可先用手感觉，如果感觉有异样再用仪器测量。如果扶手带的运行速度相对于梯级实际速度超过允许偏差，则应检查、调整扶手带驱动装置或张紧装置。

4. 调整扶手带张紧力

具体方法见模块 1 课程 1–4 学习单元 2 的相关内容。

5. 检查扶手带内侧

将扶手带从扶手导轨剥离，用吸尘器或刷子清洁扶手带内侧，同时清洁扶手转角栏杆和扶手导轨。检查扶手带内侧棉织物是否损坏，钢芯是否露出，内侧凸缘处有无损伤，若有异常情况应及时更换。

有些扶手带产品需要在其耳部内侧和导夹上涂石蜡。注意，不要让扶手导轨和扶手带中间部分沾上石蜡，所涂部位不应有大块的石蜡。

6. 检查扶手导轨

将扶手带从扶手导轨剥离，检查扶手导轨接头是否紧密平整，左右高低偏差通常不应超过 0.5 mm。如果偏差较大，扶手导轨顶端接头处要做倒角。检查所有接头处有无毛刺等，若有则需要用细砂纸磨平。检查扶手导轨连接件是否可靠紧固，螺母是否松动，应视情况调整。

7. 检查导夹

将扶手带从扶手导轨剥离，检查扶手导轨的导夹是否良好，如果导夹磨损严重或损坏，需要立即更换。更换导夹时应根据导夹挡块之间的长度截取，一般在距导夹挡块 2 mm 处切断，并在导夹两端做倒角。注意，导夹要整段截取，不要截得过短，也不要用多段拼接起来。更换时要先在螺钉上涂螺纹紧固剂，再紧固导夹挡块。有些产品的导夹需要涂石蜡。

8. 检查扶手导向滚轮

对配置扶手导向滚轮的自动扶梯，要将扶手带从扶手导轨剥离，检查扶手导向滚轮是否完好，能否平滑地转动，并清除黏附在其上的垃圾。

9. 检查扶手带加热电缆和张紧段加热器

对配置扶手带加热电缆和张紧段加热器的自动扶梯，要检查加热电缆和加热器是否完好、可靠固定，与运动部件有无干涉。一般在冬季开始前应对加热电缆和加热器进行一次检查。

学习单元 2　扶手驱动链的维护保养

一、扶手驱动链的结构

自动扶梯扶手带是靠主驱动轴上的链轮通过扶手驱动链带动摩擦轮轴转动，进而带动摩擦轮转动的。由于挤压带压紧扶手带，故扶手带跟着摩擦轮一起运动。

二、扶手驱动链的维护保养要求

扶手驱动链每半月一次的维护保养要求是运转正常，电气安全保护装置动作有效；扶手驱动链每季度一次的维护保养要求是张紧力符合工艺要求。

三、扶手驱动链的维护保养内容

1. 扶手驱动链的检查及润滑

（1）检查扶手驱动链的状态，应无锈迹，润滑适度，松紧适度。

（2）应按润滑表的规定周期为扶手驱动链加注牌号匹配的润滑油，润滑时应保证润滑油渗入链节及链销中，如图 3–4–2 所示。

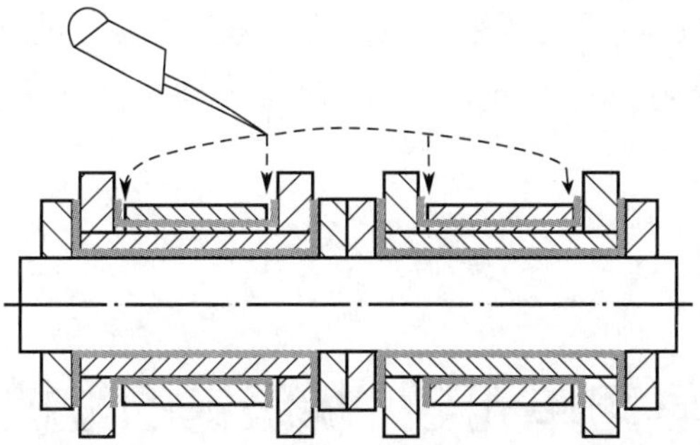

图 3-4-2 润滑油渗入链节及链销的示意

（3）通过测量松边链条的挠度来检查扶手驱动链的松紧程度。若扶手驱动链过松，则应设法将其收紧；若扶手驱动链伸长量超过极限，则应更换。

（4）如果配置了扶手驱动链监控开关，则应检查其相关功能。

2. 扶手驱动链张紧力的调整（以图 3-4-3 为例）

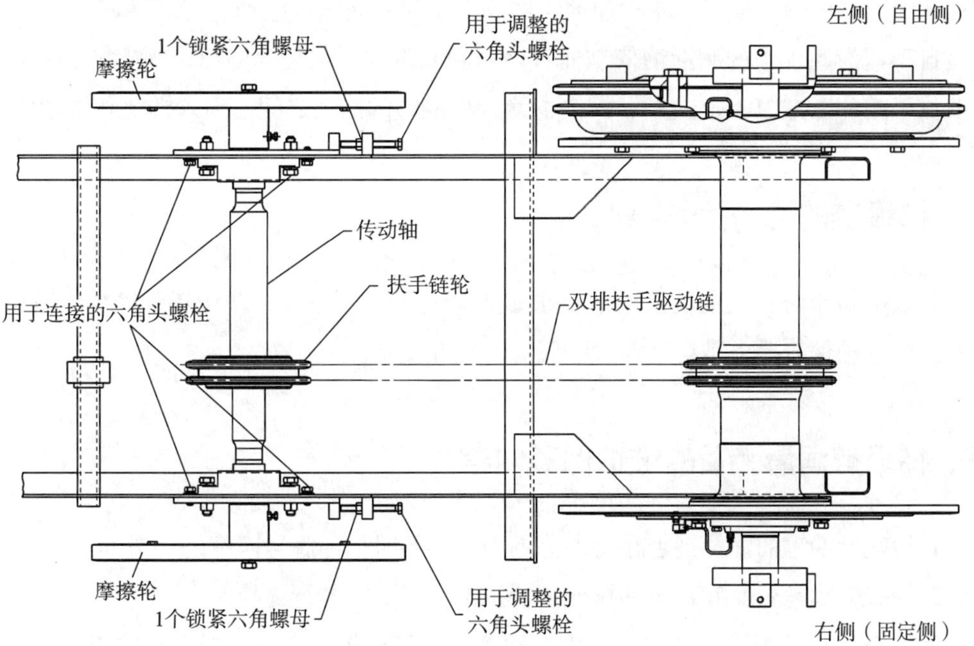

图 3-4-3 扶手驱动链调整示意

在维护保养过程中要检查扶手驱动链的张紧力，具体方法是在扶手驱动链的中心位置施加一定的力，然后测量松弛量（即垂直位移量），如果测试值不在工艺要求范围内则需要调整。

调整方法具体如下：首先放松扶手带托辊组件，旋松摩擦轮两端用于连接的六角头螺栓和锁紧六角螺母；然后旋转用于调整的六角头螺栓，进行扶手链张紧力的调整；等张紧力调整完毕，紧固锁紧六角螺母，紧固扶手带托辊组件；最后旋紧摩擦轮两端用于连接的六角头螺栓。

学习单元 3　梯级链的维护保养

一、梯级链润滑装置的结构

现在梯级链的润滑一般都是通过自动扶梯的自动润滑系统进行的。自动润滑系统包括储油罐（容纳的润滑油可供使用 3 个月）、带有集成控制器的润滑油泵、分配器、通往润滑点的油管、喷嘴。两次加油（即润滑）时间间隔可根据运行环境调节。

自动润滑系统中的润滑油依靠油管输送到润滑点，从喷嘴喷出。喷嘴的出油位置一般位于链片上方 10 mm 左右，润滑油滴入梯级链的链片之间，渗入链节和链销中。

二、梯级链的维护保养要求

梯级链每半月一次的润滑保养要求是张紧开关位置正确，动作正常；梯级链每季度一次的维护保养要求是自动润滑装置运行工况正常。

三、梯级链润滑装置的维护保养内容

1. 检查储油罐的油位是否在要求范围内，必要时加注牌号匹配的润滑油。

2. 检查喷嘴是否完好，出油情况是否正常，必要时进行更换。

3. 检查油管是否可靠固定，有无运动部件与其碰擦，清洁分配器，检查是否有漏油现象，必要时更换油管或分配器。

4. 检查梯级链是否充分润滑，润滑油是否渗入链节及链销中，轴承及转动部位的润滑情况是否良好，若润滑不足需要查明原因。

5. 检查加油时间及加油时间间隔是否已根据提升高度、规格等进行调整。通常加油时间间隔为 48 h，普通室内环境自动扶梯的加油时间可设定为自动扶梯运行一圈的

时间加 20 s。在室外环境或室内环境运行工况比较差的情况下，可根据实际工况适当延长加油时间，缩短加油时间间隔。

学习单元4　梯级轴衬的维护保养

一、梯级轴衬的结构

梯级轴衬是安装在梯级轴上的，安装梯级时，梯级卡环卡住梯级轴衬，紧固卡环螺栓，梯级便固定在梯级轴上。

二、梯级轴衬的润滑保养要求

大部分梯级轴衬一般不需要润滑，若制造商生产的梯级轴衬有润滑保养要求，需要根据随机资料要求进行润滑。

三、梯级轴衬的检查与润滑

在对梯级进行维护保养时，检查梯级轴衬是否有断裂、缺损的情况，若有则需要更换。

学习单元5　制动器间隙的检查与调整

一、制动器的结构与工作原理

本学习单元主要介绍自动扶梯一种常见的制动器——机－电盘式制动器，其结构如图 3–4–4 所示。

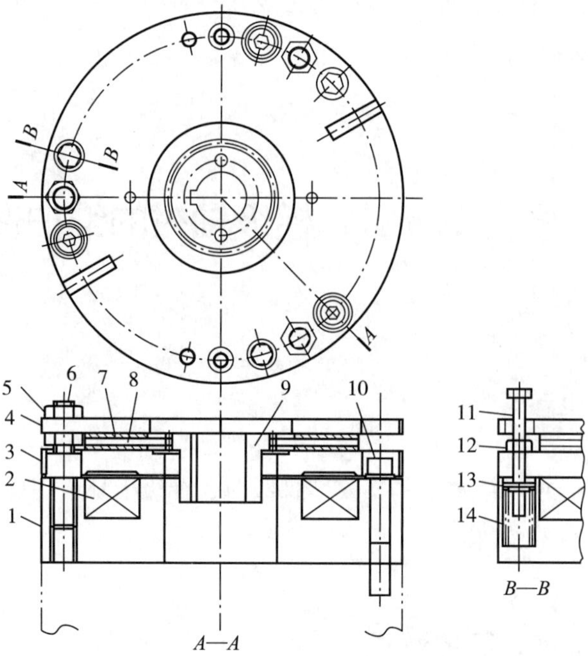

图 3-4-4　机 - 电盘式制动器结构

1—内核　2—线圈　3—电枢　4—外侧圆盘　5—六角螺母（大）　6—螺栓
7—摩擦片　8—内侧圆盘　9—花键连接器　10—内六角圆柱头螺钉　11—六角头螺栓
12—六角螺母（小）　13—弹簧架　14—弹簧

1. 释放原理

当内核线圈中有电流时就会产生电磁力，电磁力吸合电枢，抵消了弹簧力的作用，使电枢贴到内核上，由此导致带摩擦片的内侧圆盘与电枢之间的间隙逐渐变大直至不再接触，在花键连接器与减速齿轮轴的带动下，内侧圆盘开始正常转动，直至制动器完全释放。

2. 制动原理

当内核线圈中的电流被切断时，电磁力就会减小，失去牵引力的电枢在弹簧力的作用下逐渐向外侧圆盘移动，摩擦片的两侧也会因弹簧力的作用而受到外侧圆盘和电枢的挤压，并产生摩擦力矩，摩擦力矩通过花键连接器传输至减速齿轮轴，最终完成制动。

二、制动器间隙的要求

制动器间隙要求以产品说明书为准或以铭牌为准。例如，某制动器的间隙要求为

0.25 ~ 0.5 mm，应保证制动器间隙在工作过程中始终保持在这个范围内，且一圈的间隙应均匀。

三、制动器间隙的检查与调整方法（以图 3-4-4 结构为例）

1. 当制动器中无电流导通时，在内核与电枢的中间塞入塞片（0.5 mm），如果塞片可以被塞入，则说明此处间隙需要重新调整至要求范围。

2. 通过旋松或旋紧外侧圆盘螺栓的六角螺母（大）来调节该间隙，用 0.3 mm 塞片进行检查，如图 3-4-5a 所示。

3. 继续调整，确认 0.25 mm 的塞片可以塞入间隙，如图 3-4-5b 所示。

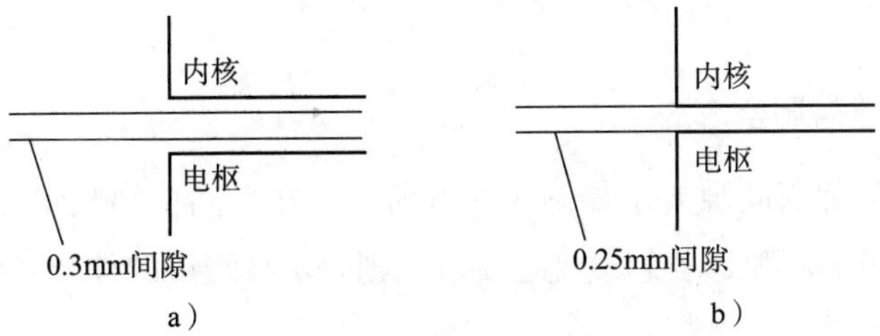

图 3-4-5　某制动器调整前后的间隙

a）调整前　b）调整后

学习单元 6　梯级与相关部件间隙的检查与调整

一、梯级与相关部件间隙的要求

1. 梯级间隙的要求

在工作区段内的任意位置，两个相邻梯级之间的间隙应不大于 6 mm。

2. 梯级踏板与梳齿板（梳齿槽根部）间隙的要求

梯级踏板与梳齿板的间隙主要是指梯级踏板面与梳齿槽根部的间隙，应不大于 4 mm。

3. 梯级与围裙板间隙的要求

梯级与任意一侧围裙板的水平间隙应不大于 4 mm，并且两侧对称位置处的间隙总和应不大于 7 mm。

4. 梳齿与梯级踏板面齿槽间隙的要求

梳齿侧面与相邻梯级踏板面齿槽的间隙应大于 0.5 mm。

梳齿与梯级踏板面齿槽的啮合深度应不小于 4 mm。

二、梯级与相关部件间隙的检查与调整方法

1. 梯级间隙的检查与调整方法

自动扶梯相邻梯级间隙要求如图 3-4-6 所示。在自动扶梯倾斜段和水平段，用钢直尺测量相邻梯级的间隙，若超过规定要求，则表示梯级链的伸长量已超过允许偏差，需要及时更换梯级链。

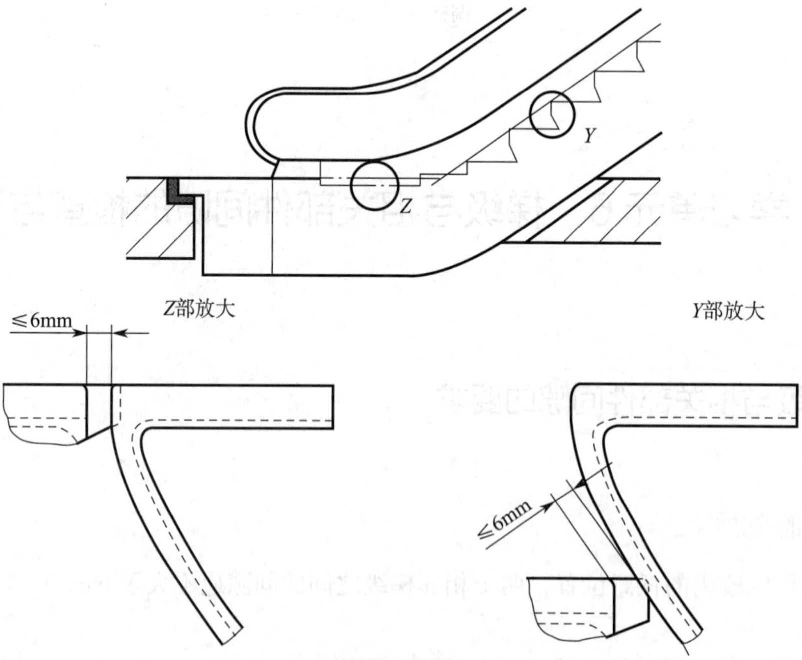

图 3-4-6　自动扶梯相邻梯级间隙要求

2. 梯级踏板与梳齿板（梳齿槽根部）间隙的检查与调整方法

（1）自动扶梯检修运行，维修人员在楼层板上观察梯级与梳齿板、梳齿是否有碰擦情况，根据需要进行调整。

（2）维修人员用斜直尺测量梳齿槽根部与梯级踏板面间隙（见图 3-4-7），通过调整梳齿支撑板调节螺栓，使其符合要求。

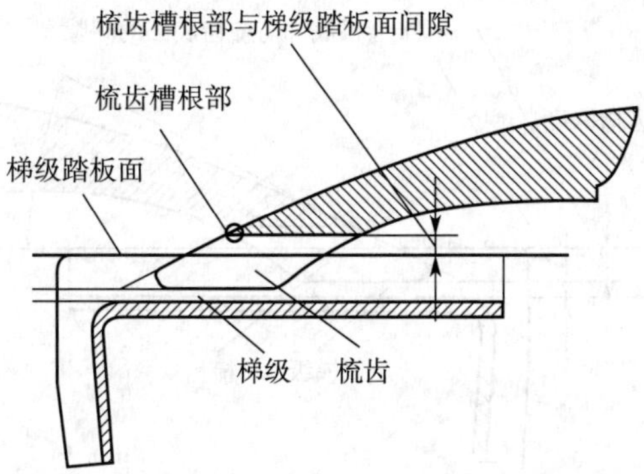

图 3-4-7　梳齿槽根部与梯级踏板面间隙示意

3. 梯级与围裙板间隙的检查与调整方法

在自动扶梯倾斜段和水平段，用钢直尺或斜直尺测量梯级与围裙板间隙（见图 3-4-8），若该间隙超过规定要求，通过调整围裙板与围裙板支撑架的连接螺栓，使其符合要求。

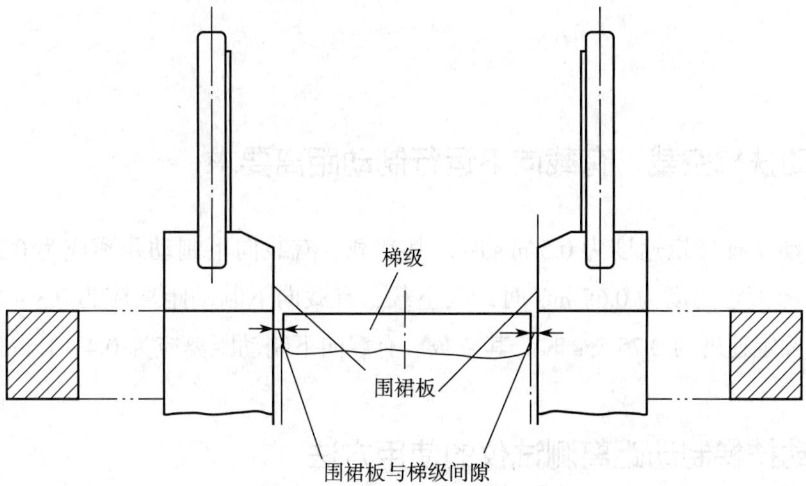

图 3-4-8　梯级与围裙板间隙示意

4. 梳齿与梯级踏板面齿槽间隙的检查与调整方法

在自动扶梯水平段，用钢直尺测量梯级齿槽深度，用斜直尺测量梯级齿槽底部与梳齿底部的间隙，两者相减，即为梳齿与梯级踏板面齿槽的啮合深度（见图 3-4-9），若不符合要求，则调整梳齿支撑板的角度 β。

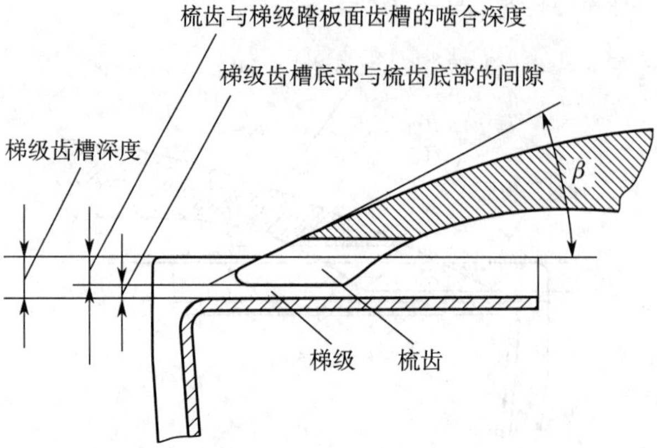

图 3-4-9　梳齿与梯级踏板面齿槽的啮合深度

学习单元 7　自动扶梯制动距离试验及制动性能判断

一、自动扶梯空载、有载向下运行制动距离要求

当自动扶梯额定速度为 0.5 m/s 时，其空载、有载向下制动距离应为 0.2 ~ 1.0 m；当自动扶梯额定速度为 0.65 m/s 时，其空载、有载向下制动距离应为 0.3 ~ 1.3 m；当自动扶梯额定速度为 0.75 m/s 时，其空载、有载向下制动距离应为 0.4 ~ 1.5 m。

二、自动扶梯制动距离测试仪的使用方法

下面以某型号自动扶梯综合测试仪为例，介绍其使用方法。

1. 主要用途及使用范围

特种设备检测人员、电梯安装人员、电梯检修人员、电梯维保人员可使用该测试仪对自动扶梯（或自动人行道）的速度、同步率、制动性能参数、速度偏离等进行测量，为评估自动扶梯（或自动人行道）的运行质量提供参考数据。

2. 测量数据

该测试仪可测量自动扶梯（或自动人行道）启动时的加速度、平稳运行时的平均速度、制动时的减速度、制停距离、发生速度偏离的时刻及速度偏离的持续时间。

3. 工作条件

（1）环境条件

1）该测试仪使用、存放时要避开化学腐蚀物品，避免置于有烟雾和空气潮湿的区域，避开大型电动机、电疗机、微波机等有电磁辐射的机器。

2）要求工作环境温度为 -10 ~ 50 ℃，相对湿度低于 90%。

（2）系统条件。与该测试仪配套的测量软件要求用 Android（安卓）系统运行，且 Android 设备具有蓝牙功能。无蓝牙功能的 Android 设备不能与该测试仪建立通信连接，因而无法完成测量。

4. 标准配置

该测试仪的标准配置如图 3-4-10 所示，它的主要功能部件是扶手带测量模块（见图 3-4-11）、梯级测量模块（见图 3-4-12）、触发器及其插头（见图 3-4-13）。

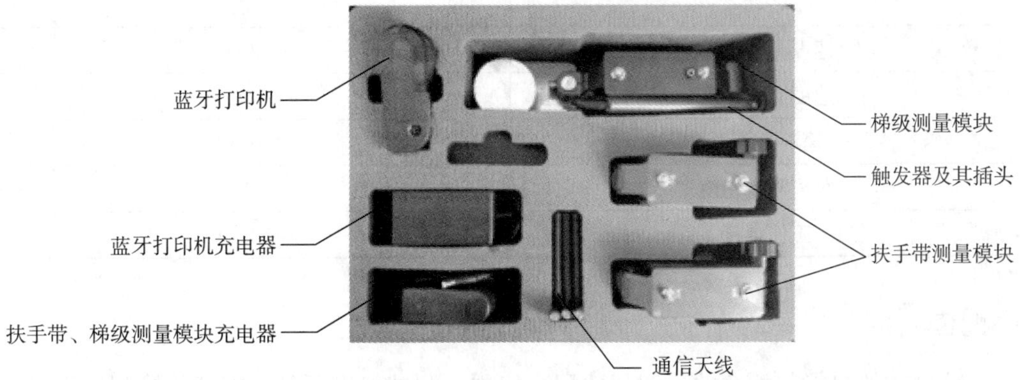

图 3-4-10　某型号自动扶梯综合测试仪标准配置

图 3-4-11　扶手带测量模块

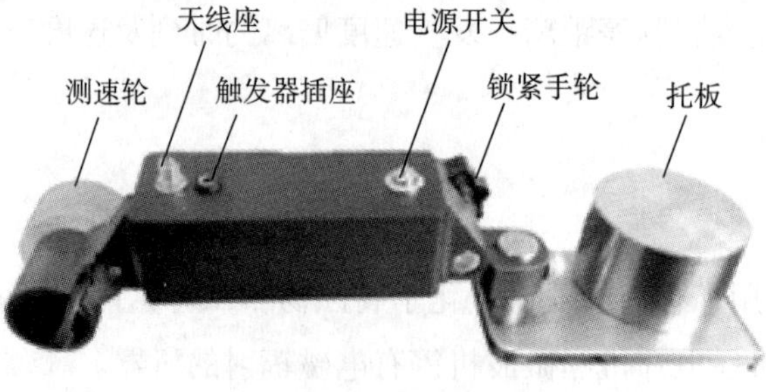

图 3-4-12　梯级测量模块

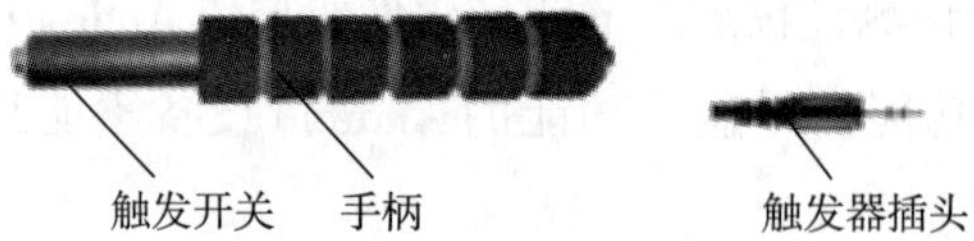

图 3-4-13　触发器及其插头

5. 技术参数（见表 3-4-1）

表 3-4-1　某型号自动扶梯综合测试仪技术参数表

名称	数值
速度测量范围	0 ~ 3 m/s
速度测量精度	<0.5%
速度分辨率	0.001 m/s
距离测量精度	<1%
工作电压	DC 4.5 V

6. 配套软件

该测试仪只能与配套的检测软件配合使用。测试仪出厂时，配套的检测软件已在 Android 设备中调试完毕，并在桌面建立快捷方式，操作人员使用时直接点击该快捷方式即可。

7. 使用方法和注意事项

（1）测前准备

1）在测量现场设置警示标志，以免因乘客乘坐自动扶梯而影响测量的正常进行。

2）清除扶手带和梯级上的杂物。

（2）注意事项

1）应确保自动扶梯在空载的情况下进行测量。

2）测量时测量模块不可随扶手带或梯级一同移动。

（3）操作步骤

1）按下自动扶梯的运行开关，使其停止运行。

2）安装扶手带测量模块、梯级测量模块的“通信天线”。

3）将触发器插头插入梯级测量模块的触发器插座。

4）通过扶手带测量模块的锁紧手轮调节吸盘与该测量模块间的角度，并利用吸盘将左右扶手带测量模块按图 3–4–14 所示的方式吸附在自动扶梯的围裙板上。

图 3–4–14　扶手带测量模块吸附在自动扶梯的围裙板上

注意：请在扶手带水平段安装扶手带测量模块，安装时尽量保持测速轮转动方向与被测扶手带前进方向平行，如图 3–4–15 所示，角度偏差应不大于 5°。测速轮与扶手带应平稳接触，无打滑现象。

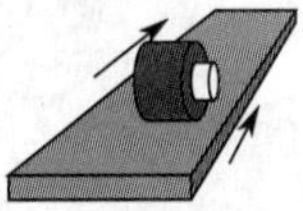

图 3–4–15　测速轮转动方向与扶手带前进方向平行

5）将梯级测量模块放置在梳齿支撑板和梳齿板之间（见图 3–4–16），通过调节梯级测量模块的锁紧手轮，使托板平稳接触梳齿支撑板的同时，测速轮也平稳接触梳齿板，均无打滑现象。

6）确定左右扶手带测量模块和梯级测量模块均已正确安装，测速轮均与被测对象平稳接触，如图 3–4–17 所示。

7）按下扶手带测量模块、梯级测量模块的电源开关，电源开关蓝灯（或红灯）亮起。

图 3-4-16　梯级测量模块的放置位置

图 3-4-17　各测量模块正确安装

8）启动手持控制端测量程序，程序自动连接测试仪和蓝牙打印机，并与其建立通信连接。如果连接成功，测量程序界面顶端的“左扶手带”“右扶手带”“梯级”旁边的蓝牙图标将由灰色状态（见图 3-4-18）变为彩色状态（见图 3-4-19）。

图 3-4-18　蓝牙图标的灰色状态

图 3-4-19　蓝牙图标的彩色状态

9）首先在测量界面点击“开始”按钮，然后按下自动扶梯的运行开关，使其开始运行。此时，“测量信息”一栏将显示测得的自动扶梯运行速度曲线（见图 3-4-20）。

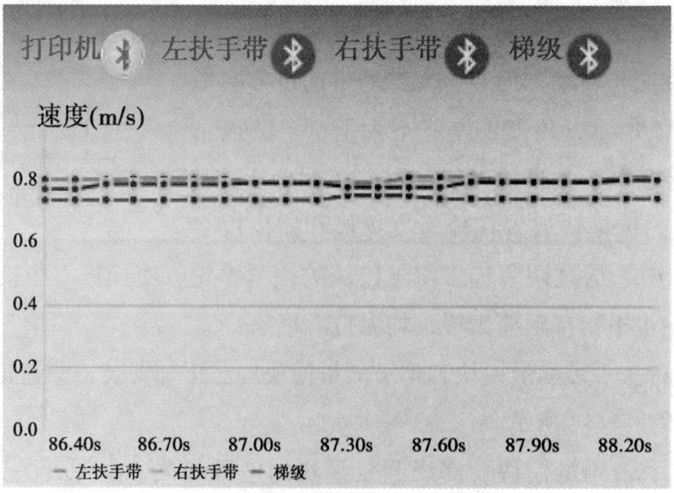

图 3-4-20　自动扶梯运行速度曲线

10）待自动扶梯平稳运行一段时间后，用触发器按压出入口处的紧急停止按钮，自动扶梯开始减速直至停止。此时，测量程序会自动判断自动扶梯已停止运行并显示测量结果（见表 3–4–2），该测量结果可保存及打印。

表 3–4–2 测量结果

同步率检测值					
被测对象	启动加速度 / $m \cdot s^{-2}$	平均速度 / $m \cdot s^{-1}$	制停减速度 / $m \cdot s^{-2}$	制动距离 /m	扶手带同步率
梯级	0.221	0.511	0.378	0.251	—
左扶手带	0.144	0.508	0.575	—	–0.59%
右扶手带	0.145	0.510	0.578	—	–0.20%

三、自动扶梯空载制动距离试验及制动性能判断

自动扶梯正常运行时，需要定期做空载制动距离试验，除了使用该测试仪测量制动距离外，还可以采用以下方法测试制动距离：确保梯级（或踏板）全部安装到位，分别在围裙板上和一个梯级（或踏板）上做好标记，使自动扶梯分别空载上行和下行至名义速度，在两个标记的重合瞬时，按下急停开关使自动扶梯制动至停止，测量两个标记之间的制动距离。重复上述操作，在自动扶梯上行和下行过程中各有效试验 3 次，确认制动距离是否满足前述要求。采用急停方式停止空载的自动扶梯时，每次急停的时间间隔应大于 5 min。如果制动距离没有满足要求，应进行检查、调整。

学习单元 8 梯级轴滚轮与梯级导轨的维护保养

一、梯级轴滚轮与梯级导轨的维护保养要求

梯级轴滚轮与梯级导轨每半月维护保养一次，基本要求是工作正常。

二、梯级轴滚轮的更换标准及拆卸与安装方法

1. 梯级轴滚轮的更换标准

梯级轴滚轮的更换标准（以某产品为例）具体如下：滚轮厚度磨损 2 mm 以上；滚轮外圆磨损 0.5 mm 以上；滚轮表面有缺损、非正常磨损；滚轮侧面有裂纹；滚轮运行面有裂纹且裂纹长度在 4 mm 以上；滚轮与轴承分离脱落，或滚轮连同轴承一起脱落；滚轮的聚氨酯轮圈与铝芯内圈发生脱胶；滚轮旋转不畅或旋转时有异响。

2. 梯级轴滚轮的拆卸方法

梯级轴滚轮的结构如图 3-4-21 所示，其副轮侧未画出，与主轮侧相似。

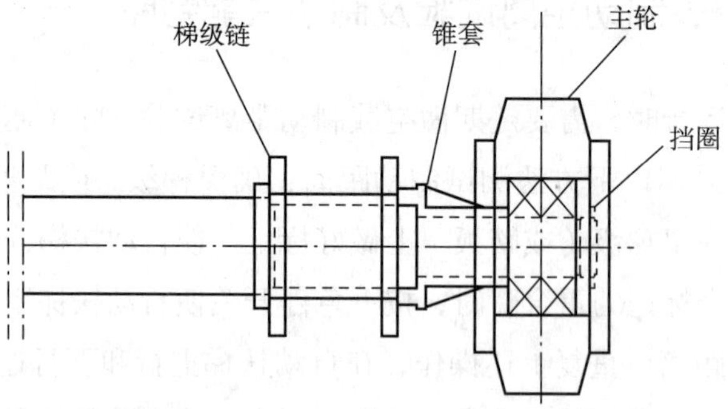

图 3-4-21　梯级轴滚轮的结构

（1）准备工作。更换梯级轴滚轮需要准备的工具有双面胶（见图 3-4-22）、卡簧钳（见图 3-4-23）、滚轮拆卸工装（见图 3-4-24）、弹性挡圈（见图 3-4-25）、镜面反光板等。注意，更换梯级轴滚轮时必须同时更换弹性挡圈。

图 3-4-22　双面胶

图 3-4-23　卡簧钳

图 3-4-24　滚轮拆卸工装

图 3-4-25　弹性挡圈

（2）拆卸步骤

1）在检修模式下运行自动扶梯，将梯级轴滚轮运行至下部翻转侧易拆卸的位置。

2）将双面胶粘在镜面反光板背面，如图 3–4–26 所示，将镜面反光板贴在桁架上，便于观察梯级轴滚轮，如图 3–4–27 所示。

图 3–4–26 将双面胶粘在镜面反光板背面

图 3–4–27 通过镜面反光板观察梯级轴滚轮的情况

3）利用镜面反光板观察弹性挡圈，如图 3–4–28 所示，然后用卡簧钳将弹性挡圈拆下，如图 3–4–29 所示。

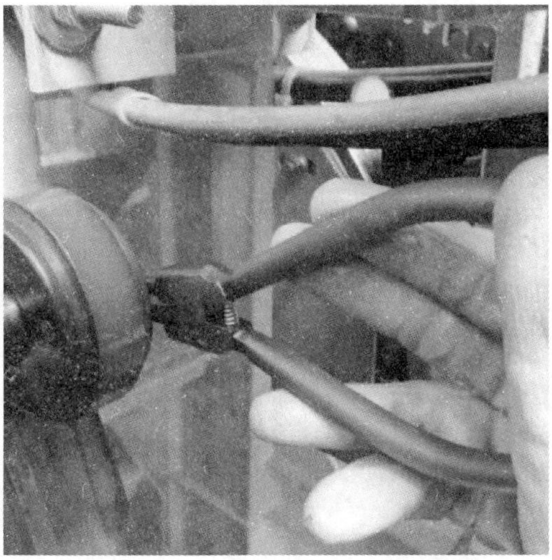

图 3–4–28 观察弹性挡圈的位置

图 3–4–29 用卡簧钳将弹性挡圈拆下

4）如果梯级轴滚轮卡在梯级轴上难以直接取下，可使用滚轮拆卸工装，利用该工装中间的螺杆顶住梯级轴，从而将梯级轴滚轮顶出。按图 3–4–30 所示方向旋转螺杆，便可将梯级轴滚轮顶出。

3. 梯级轴滚轮的安装方法

（1）将新的梯级轴滚轮套在梯级轴上，安装新的弹性挡圈，并利用卡簧钳拨动弹性挡圈，检验其旋转是否顺畅，有无卡死或掉落的情况，若无上述情况则弹性挡圈安装完毕。

（2）在检修模式下运行自动扶梯，观察梯级轴滚轮的运行情况（至少运行 2 圈），确认梯级轴滚轮没有异常情况，恢复自动扶梯的正常运行。

图 3-4-30　用滚轮拆卸工装拆下梯级轴滚轮

三、梯级导轨接头的检查与调整

1. 检查梯级导轨接头是否平整

所有梯级导轨接头要求平整，接头间隙应不大于 0.5 mm，确保梯级滚轮、梯级轴滚轮能顺利地从导轨上通过，且所有接头处工作面用手指触摸应无高低感。

2. 调整梯级导轨接头

若梯级导轨检查后有明显的高低感，则需要调整梯级导轨接头处的台阶。

（1）检查导轨接头处的固定螺栓和连接螺栓，按需紧固。

（2）检查导轨接头处有无异常磨损情况，按需更换导轨，并找出导致异常磨损的原因。

（3）通过在导轨接头处加减垫片，消除导轨接头处的台阶。

四、梯级导轨的检查与清洁

检查上下部总成去路导向导轨及回路驱动导轨有无异常磨损情况，梯级进入时是否左右窜动；检查上下部总成去路导向导轨与围裙板的接合处是否处于同一平面内，梯级运行至此位置时是否左右窜动。

拆除直线段部分梯级，将自动扶梯向下运行，至空缺梯级部分处于下水平段导轨处，维修人员站在已拆除梯级下方的梯级上清洁导轨，清洁一段，让自动扶梯向上运行一段，停止自动扶梯再清洁一段，直至水平段导轨清洁完毕。作业时必须注意安全，自动扶梯运行时，维修人员需要离开自动扶梯，待自动扶梯停止后方能继续作业。

学习单元 9　主驱动链及梯级链张紧装置的维护保养

一、主驱动链及梯级链张紧装置概述

1. 主驱动链张紧装置

主驱动链张紧装置示意如图 3–4–31 所示。主驱动链张紧度的调整是通过旋松地脚螺栓，调整张紧调节螺栓，移动整个驱动主机来实现的。平行度调节螺栓的作用是保证在驱动主机移动过程中，大小链轮的平行度符合要求。

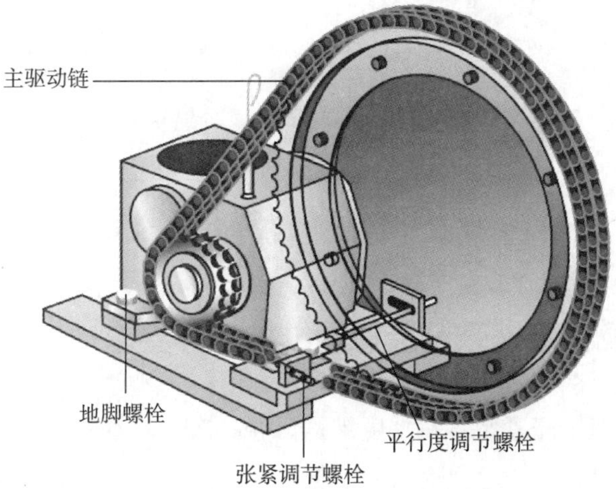

图 3–4–31　主驱动链张紧装置示意

2. 梯级链张紧装置

梯级链张紧装置是梯路导向所必需的部件，因为梯路的回转导轨等均需要装在张紧装置上，其结构示意如图 3–4–32 所示，梯级的回转链轮安装在张紧轮轴上，张紧轮轴安装在张紧导轨上，该导轨沿桁架进行水平运动。梯级链张紧装置位于桁架的下端站内，打开自动扶梯下部楼层板，就能方便地对张紧装置进行维护保养。该张紧装置的作用主要有以下几点。

（1）使自动扶梯两边的梯级链获得必要的初始张力，同时确保两边梯级得到相同的张紧力，以确保自动扶梯正常运行。

（2）可平行回转，以防止两边的梯级链被不平衡拉伸或压缩。

（3）补偿两边梯级链在运转过程中的伸缩量。

（4）使两边梯级链及梯级从一个分支过渡到另一个分支，即起到转向作用。

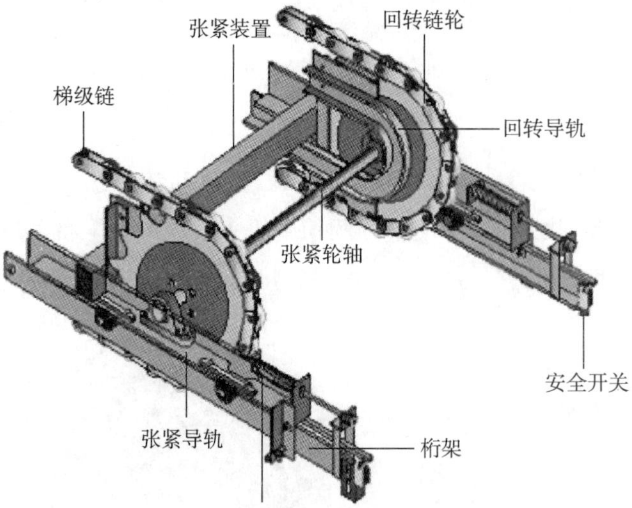

图 3–4–32　梯级链张紧装置结构示意

二、主驱动链及梯级链张紧装置的维护保养要求

主驱动链及梯级链张紧装置每季度维护保养一次，基本要求是工作正常。

三、主驱动链及梯级链张紧装置的检查与调整

1. 主驱动链的检查与调整

（1）主驱动链的检查。让自动扶梯检修运行或手动盘车，使主驱动链的待测边松弛，断电。注意，自动扶梯上行则主驱动链的下边松弛，自动扶梯下行则主驱动链的上边松弛。检查主驱动链下边松弛量的方法如图 3–4–33 所示。

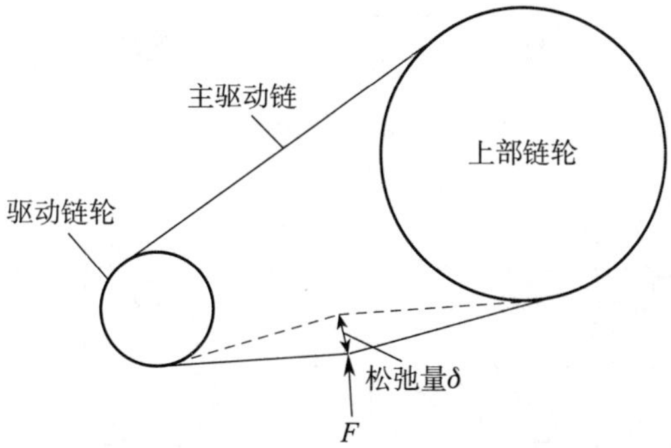

图 3–4–33　检查主驱动链下边松弛量的方法（以下边松弛为例）

在松边链条中心位置施加力 F，测量松弛量（垂直位移量）δ，如果测量值不在工艺要求范围内，则需要调整。

（2）主驱动链的调整（以图 3–4–34 为例）

1）确认主驱动链张紧调节螺栓 J 有 20 mm 以上的调整余量。

2）松开平行度调节螺母 E、G，切记不能同时松开螺母 F、H，否则链轮的平行度将发生很大变化，必须重新调整。

3）松开驱动装置的底板固定螺栓 A、B、C。由于机房空间小，底板固定螺栓可能难以松开和紧固，因此可以使用驱动安装工装进行操作。

4）如需使主驱动链张紧，则松开主驱动链放松调节螺栓 L 和锁紧螺母 K，调整主驱动链张紧调节螺栓 J，使驱动装置向桁架头部方向移动。

5）如需使主驱动链松张，则松开锁紧螺母 K，调整主驱动链放松调节螺栓 L，使驱动装置向桁架尾部方向移动。

6）调整好后紧固主驱动链放松调节螺栓 L 和锁紧螺母 K。

7）紧固螺栓 A、B、C、E、G，检查所有螺栓是否拧紧。

8）再次确认主驱动链张紧程度是否满足要求。

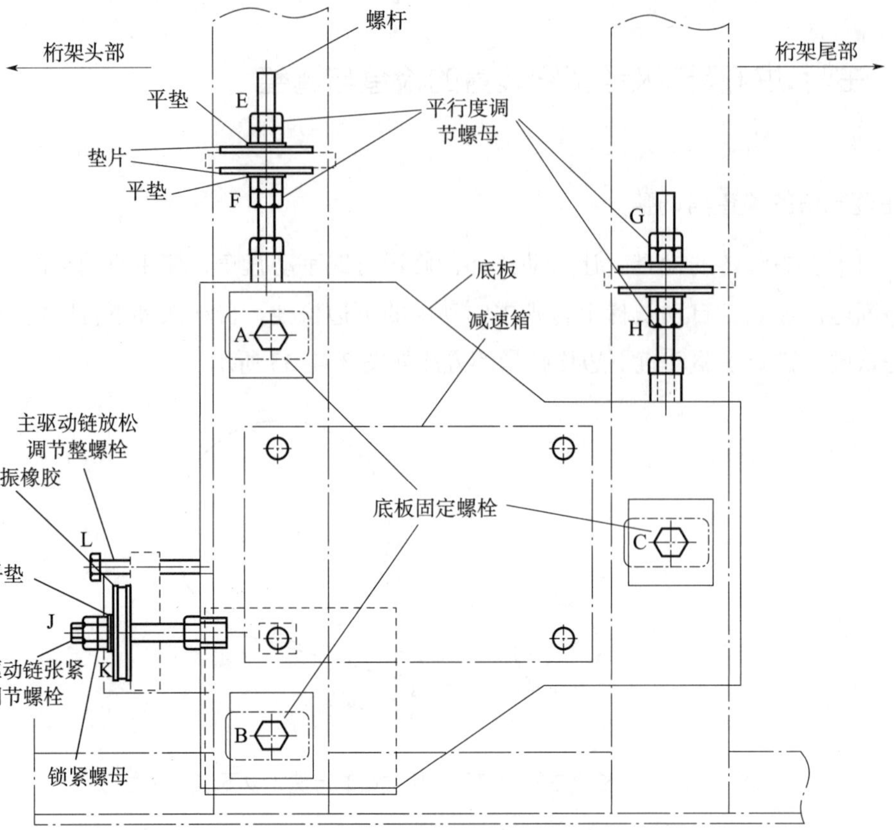

图 3-4-34　某自动扶梯驱动装置示意

2. 梯级链张紧装置的调整

通过调整左右两个梯级链张紧弹簧，下部总成小车可以在前后方向自由移动，从而张紧梯级链。张紧弹簧长度应为 155 mm，如图 3-4-35 所示。在调整张紧弹簧长度时，先松开锁紧螺母再调整调节螺母，调整完毕紧固锁紧螺母即可。

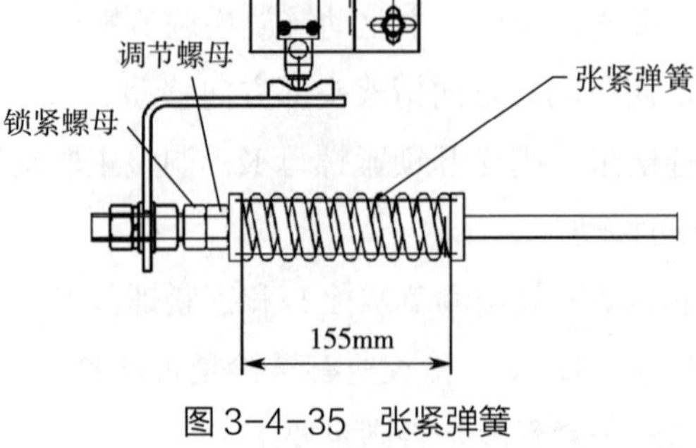

图 3-4-35　张紧弹簧

小知识

梯级链伸长情况的检查

在梯级链张紧弹簧调整到位的情况下，检查水平段梯级踢板与黄色安全界限嵌条在前后方向上的间隙，如图3-4-36所示。如果该间隙大于6 mm，则必须更换梯级链。

分别测量梳齿板左右两端与梯级（进入梳齿板）的距离 S_1 和 S_2，如图3-4-37所示，$|S_1-S_2|$ 应不大于1 mm。如果 $|S_1-S_2|$ 大于1 mm，则需要结合下部总成小车间距、上部链轮与梯级链的间隙、梯级与围裙板的间隙、梯级运行过程中与梳齿和围裙板的擦碰情况等，判断梯级链是否单边伸长，如果梯级链单边伸长严重，则需要更换梯级链。

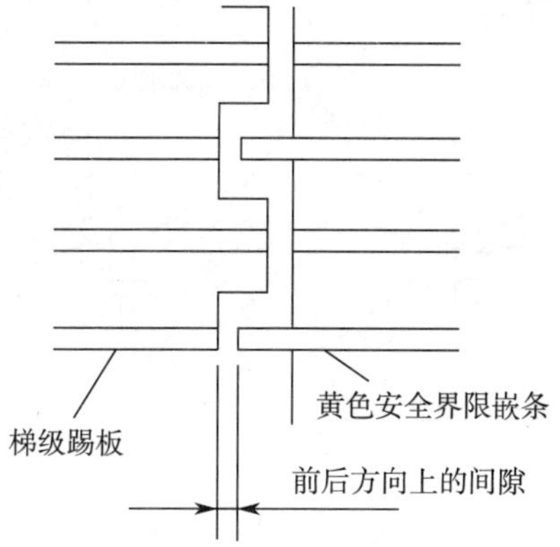

图3-4-36　水平段梯级踢板与黄色安全界限嵌条在前后方向上的间隙

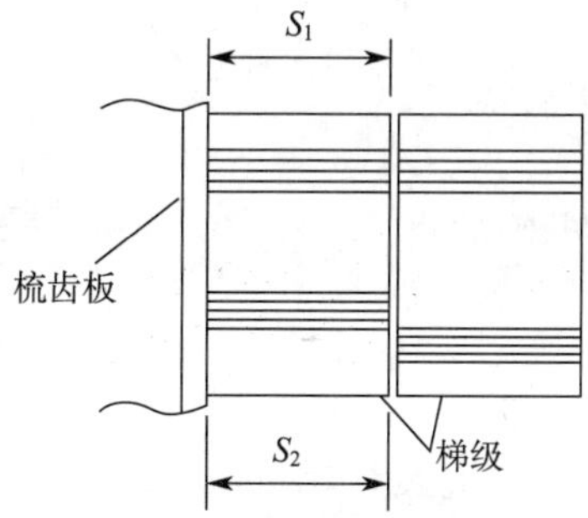

图3-4-37　梳齿板左右两端与梯级的距离

学习单元10　附加制动器及其动作状态监测装置的维护保养

一、附加制动器概述

1. 必须设置附加制动器的情况

（1）工作制动器与梯级、踏板或胶带驱动装置之间不是用轴、齿轮、多排链条连接的。

（2）工作制动器不符合国家标准《自动扶梯和自动人行道的制造与安装安全规范》（GB 16899—2011）中规定的机－电式制动器。

（3）提升高度大于 6 m 的自动扶梯或倾斜式自动人行道。

2. 附加制动器的工作原理（以某型号自动扶梯为例）

自动扶梯附加制动器安装在上部桁架左侧，附加制动器动作（失电）时，制动块卡住上部链轮挡块；附加制动器不动作（上电）时，制动块绕销轴旋转 90°，离开上部链轮挡块，并与上部链轮挡块不发生干涉，如图 3-4-38 所示。

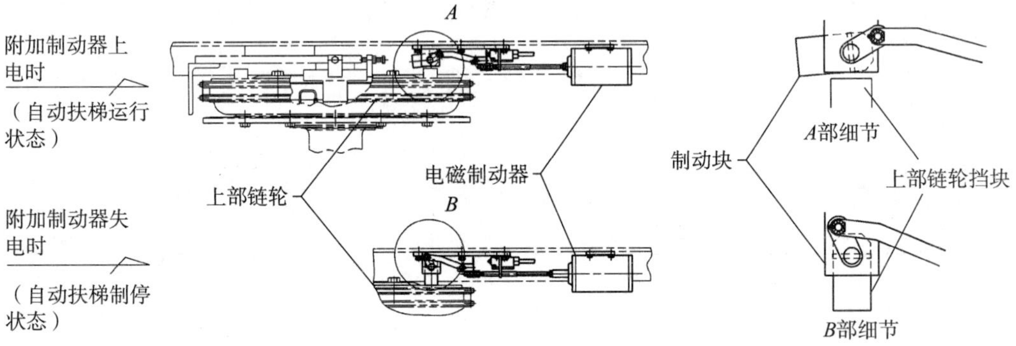

图 3-4-38　附加制动器的工作原理示意

3. 附加制动器起作用的情形

（1）在运行速度超过名义速度 1.4 倍之前起作用。

（2）在梯级、踏板或胶带改变其固定运行方向时起作用。

二、附加制动器及其动作状态监测装置的维护保养要求

附加制动器及其动作状态监测装置每半年维护保养一次，基本要求是正常工作。如果配置了制动监测开关、制动触点或电磁铁，则应检查其相关功能，破损的开关、触点或电磁铁应立即更换。清洁和润滑附加制动器的机械装置，如棘爪、转轴、连杆、弹簧等部件时，应避免卡阻。

三、附加制动器的试验

1. 在自动扶梯正常停止状态下断开驱动电源，试验附加制动器是否动作。

2. 超速限速装置动作时，试验附加制动器是否动作。

3. 驱动链安全装置动作时，试验附加制动器是否动作。

4. 非操作逆转保护装置起作用时，试验附加制动器是否动作。

四、附加制动器及其动作状态监测装置的检查与调整

1. 检查附加制动器的两个监测开关动作是否正常，调整监测开关与打板的距离，使其符合随机资料要求。

2. 检查电缆接头是否拧紧（松脱易造成进水故障）。

3. 检查附加制动器各固定螺栓是否紧固，开口销是否有效张开（张开角度应大于 60°）。

4. 检查棘轮挡板是否变形，若变形应及时更换。

5. 检查制动块能否灵活转动，按需在销轴处加润滑脂。

6. 确认在自动扶梯正常停止状态下，当主电源断开时，制动块应卡住上部链轮的挡块；当主电源接通时，电磁制动器动作，制动块应绕销轴旋转 90°，离开上部链轮挡块，并与上部链轮挡块不发生干涉。

学习单元 11　安全装置的维护保养

一、梯级下陷安全装置的维护保养

1. 梯级下陷安全装置的维护保养要求

梯级下陷安全装置安装在靠近上下桁架弯曲部位的梯级导轨上，如图 3-4-39 所示。当梯级下陷，不能再保证与梳齿板啮合时，该梯级经过梯级下陷安全装置时，限位开关动作，自动扶梯停止运行。

梯级下陷安全装置每半月维护保养一次，基本要求是工作正常。

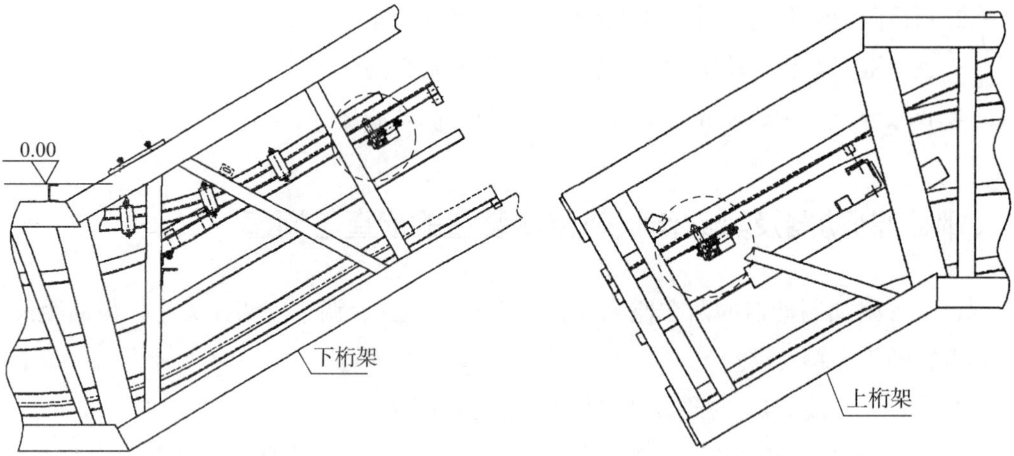

图 3-4-39　梯级下陷安全装置的安装位置（圈出处）

2. 梯级下陷安全装置的检查与调整

（1）检查限位开关的滚轮柱塞与凸轮是否接触，若不接触应调整 M4 × 35 螺钉的位置，使限位开关位置正确，其滚轮柱塞与凸轮良好接触如图 3-4-40 所示。

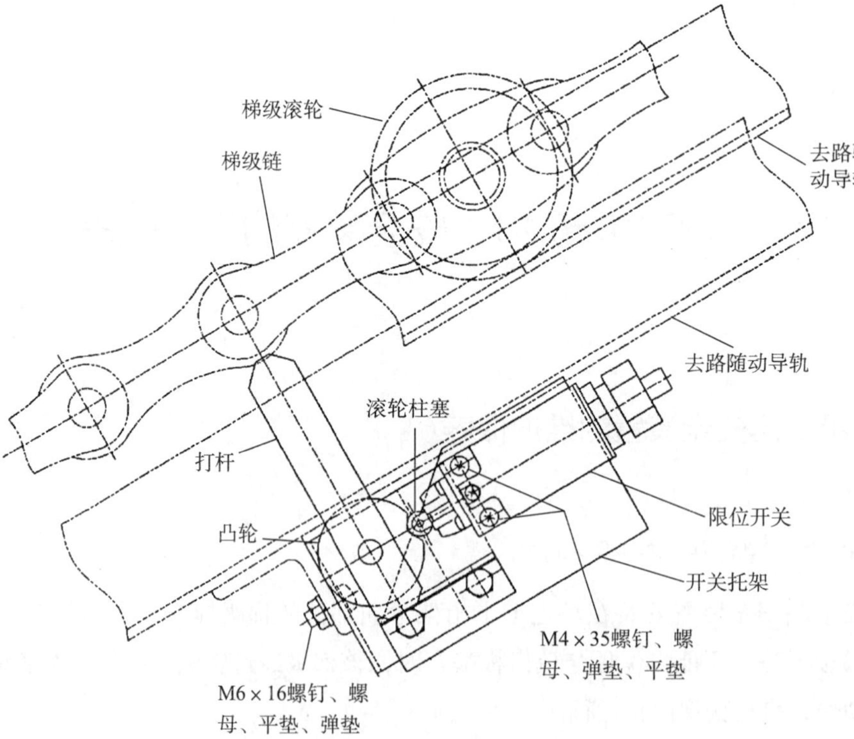

图 3-4-40　限位开关正确位置示意

（2）调整打杆与梯级链的间隙，使其满足图 3-4-41 的要求，固定开关托架。

（3）调整 M3 × 50 螺钉，使其与梯级间隙满足图 3-4-41 的要求，锁紧螺母使螺钉固定。

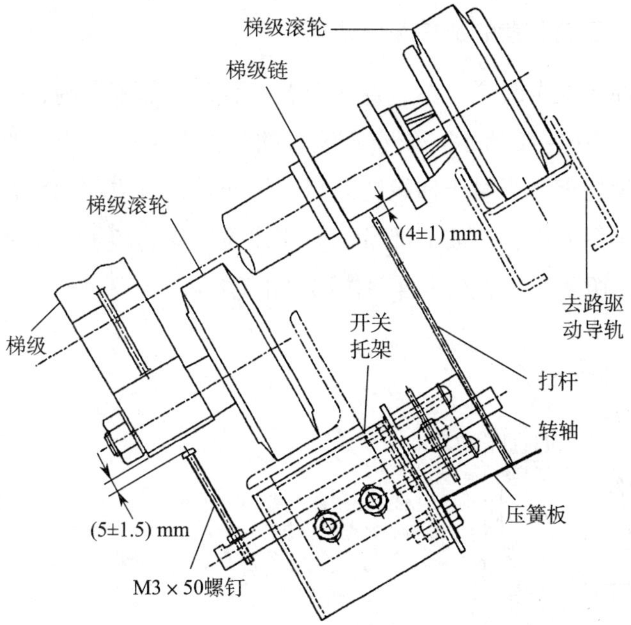

图 3-4-41　调整打杆与梯级链间隙示意

（4）确认打杆转动时限位开关动作。

（5）确认装置支架、限位开关和电缆可靠固定，与运动部件不发生干涉。

（6）确认电缆接头与限位开关和电缆分别拧紧，以防止松脱导致进水故障。

3. 梯级下陷安全装置的试验方法（以某型号的自动扶梯为例）

（1）拆除 1 ~ 2 个梯级，将空缺梯级处检修运行至梯级下陷安全装置所在位置。

（2）使自动扶梯处于通电停止状态，确认安全回路的继电器 K80 吸合。

（3）用手拨动梯级链下方打杆，使梯级下陷安全装置动作，确认继电器 K80 应断开，自动扶梯不能启动。

（4）手动复位打杆。

注意，试验至少需要两人，除开关测试人员外，另需检测人员在就近出入口观察，要先确认急停开关有效，一旦有异常情况，应立即按下急停开关，确保自动扶梯停止运行。

二、梯级链异常伸长安全装置的维护保养

1. 梯级链异常伸长安全装置的维护保养要求

梯级链异常伸长安全装置（左右各一个）安装在下部桁架内，位于下部台车张紧装置的尾部，如图 3–4–42 所示。该安全装置的限位开关固定于桁架上，开关凸轮连接在下部台车的螺杆上，当由于梯级链断裂、拉伸过长，或驱动装置与转向装置之间的距离变大或变小等原因，造成下部台车向前或向后移动超出设定范围时，开关凸轮使限位开关动作，切断控制回路，自动扶梯停止运行。

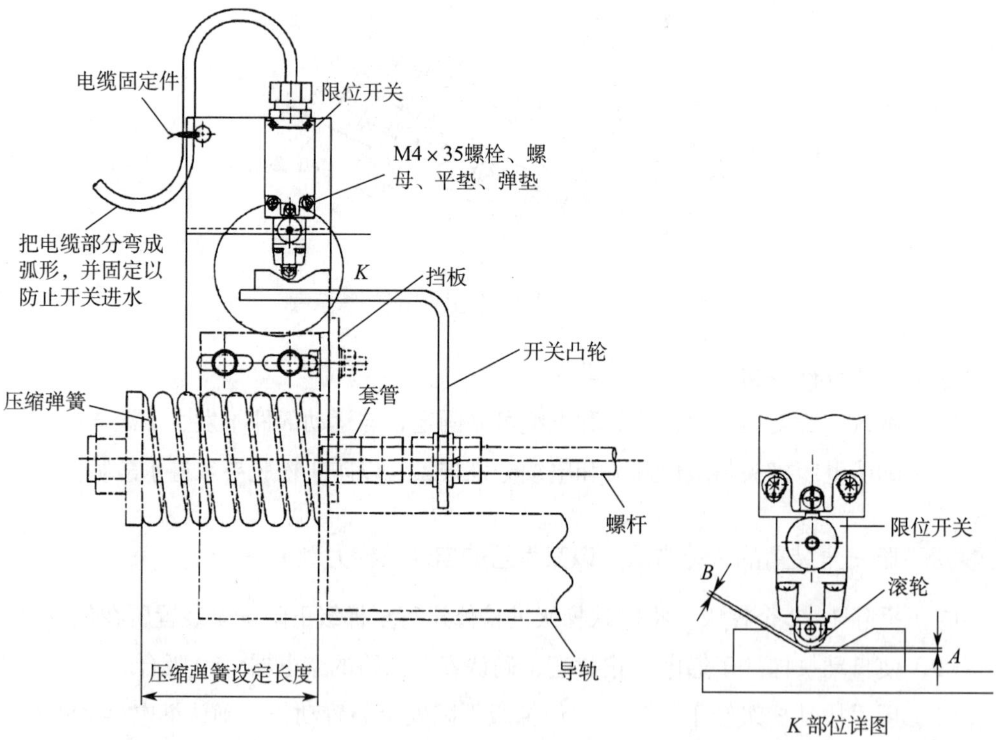

图 3–4–42　梯级链异常伸长安全装置的位置和结构

梯级链异常伸长安全装置每半月维护保养一次，基本要求是工作正常。

2. 梯级链异常伸长安全装置的检查与调整

（1）在梯级安装后设定压缩弹簧尺寸。

（2）在自动扶梯断电的情况下，检查下部链轮与台车导轨侧面的间隙，并推动下部链轮，确认下部链轮能灵活前后移动。

（3）检查挡板的孔与套管的四周间隙是否相等，若不相等需要调整，否则可能由于干涉而产生异响。

（4）检查开关凸轮是否竖直，如有歪斜需要调整。

（5）如图 3–4–42 所示，调整限位开关滚轮和开关凸轮的间隙 A 和 B（均应为 0.5 ~ 1.5 mm），确认压缩弹簧移动到随机资料要求的距离后，该限位开关正常动作。

（6）检查限位开关是否可靠固定，限位开关电缆部分是否弯成弧形，并结合桁架附近固定件进行可靠固定。

（7）检查电缆接头与限位开关和电缆是否分别拧紧。

3. 梯级链异常伸长安全装置的试验方法（以某型号的自动扶梯为例）

（1）使自动扶梯处于通电停止状态，确认安全回路的继电器 K80 吸合。

（2）拨动限位开关，确认继电器 K80 断开，自动扶梯不能启动。

（3）复位限位开关。

注意，试验至少需要两人，具体分工前文已述。

三、主驱动链安全装置的维护保养

1. 主驱动链安全装置的维护保养要求

主驱动链安全装置安装在上部桁架内主驱动链处，如图 3–4–43 所示。当主驱动链断裂或伸长时，靴杆在自重作用下向下摆动，带动转轴旋转，使棘杆头部的限位开关动作，切断控制回路，制动器动作，同时棘杆卡入棘轮，使自动扶梯制停并防止其下滑。如有附加制动器，此时附加制动器应动作。

主驱动链安全装置每半月维护保养一次，基本要求是工作正常，每年润滑一次。

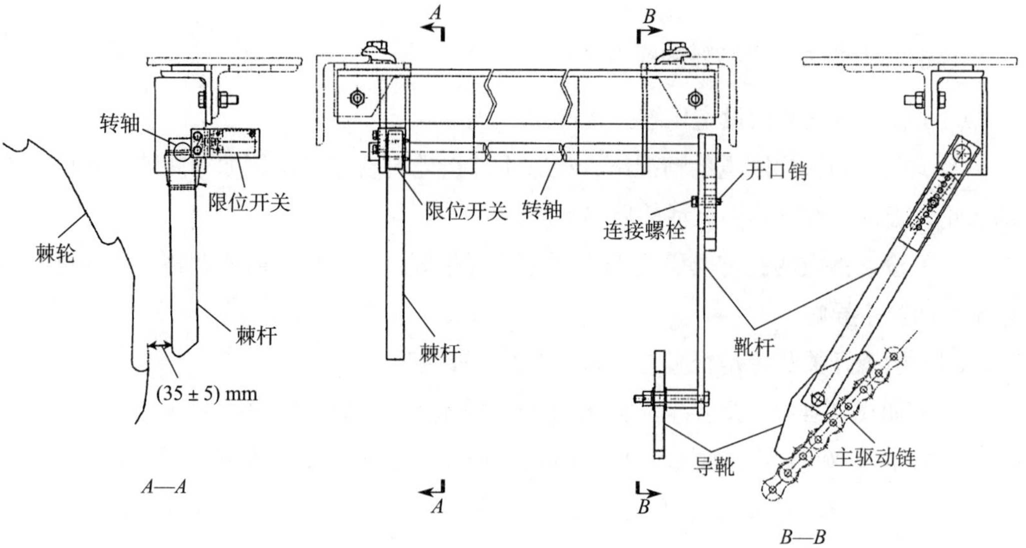

图 3-4-43 主驱动链安全装置的位置

小知识

主驱动链安全装置的润滑知识

通常每年在转轴处加润滑油一次。如果使用过程中主驱动链安全装置转轴处发出异响，可在转轴与棘杆、转轴与靴杆的固定端加注适量的润滑油，每次3～5滴。

润滑前清洁主驱动链安全装置的转轴与棘杆、转轴与靴杆的固定端，避免污垢堆积，阻碍转轴动作。

如果发现转轴与其固定座之间已磨出较大间隙，加润滑油并不能解决异响和振动问题，则需更换主驱动链安全装置。

2. 主驱动链安全装置的检查与调整

（1）检查导靴是否位于链条滚轮居中位置，与两侧链板之间有无间隙，是否损坏，有无异常磨损、振动情况。若导靴磨损严重，与链条滚轮不对中，则会加剧靴杆的跳动，引起异响，甚至损坏动作机构，应立即调整或更换。导靴正常状态如图3-4-44所示。

（2）检查导靴的长边是否与驱动链接触，是否翻转。导靴翻转状态如图3-4-45所示。若导靴翻转，应手动使其恢复正常状态。

（3）清洁主驱动链安全装置上的垃圾、油污。

图 3-4-44 导靴正常状态

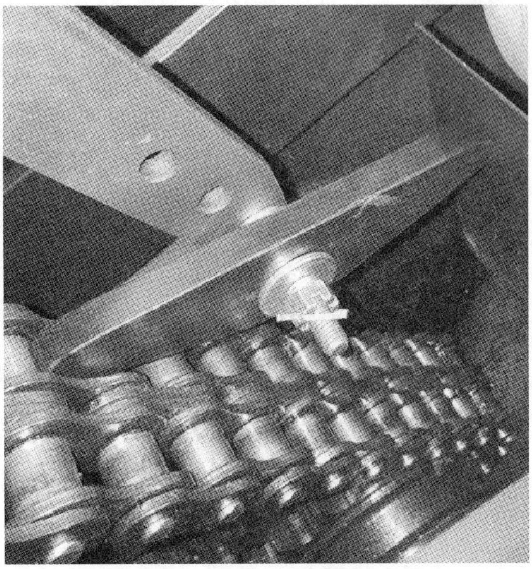

图 3-4-45 导靴翻转状态

（4）拆下靴杆处的连接螺栓，棘杆应能自由旋转。

（5）转动棘杆或靴杆，转轴应同步转动。若转轴不同步转动，需要仔细检查棘杆侧弹性销和靴杆侧弹性销是否断裂，必要时将弹性销拆出确认。靴杆侧弹性销如图 3-4-46 所示，棘杆侧弹性销如图 3-4-47 所示。检查用于捆扎棘杆侧弹性销和靴杆侧弹性销的铁丝是否缺失、损坏等。

（6）将靴杆提起放开，检查导靴能否平稳下落到主驱动链上。

图 3-4-46 靴杆侧弹性销

图 3-4-47 棘杆侧弹性销

（7）检查装置支架、限位开关和电缆是否可靠固定，与运动部件是否发生干涉。

（8）检查电缆接头与限位开关和电缆是否分别拧紧。

3. 主驱动链安全装置的试验方法（以某型号的自动扶梯为例）

（1）在自动扶梯断电状态下，确认主驱动链安全装置的靴杆可自由转动落下，并且棘杆与靴杆同步转动。

（2）自动扶梯处于通电停止状态，确认无故障显示。

（3）拨动限位开关使其动作，应显示相关故障代码，自动扶梯不能启动。

（4）当配置附加制动器时，附加制动器应同时制动。

注意，试验需要至少两人参与，具体分工前文已述。

如果现场要求加载荷进行动态试验，在有载动态冲击的情况下，需要在自动扶梯投入正常使用前对主驱动链安全装置各部件再次进行重点检查，如冲击动作后的棘杆和转轴是否有效紧固，棘杆是否变形，转轴是否变形，转轴转动是否仍然灵活，限位开关是否有效。另外，位置间隙也是检查重点。

四、梳齿板安全装置的维护保养

1. 梳齿板安全装置的维护保养要求

梳齿板安全装置分别安装在自动扶梯上部左侧和下部右侧梳齿板与梯级的交汇处，某处安装情况如图 3-4-48 所示。当有异物嵌入梳齿与梯级之间时，梳齿支撑板头部被抬升，使梳齿支撑板绕固定轴转动，并带动相连的开关打板触动安全开关，使自动扶梯停止运行。

梳齿板安全装置每半月维护保养一次，基本要求是工作正常。

2. 梳齿板安全装置的检查与调整

（1）调整开关打板，使之与安全开关动作的位置相匹配，确认开关打板不与栏杆支架接触。

（2）调整开关设定高度，确认梳齿支撑板在 A 位置处提升 2.5 ~ 3 mm 时，安全开关动作，如图 3-4-49 所示。

（3）检查装置支架、安全开关和电缆是否可靠固定，与运动部件是否发生干涉。

（4）检查电缆接头与安全开关和电缆是否分别拧紧。

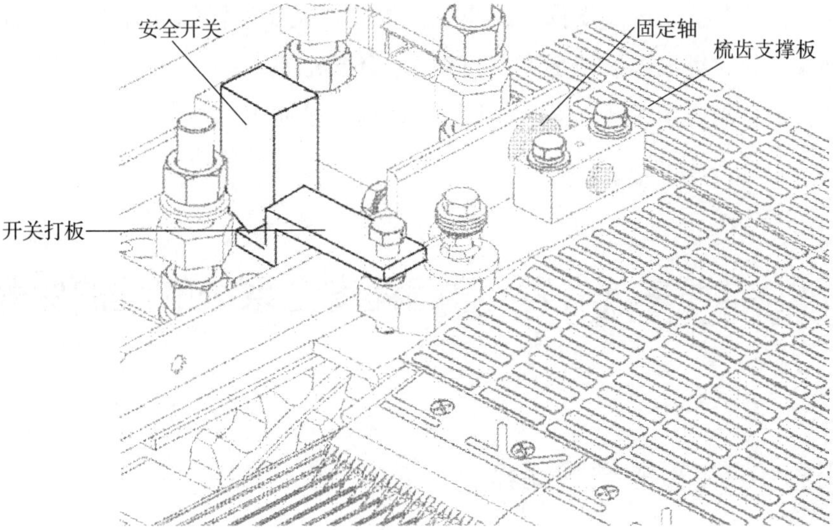

图 3-4-48　梳齿板安全装置的安装位置（某处）

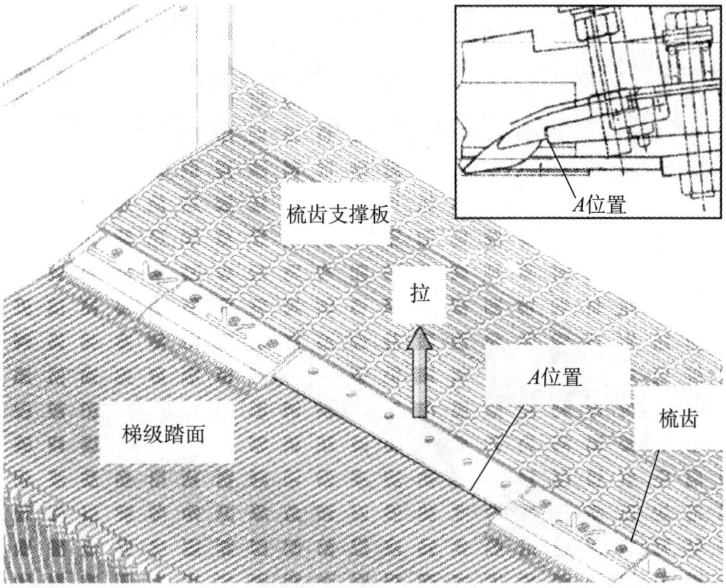

图 3-4-49　梳齿板安全装置的调整与试验

（5）检查、调整完成后，需要运行自动扶梯，确认该安全装置不易误动作。

3. 梳齿板安全装置的试验方法（以某型号的自动扶梯为例）

（1）自动扶梯处于通电停止状态，确认安全回路的继电器 K80 吸合。

（2）拆除自动扶梯中心部分的两块梳齿，用工具按图 3-4-49 箭头所示方向，用

250 N 的拉力垂直拉动梳齿支撑板，当梳齿支撑板在 A 位置处提升 2.5 ~ 3 mm 时，确认限位开关动作，继电器 K80 断开，自动扶梯不能启动。

注意，试验需要至少两人参与，具体分工前文已述。

学习单元 12　可编程安全系统的维护保养

一、超速保护装置的维护保养

1. 超速保护装置的作用和维护保养要求

（1）超速保护装置的作用。以某型号产品为例，无附加制动器的超速保护装置安装在驱动装置的减速箱皮带轮侧，在自动扶梯运行速度超过额定速度并达到额定速度的 120% 之前，转盘上的甩块在离心力的作用下撞击限位开关打杆使其动作，自动扶梯停止运行，如图 3-4-50 所示。

（2）超速保护装置的维护保养要求。超速保护装置每半月维护保养一次，基本要求是工作正常。

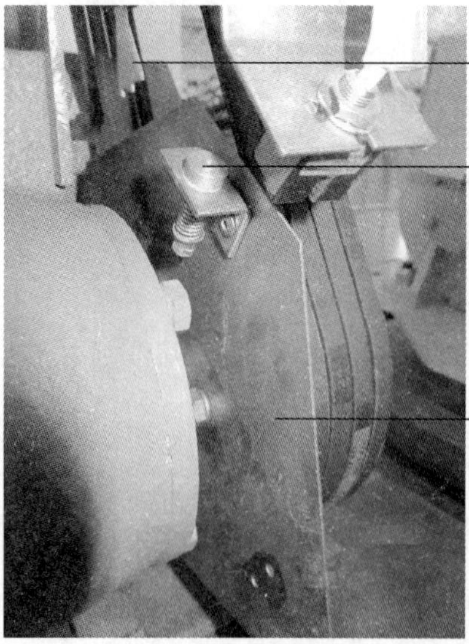

图 3-4-50　无附加制动器的超速保护装置（以某型号产品为例）

2. 超速保护装置的检查与调整

（1）检查各螺栓、螺钉等是否松动，转盘有无变形等情况。

（2）确认限位开关的开关触点正好碰到支架，打杆动作时限位开关应动作。

（3）确认电缆接头与开关和电缆已拧紧。

注意，调整时应特别小心，不要损坏传感器，转盘、甩块等部件已在工厂调整好，不要随意移动其位置。

3. 超速保护装置的试验方法

（1）自动扶梯处于通电停止状态，确认安全回路的继电器 K80 吸合。

（2）手动使超速保护装置动作，继电器 K80 断开，自动扶梯不能启动。

（3）当配置附加制动器时，手动使超速保护装置动作，附加制动器应立即动作，继电器 K80 应断开。

（4）手动复位触发限位开关打杆。

注意，试验需要至少两人参与，具体分工前文已述。

二、扶手带速度监控装置的维护保养

1. 扶手带速度监控装置的作用和维护保养要求

（1）扶手带速度监控装置的作用。扶手带速度监控装置用于检测扶手带的运行速度，当扶手带速度偏离梯级的实际速度大于 –15% 且持续时间大于 15 s 时，该装置使自动扶梯停止运行。以某产品为例，该扶手带速度监控装置安装在下弯回路侧扶手带处，左右各有一个。如图 3–4–51 所示，该扶手带速度监控装置通过接近开关对金属轮上的孔进行计数，以检测扶手带速度。扶手带速度监控装置一般安装在提升高度超过 6 m 的自动扶梯上。

（2）扶手带速度监控装置的维护保养要求。扶手带速度监控装置每半月维护保养一次，基本要求是工作正常。

2. 扶手带速度监控装置的检查与调整

（1）调整接近开关至滚轮距离，应满足图 3–4–51 所示的尺寸要求。

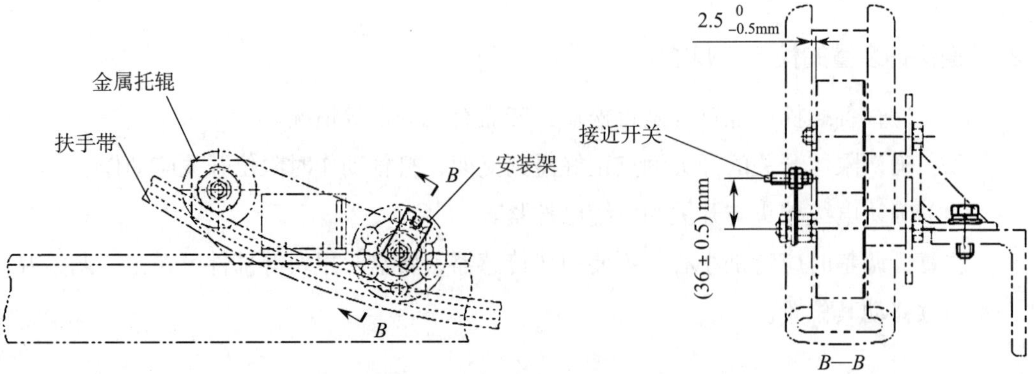

图 3-4-51　扶手带速度监控装置

（2）确认滚轮转动灵活，与扶手带同步。

（3）确认装置支架、接近开关和电缆可靠固定，不与运动部件发生干涉。

（4）确认电缆接头与接近开关和电缆是拧紧的，以防止松脱导致进水故障。

（5）自动扶梯正常运行，将右侧扶手带速度监测装置向上挂起。若自动扶梯运行不到半圈停梯，且故障码显示右侧扶手带严重欠速故障，则代表扶手带速度监控装置功能正常。

3. 扶手带速度监控装置的试验方法（某产品型号）

（1）切断电源（断开断路器）。

（2）在上部桁架内的速度检测盒中分别拆除 LIN 和 RIN 端子的一侧接线，并做好绝缘保护。

（3）接通电源（闭合断路器），用钥匙开关正常启动。

（4）启动约 15 s 后，工作制动器应立即动作，自动扶梯停止运行。

（5）切断电源，恢复接线。

（6）试验结束后，需按相关要求对安全装置及部件进行重新检查、调整。

注意，试验需要至少两人参与，具体操作前文已述。

三、梯级缺失监测装置的维护保养

1. 梯级缺失监测装置的作用和维护保养要求

（1）梯级缺失监测装置的作用。下面以机械式梯级缺失监测装置为例进行介绍，该装置安装在自动扶梯上下部右侧，当空缺梯级处运行到该位置时，原本与梯级边接触的滚轮装置在重力作用下向下运动，带动连杆触动限位开关，自动扶梯停止运行，如图 3-4-52 所示。

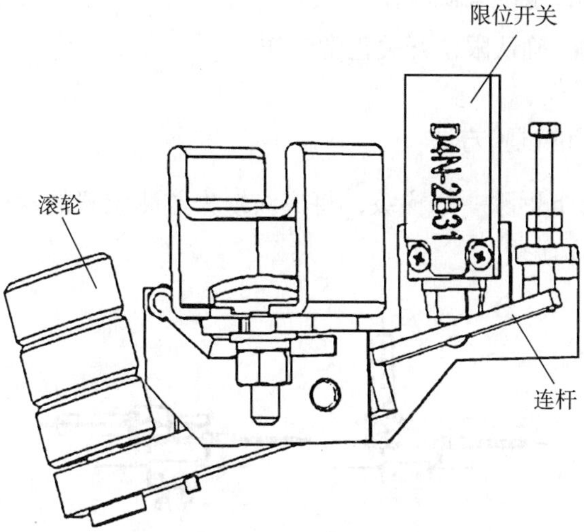

图 3-4-52　梯级缺失监测装置工作示意（无梯级状态）

（2）梯级缺失监测装置的维护保养要求。梯级缺失监测装置每半月维护保养一次，基本要求是工作正常。

2. 梯级缺失监测装置的检查与调整

（1）在相应位置拆除部分梯级。

（2）确认装置支架、限位开关和电缆可靠固定，且不与运动部件发生干涉；确认检修动作手柄（见图 3-4-53）的指示标签未遗失、未破损。

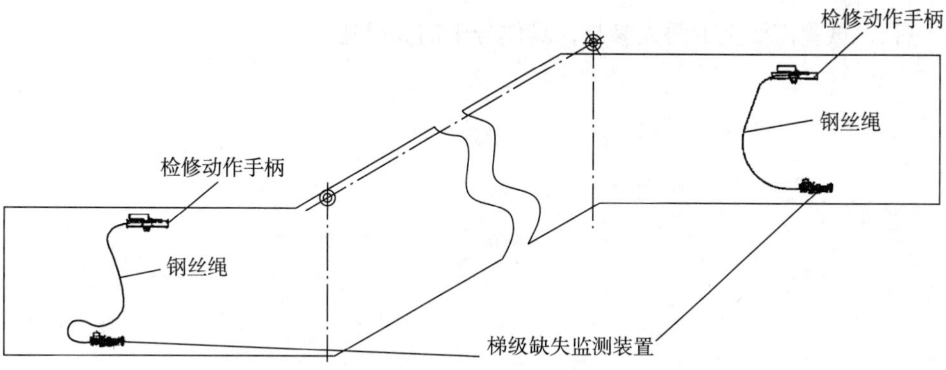

图 3-4-53　检修动作手柄与梯级缺失监测装置

（3）确认电缆接头与限位开关和电缆分别拧紧，以防止松脱导致进水故障。

（4）确认钢丝绳、滚轮未破损。

（5）所有梯级都安装后，分别使自动扶梯进行检修运行和正常运行，确认该装置不会发出明显的响声，也没有误动作。

（6）梯级缺失时，确认限位开关正常动作。

3. 梯级缺失监测装置的试验方法

（1）在停机状态下拆除一个梯级，将梯级缺失监测装置的检修动作手柄竖起成垂直状态，如图 3-4-54 所示。

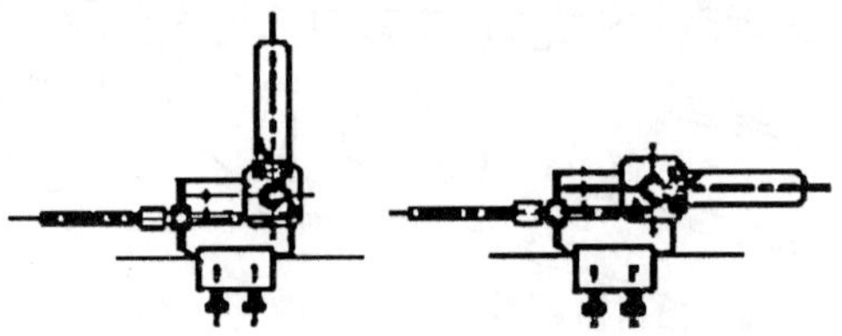

a）　　　　b）

图 3-4-54　梯级缺失监测装置试验时检修动作手柄的位置示意
a）垂直位置　b）水平位置

（2）使空缺梯级处检修动作至回路倾斜段。

（3）如图 3-4-54 所示，将手柄复原并启动自动扶梯，确认该空缺梯级处在经过梯级缺失监测装置时限位开关动作，且在该空缺梯级处露出梳齿前，自动扶梯完全制停（即在去路全程不可看见该空缺梯级处）。

（4）恢复空缺梯级处，并运行自动扶梯，确认无异常情况。

（5）该装置是手动复位的，动作后必须手动复位。

注意，试验需要至少两人参与，具体分工前文已述。